滄海叢刊 哲學類

記號·意識與典範

——記號文化與記號人性

何秀煌 著

東大圖書公司

國家圖書館出版品預行編目資料

記號・意識與典範——記號文化與記號人性／何秀煌著.--初版.--臺北市：東大，民88
面；　公分.--（滄海叢刊）
ISBN 957-19-2301-X（精裝）
ISBN 957-19-2302-8（平裝）

100

網際網路位址 http://www.sanmin.com.tw

——記號文化與記號人性

著作人　何秀煌
發行人　劉仲文
著作財產權人　東大圖書股份有限公司
臺北市復興北路三八六號
發行所　東大圖書股份有限公司
地　址／臺北市復興北路三八六號
電　話／二五〇〇六六〇〇
郵　撥／〇一〇七一七五——〇號
印刷所　東大圖書股份有限公司
總經銷　三民書局股份有限公司
門市部　復北店／臺北市復興北路三八六號
重南店／臺北市重慶南路一段六十一號
初　版　中華民國八十八年十月
編　號　E 10027
基本定價　叁元肆角
行政院新聞局登記證局版臺業字第〇一九七號

ISBN 957-19-2302-8（平裝）

前言

對於從事哲學活動的人來說，他的思考總是在文明傳統和時代困局之間徘徊；他的情懷也不斷在人生的開展和人性的演化之間停落。這本文集所收編的內容就是這兩年來作者這類思考和這類情懷的心跡寫照。

雖然文章是這兩年之內寫成的，可是其中所表達的思考和情懷卻是作者近二、三十年的心聲的延伸、加強和詮釋。作者試圖由不同的問題入手，發揮那種思考，表露那種情懷。

這個世紀是人類爭取自由與解放、自覺和自決的年代。在熱情地呼籲，努力地奮進和不懈不怠地拓展之後，我們清楚地發覺當今的人類正處於一種史無前例的「生態環境」之中，懷著與過去很不相同的心情，過著和以前大異其趣的生活。展望歷史，著眼現在。今日我們固然擁有今日的愉悅和興奮；可是仔細一想，當今我們也經歷著當今的憂鬱和痛苦。從過去獨斷的桎梏裡解放出來之後，人類獲得了什麼樣的自由？他怎樣珍惜並保愛這種自由？怎樣發揮和利用這種自由？在這樣的自由的心情和自由的風氣之下，人類又建立了什麼樣的自覺？他做出了什麼樣的自決——面對人生，面對社會，面對文化，面對人性？

表面看來，當今的人類正擁有豐富的思想和有力的技術，可以用來解決人生的問題，用來解決社會的問題。不過，在仔細觀察和認真思想之後，我們可能又發現就在我們枝枝節節地設法解決我們的人生問題的時候，就在我們片片面面地努力排除我們的社會問題的同時，那巨大而又沉重的文化問題依然懸掛在那裡，棄之不能，也揮之不去。同樣地，那普遍而又無處不在的人性問題更加浮現在那裡，無法跨越，也無法迴避。本來我們只顧計慮人生的問題，演變下來，令我們接著關心文化的問題；原先我們只想考慮社會的問題，到了最後，我們又不得不跟著注視人性的問題。

在這本文集裡，作者試圖將這種種的問題關聯起來。作者從哲學記號學的角度入手，考察追索人類開拓「記號文化」，發展深層意義樣態、經略人生內涵、精進生命形式以及演化文明人性的動因和歷程，從中領略人類怎樣成為理性的動物，成為感情的動物，成為道德的動物，成為價值的動物，成為意志的動物，成為願望的動物。我們不只是人類的一分子，我們更是記號文化的成果。我們不只是自己人生的主人，我們更是「記號人性」的見證。每一個人都在經由他的記號行為——通過他的言的記號和行的記號——在悠遠漫長的人性演化歷程中，活出一個人生的榜樣。

何秀煌寫於香港
1999年5月28日

記號・意識與典範

——記號文化與記號人性

目　次

記號的性質和其人性意義
——記號人性論與情理同源論

0.前　言

本文旨在探討人類所創制使用的記號之人性意義，闡明記號在人類演化過程中，所擔負的塑造人性的功能。

為了瞭解人類的記號行為，本文首先陳明人類使用記號的緣起，指出記號化過程所牽涉到的約定化、俗成化、客觀化和公眾化。公眾化的記號系統直接有力地造就了人類認知方式的形成，以及人類各種知識的長進。在這個關鍵上，兩類記號——「自然記號」和「人工記號」——全都扮演著舉足輕重和互補相長的角色。

人類的知性成就並非人類記號化的唯一成果。人類的感性——特別是人類的感情，也在人類的記號化過程中琢磨和塑造，造就了人類特有的感情。可以說，整個人類的文明人性根本上就是記號行為的產物。這是「記號人性論」的要義。

此外，作者主張人類的知性和感性、理性和感情都同出於記號的應用以及對記號之遵行和尊重。由此發展出作者所持之「情理同源論」。

1.記號・記號世界與人的存在

記號雖然並不是人類獨有而專享的東西，許多其他的動物也使用記號；可是人類卻是最最善創記號，而且最最優用記號的動物。人類不僅使用記號加強解決競存，適存和續存的問題；他更在記號的有力作用下，演化生命形式，塑造人性，建立文明。

記號為什麼具有這樣的效力？它怎樣行使這樣的功能呢？

從最基本的層次看，記號扮演著一種「替身」的作用。一個記號可以用來代表，代替，代理和代換其他事物，行使該事物的作用。該記號成了該事物的記號。在這個層次上，人類和其他許多動物的生活裡，全都滿佈著記號的運用。舉個顯明而熟悉的例子。人類和許多其他較高等的動物，在遭遇危急的情況，都有著令同伴，帶引他們離開現場，逃避危難的行為表現。為了令自己的同伴免於陷入受傷受害的地步，首先發現危急情況的成員，固然可以使出自己肢體的力量，親身牽引，推拉，背抱或以其他動手動腳的方式，帶領或遣送同伴，使其安然脫離險境。不過，除了對待嬰兒稚幼，或病老傷殘之外，一般不管是人類或其他的動物，全都很少訴諸如此親作親為的舉動。通常首先發現危急的成員發出特定的聲音，或作出特定的動作示警，通知同伴各自分別走避逃難。

上面所舉的，雖然是個原始簡單，但同時卻是個典型完整的「記號情境」的例子。它含有記號情境裡所應具備的三大要件：記號、記號使用者，以及記號所代表的事情、事態或事物。在上述的例子裡，那特定的聲音或特定的動作就是給用來報警示危的記號。

我們說記號可以用來代表其他的事物。可是這種替身的工作卻非同小可，我們絕不可以等閒視之。設想一下上述的例子：在危急的情況之下，倘若只能使用肢體的動作，運用一己的體力來幫助同伴擺脫險境，那麼其效果一定事倍功半；甚至無法順利成事，功虧一簣。比如，自己逃難總比牽引著同伴或背負著同伴一起逃難要來得快速，安全而有效。不但如此，一個成員的氣力有限，所能牽引或背負的同伴數目極為有限。而且，使用這種方法所能幫助的，只限於處在鄰近左右的同伴，對於居身略遠，但卻依舊受著威脅的同伴，也就鞭長莫及，力有不逮。更重要的是，這樣做無法達到各自依其所長，分散逃難的「戰術」應用。大家一起，生則同生，死則同死。這種行為模式欠缺多面性與靈活性，大大不利於一種動物的競存、適存和續存的演化。

不過，上面所說的這些只構成一般容易想像的記號功能——從實用上觀看記號的作用，以及沒有使用記號的生活方式所涵藏的困難和不便。可是，記號還有另外一層更加積極，甚至更加影響深遠的功能——尤其對於人類來說。記號的使用促進人類生命形式的改變。

順著前面的例子來說，發出示警的聲音，充當危險的記號，這樣做和使用肢體力量帶動同伴遠離危難，兩者之間具有根本的不同。軀體的動作訴諸物理的因果和生物的規律，驅使其他個體，改變其狀態或行為。這是被動的成事。可是，記號的使用令有關的族群成員進入一種交流溝通的情境。成員之間產生一種意識上的傳遞與領會。接著各成員可以按照他的個別處境、獨特能力，甚至不同的判斷，各自做出自以為最實際而又最有效的反應。比如，在敵人來襲的危機狀況之下，有的可以爬樹，有的可以落水，有的可以急奔，有的可以掩蔽偽裝，有的可以奮起抵抗等等。這是一種主動參與的情況。這時記號扮演著一種樞紐的角色，它令分享使用記號的成員由物理世界的生活方式，走入兼有意識世界或心理世界的生活方式。

對於人類來說，記號在意識世界裡的興風作浪和開發經營最為影響人類文化的成就和走向。漸漸地人類的行為和其他生活情節幾乎全都浸潤在記號的汪洋大海之中。我們的文化成了記號的文化。我們的人性成了記號的人性。

記號怎樣發揮如此的作用呢？推想起來，記號的發生最早只是一種自發的生理反應。人類和其他某些動物一樣，在不同的外在環境的刺激下，具有產生某種生理反應的傾向。比如，遇冷令人發抖，受熱使人流汗，驚嚇時肌肉收縮，震怒時面紅耳赤，遇險時落荒而逃，歡迎時張懷擁抱。凡此種種，天生自然，因緣相關。所以，人類早期的遠祖當遭遇危急之時，口出尖叫，拔腳而逃，這原是一種很自然的生理反應。不過，這樣的行為在同伴看起來，卻具有一種指示、指引，或者提示、提醒的作用。這樣一來，某一特定的聲音和動作，以及某一特定的生活情況或遭遇之間，就可以給人加以關聯起來，在他們的意識裡建立起一種具有指引性的關係。比如，尖叫奔逃指引出危急的境遇。這就是人類「就地取材」創發使用記號的緣起。

類似這樣的情況佈滿在早期人類的生活情節之中。人類的遠古祖先在競存，適存和續存的要求下，發揮觀察，累積經驗，在自然和人世的事件脈絡中，清理認識出事件和事件之間的關係。他們更進一步，選取那些具有指示或提示關聯的一對對的事件，有意識，甚至有目的地加以「記號化」，以其中一個事件「代表」另一事件。前者成了後者的「記號」。

人類一經開始有意識的記號化，有目的地使用記號之後，除了使用記號幫助求存營生，繁衍壯大之外，人類也開始陸續不斷地經營記號。人類由使用現成的事事物物充當記號開始，慢慢地走向改良記號，再製記號，甚至自由創制記號的活動。人類的記號活動演進精化了。他的記號化也逐漸推向更高更深的地步，參與改變人類的生活內容，重塑他的生命形式。

自從人類的遠祖開始發現記號之為用以後，下一個很自然，但卻又很重要的邏輯步驟就是記號的改良再造，或者製模定型的工作。比如，一個族群的成員認識到某種聲音和某種動作可以用來表示危急情況，因此將它當作記號使用之後，這樣的記號也就成了大家都可以採用的「公器」，用以傳達交流，用來表示心意。可是，當實際應用起來的時候，大家所發出的聲音可能不盡相同，彼此所做的動作也可能有所差異。在這種情況之下，為了行之有效，避免誤解，大家必須對於一個記號加以「公眾化」，加以合理的固定。比如，大家不要發出相差太遠的聲音，或者做出過為不同的動作，去充當同一個記號。大家彼此學習模仿，甚至商量協議，將一個個的記號的形式和用法相對地加以「標準化」，使它具有一種彼此可以公用分享的「客觀性」。我們常說，記號是「約定俗成」的。即使在人類記號化之早期，那依據因果關係或生理心理關聯而成就的記號，也必須經過這種約定俗成化的過程。

這個約定化，俗成化，標準化，客觀化，因此公眾化的記號化歷程，對於人類的文化和文明產生了重大而又深遠的影響。它促進了人類生活內涵的嬗變，加速了人類生命形式的演化。

本來人類和許多其他的動物一起，同聚共居在這個地球之上，分享著同一個物理世界。大家在同一個自然生態中生存和競存，並且追求適存和續存。在物競天擇，適者生存的進化原理之下，人類雖然沒有比某些壯健兇猛的動物具備更強壯的體魄或是更雄偉的體力。然而經過時間的考驗，在對比較量之下，人類終於脫穎而出，拔萃超群，高居生物之首，成了萬物之靈。人類在進化史上的成功源於大腦的發達，以及努力開發智能，有目的地發揚智力的成果。不過，在這個成功故事的背後，居功最偉，起風興浪的，卻是人類的記號活動——他發明創制記號，他有系統地使用記號，他在物理世界之外，開闢了一個帶動知識開展，促進文化演變的「記號世界」。

上面所說的記號之客觀化和公眾化，這時正好擔負著左右大局的作用。記號的公眾化使得人類所創制經營出來的記號世界，成了一種可以獨立於個人的意識活動，而且可給人加以客觀化的公眾領域，正像物理世界是個公眾領域一樣。在這樣的公眾的記號世界裡，個人的心思和情意能夠通過記號的作用，而彼此交流比證，互相傳佈感染。在個人的意識之上，形成集體意識，在個人的心思和情意之外，建立起集體的心思和情意。於是，人類除了自然的物理世界而外，更擁有自創的記號世界。人類除了在物理的自然生態中，與其他動物競存續存之外，更在記號的文化生態裡，拋離其他動物，超越進步，提升演化。人的存在除了表現出他的物理樣態而外，他更進一步開闢成就了他的記號樣態。人類成了典型而卓越的記號的動物。

人類那個人的心思和情意，以及那集體的心思和情意，在記號世界裡交會迸發，開拓經營的結果，不但擴充人類生活的內涵，改變人類的生命形式，並且塑造了人類的理性，培養了人類的感情，開拓創建了人類文明的人性。

2. 概念與情意：記號的意義和記號的作用

人類的記號世界是他的心思和情意馳騁奔放之地和拓展衍伸之所。心思的基本組成單位是我們的概念，而情意則是情懷、意志和意願的綜合物。這些人類的內心項目通過記號的作用，以記號充當它的替身，可以比較容易地加以固定，加以澄清，加以改良和加以精製。不同的內心項目之間，也比較容易加以比較，加以關聯，加以結構和加以演繹拓展。這樣，在一個人的內在世界裡所存藏的心思和情意，經過記號化之後，除了因為進行了客觀化的程序而自己更能加以斟酌修訂，拓展改良之外，通過記號的公眾化，更加可以將自己的心思和情意表達傳輸給同類，產生交流，造成回響，引起互動，成就共鳴和感應。這樣一來，開始於個人的內心的思想、感情、意志和願望等等，全都可以藉著記號的媒介，表達在公眾的世界中。於是，在這樣的公眾世界裡，存有許許多多個人內在世界的內涵，在那裡交感作用，衝擊互動。人類的生活除了物理世界而外，增添了一個記號世界，它步步開展，演化出人類那獨有而特有的精神世界。從此人類不但有著一個物理世界，在它的自然生態中競存演化，他更擁有一個精神世界，在它的文化生態裡創造發明。人類以自己創制的記號為媒介，開始塑造他獨特的生命形式。

記號之所以能夠發揮這麼大的成效，主要在於它能夠給人開發成為一種多能有效的「載體」或媒介。它不但能夠用來裝載我們內心的活動，它也可以用來裝載我們儲存心中的內容。不但如此，經過條理化，結構化和系統化之後，記號不只可以在某一特定的平面上運行，它更可以跨越情境，在不同的層次上或在不同的深度中，行使複雜多變的功能。

記號的功能和記號的內涵兩者雖然相關，但卻是不同的兩件東西。簡單地說，記號所表現的功能是我們內心活動的向外延伸，而記號的內涵是它所裝載的，儲存於我們心中的內容。

再拿上面所舉的例子來說，我們使用記號來示警。這時記號的作用在於提示同伴急難情境的存在，甚至告戒他們逃離現場。這是使用記號的人的意向或用心所在。它代表該人使用記號時所懷有的一種內心活動。可是這樣的記號在約定化，俗成化，客觀化與公眾化的過程當中，卻要固定出我們的認識內容，這樣記號才有充分行使某種特定作用的條件。比如，用來示警的記號必須表達著危險、災難或緊急等等內心的意思，這就是記號的內涵。

凡是記號都有它的內涵。不同的只是，有時這種內涵比較清晰，有時比較模糊；有時這種內涵之成立看來有根有據，有時卻顯得無緣無故。另外，有些記號的內涵比較穩定持久，有的比較流動多變；有的內涵很受我們知識增進而變化，有的內涵專由文化裡的價值導向所左右。不過無論如何，沒有內涵就不是記號。記號不是一些空洞其內，只能產生效果於外的事物。比如，我們大聲一叫，把人嚇了一跳，這不一定是記號。我們做出聲音令人理解，令人把握其內涵，甚或更進一步做出反應。這才是記號。

這樣的記號內涵怎樣產生的呢？人類在生活的過程中，為了求存適應和改善拓展，他必須記取經驗，在失敗的經驗中獲取教訓，並且在成功的經驗裡繼續發揮過往的成就，以及追求改良與擴大。這種在生活中所累積的經驗，雖然在人類演化之初，絕大部分起於外界的刺激，然而只是接受刺激，最多形成感覺，產生反應，並不足以造就那可以用來檢討過去和策劃未來的人生經驗。人生經驗之起，在於人能善用他的智能：記憶過往之事件，比較眾多事件之差異與類同，分析事情的起因與結果，考察人事之參與和作用，歸結事理之恆常與變化，甚至訴諸想像，突破現實界限；創造發明，改變慣常的信念和思想。所以，人生的經驗是些多面複雜的東西，它通過各種形式的記號化，存藏在我們的意識之中。而且，由於人與人之間的合作與交流，加上記號的客觀化與公眾化，眾多個人的生活經驗可以互相比較，互相參照，斟酌審辨，取長補短，共同創造出集體的生活經驗。我們的生活智慧、人生體認、信仰、知識和其他的思想、情意和心懷，都是在這樣的歷程中演變塑成的。一方面，記號化令我們的人生經驗固定成形。可是另一方面，我們基於表達交流的需要，將人生經驗的內容託付記號，成為大家可以分享共用的記號內涵。

從這個觀點看，記號所裝載負荷的是人類形形色色的意識內容。人類不斷經營他的記號，不斷構作記號系統和記號規則，以便最有效，最深入，甚至最動人地表達交流出人類的意識內容。人類的意識內容種類繁多，而且衍生增殖，無窮無盡。比如，我們所熟悉的觀念、概念、理念、思想、情意、心懷、感情、心境、想像、幻想等等，全都可以注入記號，成為它的內涵。不僅如此，意識內容的聚合體和衍生物，甚至記號本身或其聚合體或引申組織，全都可以給指定成為記號的內涵。例如，由觀念、概念、判斷、假設、推想、想像而構成的理論，本身也可以充當記號的內涵；複雜的記號聯串可以使用簡單的記號加以替代，令其具有複雜的內涵。所以，記號之為物，千變萬化；它的內涵之種別，無以盡舉。不過，在此只為了說明和例釋，我們將主要集中於兩類的意識內容，那就是概念和情意。前者是人類思想的重要基本單元，雖然通常不是唯一的單元。而後者是人類感情的基本成素，雖然不是唯一的成素。

我們說過，人類早期開始，已經知道利用事件與事件之間的因果關係，建造起約定化，俗成化，進而可以客觀化和公眾化的記號關係，用來行使生活上的種種功能。這時，其中一個事件給加以「典型化」和記號化，成為指示或指引另一事件的記號。這時後者這一事件也會給加以典型化，以便令記號的表達成功收效，不生太多誤解。這種典型化或「理想化」的方法從記號的創制、指認和使用開始，但卻普遍行之於人類的種種認知活動之間，構成人類「概念化」的基礎。

人類利用認識到而加以概念化的因果關係創制發展出種種的記號系統。除了用在人事統合，組織安排和傳遞交流的基本功能而外，更有一些記號系統用於開闢人類的生活經驗和自然認識，增進人類對於他周圍的自然生態的知識。在這方面人類自古以來經營所謂「自然記號」——如何將它加以約定化，俗成化，客觀化和公眾化，如何將它與其他記號結合起來，造成人類的共同認知和集體意識等等——慢慢演進出種種的經驗知識。這些經驗又裝載在記號系統之中，和人類的其他文化成素產生交流和溝通，產生更多的人類文化和文明的事物。

舉些淺顯的例子來說。人類很早就觀察到他周圍的許多事件，並非隨便發生，隨便停止。不但如此，有些事情的發生和另外的事件之發生，其間似乎具有密切的關聯。例如，通常艷陽高掛的時候，天並不下雨——儘管有時陽光普照的時候，也可能下幾陣速來速往的輕雨。因此，有些地方甚至產生像「日出下雨，下不成器」的諺語❶。一般，下雨之前，天色轉變。灰雲湧現，甚至烏雲密佈。這樣的天象和下雨之來臨，兩者常常相伴而生，彼此呼應。這樣的關聯被人類所察覺。於是他可以因為見到烏雲之湧現，而做出防雨的措施。在這種情況下，烏雲之出現成了即將下雨的提示。烏雲成了下雨的記號。

這種自然記號就是一般我們所說的「徵兆」、「預兆」或「徵候」。不過，這種徵兆的生發需要經過一番人類的察覺，釐清和確認。不但如此，其中的事件也需要經過「整型」和理想化和典型化，需要經過約定化，俗成化，客觀化和公眾化的歷程。這是人類所進行的記號化的程序。人類把某一類事件判斷確認，當成是另一類事件的記號。許許多多的人類的認知行為，在這種意義下，成了人類的記號行為。從這個觀點看，我們就深切體認到人類的記號使用和他的知識長進之間，具有極為密切的關係。可是，也是從這個觀點推衍下去，我們也察覺到人類知識的形成，構作，發展，以及表現出來的形貌，也經常受制於人類的記號現象：他的記號創制和發明，他的記號使用和演進，以及他在「記號世界」裡，繼續不斷的開拓和經營。人類的記號和人類

---

❶ 臺灣民間就有〈臺出日落雨，落不濕土〉或〈臺出日落雨，落不濕路〉之押韻諺語。「〈臺……〉」表示其中之「……」換成臺語之對應語彙加以發音。

的知識，彼此刺激，互相闡發。在這個關鍵上，不僅自然記號在那兒弄潮肇始，人工記號更加扮演一種促長衍發，闡釋開拓，製模造型和系統推理的重要功能。這時，概念、概念的構成物（尤其是命題）、概念構成物所成的集合和系統（尤其是假設、學說和理論等等）就是最明顯可見的人類記號活動所成就的事物。這些事物的開展也反過來促成更多更深入的記號活動——特別是人類求取知識，建立認知的活動❷。

當然，人類的記號活動遠遠超乎求取認知和建立知識的範圍。在人類的總體生活內容之中，各種類別的感性行為——包括感覺表現、情緒反應，以及感情的建立與發揮，一直佔據著重大的比例和重要的地位。人類求生圖存，繁衍進化的成功，不僅依賴理性的力量。人類文化和文明的成就，更有賴感情的驅動和發揮。

正像上述的概念是人類認知活動，以及其他一切理性活動的演作單位和構成單位——雖然不一定是最基本的單位，也不一定是獨一無二的單位；同樣地，情意是人類的感性活動，特別是感情活動的演作單位和構成單位，當然也同樣不一定是最基本的單位，並且絕對不是獨一無二的演作和構成單位。人類的感性活動，尤其是人類的感情，在演作上和在構成上，全都牽連著概念的呈顯與佈局。只有在極為原始，極為本能性的情緒運作之中，概念可以一時完全隱居幕後，而不參與作用。

---

❷ 有關概念的事和理論的事，可分別參閱作者之下列文字：(1)《語言與人性——記號人性論闡釋》，第八章〈概念的世界〉，臺灣書店，臺北，1998年。〈語言・文化與理論的移植——一個人文生態的思考〉，收於作者之《傳統・現代與記號學——語言、文化和理論的移植》，東大圖書公司，臺北，1997年。

人類的感性活動也像他的理性活動一樣，在漫長的演化過程中，逐漸塑造出它的形式與內容。自從遠古以來，人類在求生競存，進而繁衍開發的歷程中，經驗到群居生活的必要、方便與樂趣，學習到求偶、結合和生育的知識、方法和苦樂，體認到個人的生命和集體的命運之間的交錯與關聯，甚至計慮到許多人類文化的開展，以及人生人性的開拓與塑造的種種問題。這樣的生命體驗令人類從遙遠的古代開始，就不只是簡單聽憑身體肌膚的感覺，做出本能即興的反應。我們生命裡的許多活動也許多少源於感覺，但卻並非完全出於感覺，動以感覺，也非完全基於感覺和止於感覺。人類克制他的本能衝動而成就知識和理性。人類也一樣地馴服他的本能衝動成就了他的情意，成就了他的意志和感情。

人類感性的生長，正好像他的理性的成長一樣，經歷過一段曲折迂迴的演化過程。起先，人類的遠祖多依從本能衝動行事，訴諸感覺，容易激動，不講道理，愛鬧情緒。可是漸漸地人類學習到改進生活和控制情緒之間的關聯，明白體認到只憑一時感覺的激動並不足以成就個人或集體想要完成的事務。於是，在面對他周圍生態環境裡的種種事物和事件之中，人類一方面察覺到不能只是盲從感覺，而需要通過思辨分析和比較推理，才能獲得可靠的知識。另一方面，人類也意識到只是聽憑感覺，訴諸情緒並不能獲致他所追求的生活方式。他必須克制一時的感覺，生發比較長遠穩定的情愫。他必須避免發作突來的情緒，培養比較恆久深刻的心懷。這是人類感情的發端，也是人生情意經驗和情意活動的演化之始。其中牽涉到的不只是人類與生俱來的各種感覺。情意的形成更牽涉到思想與概念，牽涉到意志和願望，牽涉到人類對生命的自許，以及對於人性的反省、自覺、想像和改造的期望。這些都不是人類天生的本能衝動。這些都是人類記號活動的結果。人類在求生競存的現實世界之外，開拓出種種的記號世界和意義世界。除了前述的概念世界之外，人類更經營出他的情意世界和他的意志世界。人類的感情就在這些記號世界（包括概念世界）之中，醞釀定型，塑成演化。這樣塑造演進出來的人類情意，內裡含有人類概念的支架。這樣陶養生成的人類感情，當中具有人類理性的邏輯❸。

基於上面所述，可見人類創制和使用記號的結果，為人類的生活開闢出嶄新的經驗內容——包括智性的經驗和感性的經驗。人類的生命形式和生活內容也在他的記號世界的不斷開拓進展之間，增進開發和改革演化。所以，人類的記號行為不僅創發和豐富了他的意義世界，拓展了他的經驗內涵。人類的記號通過其所塑成的種種意義世界，帶動了人類生命形式的改變。

3.「記號人性」和情理同源

從功能或作用上看，人類創制使用的記號對人類演化所施的最重大的成效，就是將人類的生命形式由主要膠著於天生本能的一般動物情狀，有力地提升到可以意願，可以自許，可以懷想期望的「價值」取向。簡單地說，人類由「自然人性」通過記號文化，塑造演變出「文明人性」❹。

起先，人類像其他一般動物一樣，主要受自然規律和本能衝動所

---

❸ 參見註❷所引《語言與人性——記號人性論闡釋》，第九章〈情意的世界〉，第十章〈意志的世界〉，第二十一章〈感情記號的開拓〉。

❹ 作者拿「文化」和「自然」相對。「文明」則和「野蠻」對立。一切人為的歷程和結果皆為人類文化。而人類文明則指文化事物和現象中，為人類依其價值標準而選取或珍視的部分。所以「文化」一詞不含價值判斷，然而「文明」一詞則蘊涵價值上的取捨。

支配。可是，自從發明記號，並且努力學習使用記號以來，人類的生活方式，特別是他的行為舉止產生了根本而重大的改變。比方，人類普遍應用記號的結果，改變了他與自然生態之間的互動關係。原來人類在絕大多數的情況下，全都依憑得自外界的刺激，交替反射地做出基於本能衝動和天生欲望的學習和適應。這樣的生活方式往往是被動的，消極的，聽天由命，隨遇「求」安的。相反地，遍用記號和善用記號的結果，人類的生活方式和行為模式進入一種遠為主動，遠為積極的爭取冒進的導向。前面已經說過，記號的使用令人類容易塑成概念，構作想法，形成假設和理論，追求事實與真象。尤有甚者，人類進行記號行為的結果，不但可以通過記號而比較經驗和傳遞經驗，更可以依此而大大擴展和加強個人經驗的領域，形成集體共同的經驗領域。這點甚為重要，而且影響人類文明的發展至為鉅大。人類個別的努力成果，因為記號化的關係，可以推廣成為人類集體可以共同分享的成果。這樣一來，人類優秀的聰明才智可以通過（也是記號化的結果而成立的）各種組織建構，以及各種人文、社會和物理的科技，廣泛而直接地推動人類全體的進化❺。人類由於大量而徹底地記號化的結果，令他的優生工程不只建基在生物遺傳的層次。人類的聰明才智透過記號文化，將優生的因子傳播在他的文化建樹之中，促進人生及人性的演化。所以，人類能夠擺脫其他動物的演化軌跡，突飛猛進，

❺ 關於「人文科技」、「社會科技」和「物理科技」之概念及其分野，參見作者之〈社會科學·社會科技與社會的現代化工程——一個文化生態的哲學思考〉。發表於「社會科學的應用與中國現代化研討會」，香港中文大學崇基學院與臺灣東華大學合辦，1997年4月21日至30日。收錄於該會論文集：喬健、李沛良主編《社會科學的應用與中國現代化》，麗文文化事業股份有限公司，高雄，1999年，頁63～81。

一「支」獨秀，那絕對不是一件偶然的事。人類的記號文化是其中的樞紐和關鍵。

人類通過記號而構作理論，而發掘事實。這令他可以更進一步增進他的生活方式，加強他適存和續存的能力。不僅如此，人類認識到某些真象之後，可以在該基礎上，加上思考和想像的記號運作，尋取更多更深的真象。他在體驗到某些現實上的可能性之後，可以更進一步依循以往的經驗，開闢甚至創造更多更深的可能性。種種人工的技藝也就相繼生發成長，增添人類生活的安適與豐富。由此，種種的認知逐漸衍成種種的科學——人文科學、社會科學和物理科學。同樣地，種種技藝一步一步奠定了各門各類的科技——人文科技、社會科技和物理科技。在大量的記號行為，包括價值和意義的追求下，科學和科技互相激盪，彼此加強，投射運用到人類的生活方式中，不斷塑造人類特有的生命形式，造就人類與眾不同的獨有突出的文化和文明。

人類的記號行為不但激發了他的思考與想像，開創出上述的科學和科技的文化和文明，這些文化和文明的成果更被人類採用種種記號設計，保存收藏在他的記號世界之中，成為豐富人生，增益生命，演化人性的有力媒體。人類經由孕養，教育，理性互動，感情相涵和意願共鳴等等的記號行為，將個體和集體投落於記號世界的文化傳統的長流大河之中，繼續開拓生活的內涵，不斷演進生命的形式。從這個角度看，人類的生命不只在他所處的「自然生態」之中演化。他的生命更在他自己所開拓的「文化生態」裡嬗變精進。這個文化生態正是由他建造的記號世界所構成的。

當然，人類經營記號不只用來認識外界的真實，開闢外在的可能。人類也通過記號活動拓展內在的空間，開發精神生命的天地。

其實記號世界的基本特徵本來就在於它蘊涵連帶著一個意義世

界。這樣的意義世界不是外在於人類意識生命的物理世界。它是內在於人心，或至少寄存於人心，或倚存於人心的精神世界。人類個體生命所表現的聰明才智，通過記號的經營，經由記號的俗成化、客觀化和大眾化的歷程，由「個人語言」轉化成為「公眾語言」❻，而將內存於個人意識之中的意義世界，轉化成為集體意識裡的公眾的意義世界。公眾的意義世界是一種集體擁有，大家分享的精神世界。

這樣看來，即使在上述構成科學和造就科技的種種記號行為中，人類已經築起一個個的意義世界，開創出個人的和集體的精神世界。不過，人類的精神生命的天地卻遠遠不僅局限在認識求知的層次。人類更把他的記號世界延伸開展到步步改造人性內涵，層層提升生命境界的疆域。於是人類生命的演化遠遠超離物理品質的增長，他走向具有文明價值意含的精神演化。由於這樣的人性演化不是在天生本能的自然軌跡上運行，而是在人類自創的記號世界的意義世界裡加以經營締造，因此我們要把這樣塑造出來的文化人性稱為「記號人性」。那是人類記號行為的成果。那是人類投入記號世界，通過意義洗滌和精神修鍊所得的結晶。這是作者所主張倡議的「記號人性論」的要旨。

推想起來，這樣的文化的記號人性締造開展起來，也不全是步調輕盈，一帆風順。我們知道，記號一經創制使用，很快成為人類的第二天性，如影隨形地彌漫在人類生活的各個層次之中，呼之即來，揮之不去。然而意義世界的開闢並非自然定律的展現，而是人類意願和情理的發揮。其間充滿無窮未知的適然機運，缺少一定必然的絕對規範。加以人類天生的野性和本能的衝動，根深蒂固，不易完全馴服，

❻　有關個人語言和公眾語言的區分及其各自獨特的功能，可參見註❷所引《語言與人性——記號人性論闡釋》，第四章〈大語言和小語言〉，第五章〈公眾語言和個人語言〉。

更難徹底根除。於是在人類演化的過程中，在經由記號世界的締造經營去改造生命形式的進路上，有順景也有逆境，有靜水也有旋渦，有寬平的大道也有崎嶇的險徑。比如，就以人性所不可或缺的理性、感情、以及其他文明成就來說，由於個人、集團、民族、國邦等等利害關係的衝突；由於不同文化傳統所開展出來的精神世界，特別是價值意識和道德觀念的不同；由於各地區所建立的種種科學和種種科技的參差不齊，甚至互相排斥；由於人類在許多領域的知識仍然不夠深入也不夠健全，在解決問題的方法和技巧上也欠缺全面欠缺妥善；由於人類的意志傾向和精神狀態，有的樂觀有的悲觀，有的積極有的消極，有的開放有的保守，有的進取有的含蓄等等；因此，當我們回顧人類的歷史的時候，我們不難發現在人性演化的進程上，到處充滿著艱辛坎坷的段落。人性中的理性、感情、道德、價值和意志等等，在開拓塑造和演化嬗變的路途中，都不是風平浪靜，順水暢流。回顧歷史的過去，展望理想的將來，我們可能發現我們的理性多所獨斷而不夠開明，我們的感情多所偏頗而不夠平衡，我們的道德多所狹隘而不夠廣含，我們的價值多所片面而不夠遠大，我們的意志也多所專橫而不夠超凡等等。不過令人深深引以為慰而不致輕生絕望的是，儘管前路漫漫，滿地艱辛，人類在塑造文明的記號人性的進程中，畢竟已經走出一段堅實而豐盛的路。人類可以在不斷的進取之間，接受教訓，改造自己，開創出一條更加文明和更加成功的路。

當我們心存人性的前景的時候，有一點令人想來欣慰歡喜，思之樂觀而懷有希望。上面說過，人類自從創制和使用記號以來，記號成為人類的第二天性。它變成呼之即來，揮之不去的人性事物與人性現象。人類不管是在舉止行為的外顯表層，或在內裡精神世界的意識深層，全都成為道道地地的記號的動物。這是一個無以逆轉，不能回頭的演化方向。除非有朝一日，人類滅種絕跡，消失不再，否則人類已經不可能洗脫一切的記號行為，漂白所有的記號意識，走回完全原始，一概野蠻的地步。

事實上，人類一開始跨過記號行為的門檻，這樣的記號人性的演化命運就在冥冥中註定，在悠悠裡安排。人類為了使用記號，他就不能任性發野，他必須與人合作；他就無法情緒用事，他必須遵從規則。基本上，這是記號人性的發端，是人類的理性和感情的起始萌芽的關鍵。說得明確一些，人類所創制使用的記號，要能成功行使它的功能，要能成功地達致俗成化，客觀化和公眾化的效果，那麼參與使用記號的人類全都必須學習養成克己存他，自制客觀的習性。一方面，這樣的習性發展成為人類尊重事實和遵守規律法則的理性精神。另一方面，它也導致在求偶養育和集體交往中，那種與人同心，和人交會的人間感情。在記號人性中，它的理性和它的感情全都導源於這種克制自己的衝動和尊重外人外物的存在之習性。因此作者進一步倡議主張人性中理性和感情同出一源的「情理同源論」。

1997年9月26日

香港中文大學哲學系

記號・意識與自我
——記號意識論和記號的人身認同

1. 人類的意識與自覺

演化到今日，人類成了一種極為複雜的動物。我們可以從許多各自不同、但卻可能互有關聯的角度去闡釋人類的特徵。我們可以說，人是記號的動物❶，人是理性的動物❷，人是感情的動物❸。當然，人也是道德的動物，也是價值的動物，也是意志的動物，也是願望的動物❹。從另一個層次看，人是講故事的動物❺，人是理論的動物❻，

---

❶ 有關記號和人性，特別是「記號人性論」的闡述，參見作者之《人性・記號與文明——語言、邏輯與記號世界》，東大圖書公司，臺北，1992年，頁125～178。

❷ 參見作者之《語言與人性——記號人性論闡釋》，臺灣書店，臺北，1998年，第十二章〈人是理性的動物〉。

❸ 參見註❷所引著作，第二十章〈人是感情的動物〉。

❹ 參見作者之〈記號文化・演作人生和生命的榜樣——哲學智慧的尋求〉，見本文集，頁201～231。

❺ 參見註❷所引著作，第一章〈人是講故事的動物〉，第二章〈從孩童的故事到大人的故事〉。

❻ 參見作者之〈語言・文化與理論的移植——一個人文生態的思考〉，第0節〈人性和理論：人是理論的動物〉，收於作者之《傳統・現代與記號學——語言、文化和理論的移植》，東大圖書公司，臺北，1997年，頁161～162。

人也是藝術的動物，也是精神世界的動物。人類從創制記號，使用語言，交流心思，溝通情意開始，開拓概念世界，經營意義領域，成就理性和感情的生活方式，塑造道德、價值和其他的精神品質；並且在講故事的傳統和製作理論的進程中，創造人文科學、社會科學和物理科學；開發人文科技、社會科技和物理科技❼，繼續拓展記號文化，演作記號人生，開闢記號的人性與文明。

比起其他的動物，人類演化而成就了極為豐富的文化內涵，塑造出極為高超非凡的精神品質。他不但通過講故事的記號行為以及創作理論的記號活動，開發了深刻而優美的心思與情意，演成文學，演成藝術，演成宗教，演成哲學，演成科學；他還經由交流溝通和合作互動，發展科技、應用科技——包括人文科技和社會科技，建造典章制度，成立集體組織，構成法則與規範；於是個人和集體之間，私人與公眾之際，互相刺激，彼此振盪，共同加強，一方面群體的記號文化造就個人的演作人生之成形，另一方面個人那演作人生所開發的成果，又反過來充當生命的榜樣，促進群體記號文化的充實與提升❽。這樣層層相因，步步跟進，造成了人類記號文化的豐盛，促進人性文明的進步。人類在這樣的演化歷程中，開發出比較開明的理性、比較平衡的感情、比較全面的道德、比較廣含的價值、比較超凡的意志，以及比較崇高的願望。

---

❼ 有關種種科學的分類解說，以及種種科技之內容闡釋，參見作者下列文字：(1)〈哲學的取向・功能與定位——人文科學與人文科技之間〉，見本文集，頁125～179。(2)〈社會科學・社會科技與社會的現代化工程——一個文化生態的哲學思考〉，發表於「社會科學的應用與中國現代化研討會」，見註❺。

❽ 參見註❹所引文字之闡述。

人類在文明和人性上的演化進步絕非自然定律規範下的必然結局，它是人類的個人和集體在期望追求的心態下，在實驗試誤的過程中，在日久有功的辛勞裡，在上行下效，此提彼倡的教養、教化和教育之間，自覺而有意的開拓經營的成果。人類認識自己的處境，人類開發自己的潛能，人類拓展自己的心思情意，人類發揚他的思想和想像，人類追逐他的期望和夢想，人類發現了他創造的自由，人類把握了自己的命運。人類的文明和人性是人類意向的產物，那是人類自覺演作的結晶。

人類的自覺是種意識狀態，那是人類所開展出來的種種意識當中，比較高層、比較整合和比較具有統攝效能的意識狀態。人類在自覺的意識狀態下，選取抉擇，組織構想，計劃推行，在經驗中累積成果，在失敗裡獲取教訓；逐步進展，日積月累，演進出日後的文明和人性，也開創出人類那突出的生活內涵，以及他那獨特的生命形式。

在這樣的人類演化的過程中，以及在日後人類的個體生活和集體生存的演進裡，意識的出現和精化，不同種別意識的衍生、互動與整合，個人意識和集體意識之間的相生相激和交流互作，開闢出層層交錯的精神世界，支持導引著人類的意向和願望、志節與理想，不斷充實和再造人類的文明內涵。

從這個觀點看，意識是人類精神現象的指標。意識的內涵與結構在實質上和在形式上左右著人類精神世界的層次高度和精深廣度。不但如此，意識開展的精緻和廣含也直接決定個人自覺的高度和深度，間接標明個人的「人身認同」的清晰純度——是明晰清楚的身分，或乏晰模糊的身分，是鮮明的生命榜樣，或是暗晦的生命榜樣。

當然人類的意識，特別是個人的意識，總是在不斷活動的狀態之中。在我們的不同種別的意識中，隨著生活內容的改變，以及生命經驗的更新，有的逐漸突出，有的慢慢淡入；它們各自之間的相互關係，有時變得緊密，有時落為鬆疏；它們的內涵，有的不斷改造精進，有的停止開拓成長；它們的結構，有的靈活開放，有的僵硬封閉；所以，我們基於意識狀態，通過意識活動所開發出來的精神世界的內涵也相應地產生極大的變動和差異。我們所開拓出來的生活內涵和生命形式也自然分別懸殊，迥然兩樣。比如，當我們不努力追求高度的自覺自省的時候——自覺自省也是意識的一種活動，一種高層次的意識活動，我們容易陷於不求精進、不講開展的意識狀態，淪落在僵硬守舊的精神狀態之中。結果我們所開闢出來的思想內容、情意面貌和願望取向可能演成保守封閉、甚至僵固不化的狹義的「意識型態」。在這樣的意識型態的籠罩作用下，我們所建立的理性常常是獨斷的理性，而不是開明的理性；我們所培養的感情常常是偏頗的感情，而不是平衡的感情；我們所構作的道德常常是片面的道德，而不是廣含的道德；我們所成就的價值常常不是遠大的價值，而是狹隘的價值；我們所涵育的意志常常不是超凡的意志，而是專橫的意志；我們所發揚的願望常常不是崇高的願望，而是凡常俗套的願望。

由此可見，意識的開拓和發展不只是影響個人生活內涵和生命形式上的小事，它更是左右文明理想和人性價值上的大事。我們需要更加密切地注意它的生成基礎和發展情勢，考察它對於建立自我，發展自覺，以及開拓人生精神世界的功能和效力。

2. 感覺的整固和意識的浮現：記號意識論

推想起來，人類意識的產生浮現一事和他創制記號，塑造概念，以及開發意義之間，具有密切的相呼相應的關係。正像其他很多文明上和人性上的事一樣，有些項目之間的衍發創生的情境，可能多端而複雜，沒有呈現出一種單線直行的因果脈絡和對照關係。尤其像意識的事，多種多層；而像意義的事，也有不同樣態和不同結構；因此，意識的浮現和記號的開拓之間不一定在時間上具有明確的先後次序，也不必然在因果上產生一脈相承的從屬關係。尤其是意識和記號兩者都容有乏晰的界定，不必然只有明晰的界分，因此兩者的先後從屬也就更加浮動不確。不過，如果我們從人類意識的成形拓展、組織結構，以及整固加強來看，那麼人類記號的開拓顯然是導致、並且加速和鞏固他的意識成形完構的催化力量。我們要從這個角度來構想人類意識的產生和發展，因此我們在此主張人類的「記號意識論」——主張人類的意識是經由他的記號活動所創生演化出來的。

嚴格來說，沒有任何一種具有生命現象的東西屬於完全機械作用的個體。一般動物和人類也不能只是停留在感覺的層次上，單憑交替反射而營生求存。感覺屬於變化不居，瞬息飄浮的存在。它雖然是動物和人類認識外在世界的基礎，也是他們生命經驗的根據，可是感覺本身並沒有自動表現客觀的真相。有根有據的感覺誠然是一種感覺，無根無據的感覺也是一種感覺。「真」感「實」覺是一種感覺，錯感錯覺是一種感覺，幻感幻覺還是一種感覺。動物和人類要能達到營生求存的目的，他必須在競存適存的演化過程中，學習組織感覺、辨識感覺，以及固定感覺，甚至強化感覺的能力；這樣一來，他才能認識客觀世界，把握外在的生態環境，發展技術和能力，解決營生求存的問題。簡單地說，動物和人類要認識外在客觀的生態環境，進而加以把握利用，甚至經營改造，他首先必須能夠重整感覺，將它提升到不是雜亂無章，不是瞬息萬變，而是有條有理，有規有則，因此可以認識把握，可以採取利用的地步。

比如，動物學會在萬象繽紛的感覺之中，清理出某些可以辨認的感覺，將之固定下來，進而加以利用，充當營生求存的功能。在這樣的選取感覺，設定感覺和利用感覺的工作方式裡，動物終於演化出採用「自然記號」的能力。牠們甚至依據外界的自然條件，順應本身的生理反應機能，進一步加工製造出自己的記號，以促進生活的要求，加強適存的機會❾。例如，動物以某種黑白相間的線條的感覺去指認一種可以供作獵捕的食物，以某種味道的感覺去表示對方適宜充當求偶交配的對象，以某種聲響的感覺去代表敵人的逼進或危險的來臨。當然牠們可以進一步使用加工的記號，以動作相示，招喚同伴協力圍攻獵物；以姿態演作，誘引對方，或者接受對方的追求；以音響動作提示，警告同伴避敵逃生。這些都是動物界常見的營生求存的行為表現。其中最重要的一個構成元素就是記號的指認、加工和有效的使用。

在使用記號的營生的工作方式裡，不管所使用的主要是自然記號或者加工記號，或者兩者皆備，其主要的效能來自記號那指認、指引、指示、提指、表示、代表、代理，甚至取代的作用。記號的採納、使用、創制、加工和系統化令一般動物和人類相繼步入記號行為的工作方法和記號活動的文化模式，開拓出輕重有別，深淺各異，廣狹不同的「記號文化」。

在學習使用記號和嘗試開創記號的過程中，創用記號的主體必須設法將某一個「記號體」和他的某一項感覺經驗關聯起來，於是同樣的記號體才能用來代表與該項經驗聯結的事物，構成「記號」❿。在

---

❾ 關於記號的使用，特別是自然記號的採取和應用，參見註❹所引文字，第2節〈記號文化：意義世界的開拓和精神境界的追求〉。

❿ 有關記號體和記號之間的關係之說明，參見作者之〈現代・現代性與現代化——語言、概念與意義〉，第1節之㈠〈記號體與記號〉，收於作者之《傳統・現代與記號學——語言、文化和理論的移植》，東大圖書公司，臺北，

這樣的「記號化」的進程中，在這種使用記號來代表感覺經驗所標示的事物的行為方式裡，為了令記號行之有效，令「記號行為」達到目的，記號的使用者必須設法固定記號和它所代表的事物的關係。可是為了固定這種關係，首先必須設法澄清記號所代表的事物和使用記號的主體對於這種事物的認知。另一方面，由於使用記號的主體是以其感覺經驗來標示和指認事物的，因此，澄清感覺、整理感覺，以及固定感覺經驗，甚至塑造感覺經驗就成了跟隨記號活動而興起，而廣泛開展的認知致用的活動。這是最基本的意識——「感覺意識」的源起。這樣的活動包括生理的層次，也包括文化的領域——對於一般動物如此，對於人類來說也是如此。一個使用記號的主體必須學習如何善用感官，選取有用的感覺經驗；他也必須在群體的交流和互動之間，學會使用不必然由自己所發現，但卻已經廣泛被採納應用的感覺反應模式以及整理塑造感覺經驗的方法。這些反應模式和塑成方法並非完全是天生潛能的自然發展，那更是後天的開拓，特別是在自然和加工過的生態環境下，為了生活和適存，為了擴展和繁榮而鍛練養成，而加強演化出來的。在這樣的記號活動的促發催化之下，許多本來天生的動物潛能得以開拓發展成為創造文化的能力——包括動物文化和人類文化。所以，一切的文化在這種意義下都是「記號文化」⓫，都源於記號的開創使用，都成就於記號行為的進行和記號活動的累積功效。我們也要從這個角度來探討「意識」的問題，察看一般的動物意識——特別是人類意識怎樣在記號文化裡應運而生，在記號行為裡浮動出現。我們要主張：一切的意識都是「記號意識」，這是記號意識論的主旨。

1997年，頁18～21。又見作者之《語言與人性——記號人性論闡釋》，臺灣書店，臺北，1998年，第三章〈記號行為的結構：人造記號和自然記號〉。

⓫ 參見註❹所引文字之闡述。

不僅是在發生源起上，意識的浮現起於記號行為的開拓；在內容上，意識的種類和結構、意識的內涵和層次也都在記號文化的運作中，根據記號行為的種別、目的，以及所進行的廣度和深度而建構成形，而進化發展的。感覺是天生的能力，意識是演化的成就，因此我們也主張「意識演化論」。

3.記號的拓展：從感覺意識到概念意識

我們可以說，動物和人類的記號活動連帶地開展出他們各自的意識狀態和意識活動。首先在記號開拓的層面上看，我們已經說過，記號的採納、確認、加工和使用都離不開記號使用者對自己的感覺經驗的選擇整理，甚至安排重建，將感覺經驗放置在認知的距離之內，安排在注意力的焦點範圍之中。這個情形是這樣的：在一個記號情境裡，記號使用者首先需要辨認他所要拿來充當記號的記號體。就初起原始的記號來說，這樣的辨認總是根據使用記號的主體所把握的感覺經驗出發。比如，動物以某種顏色和線條排列當作記號體，用來表示某種獵物的出現。這時該動物所做的判斷，主要是根據牠所擁有的顏色線條的感覺而出發的。可是在任何的生態環境裡，動物都給籠罩在無邊無際，一片繁雜的感覺領域之中。牠必須隨著不同的需要和欲求，安排感覺範圍，集中感覺焦點，固定感覺的內容，才能專心致力，達到認知致用的目的。在記號的情境裡，這當然包括記號的辨認和使用。這種通過組織選擇、並且專注整個感覺經驗的作為，把一般在某特定情況下所可能獲取的感覺經驗縮小集中，甚至固定成形，用來做為種種認知致用的基礎和依據。我們可以將這種置於選取的注意力下的感覺，稱為「意識下的感覺」，那是一種「意識化」的感覺。當一個感覺經驗的主體擁有這樣的意識化的感覺時，我們可以說他處於感覺的「意識狀態」之中。這樣的意識狀態對於感覺而言是分殊而個別的。就人類來說，我們可以依照感官分類，區別出視覺意識、聽覺意識、味覺意識、觸覺意識等等。我們都知道，感覺有時比較清晰，有時比較模糊，當中一個最重要的原因就是它是否被置放於注意力的焦點之下，成為意識化的感覺。當然，人類和其他動物的注意力都有比較集中的情況，也有比較分散的情況，因此，所形成的感覺意識也就具有不同程度的明晰與否的區別。

除了交替反射，以及熟練的習慣作為而外，一般有意向、有目的的行為都在進行的過程中，不斷取用和根據種種類別的感覺意識。一般動物如此，人類也是如此。不過，隨著記號化的深入發展，以及記號行為的精進演化，人類的行為結構遠遠超乎其他的動物，特別是在行為的複雜結構、其系統性，以及其所根據的多重基礎之上。對於人類來說，許許多多的行為之發作不只是基於欲望和需求，不只有意向，有目的，而就專心從事，一意進行。人類的行為絕大多數是在記號文化的生態中進行，不但具有十分複雜的前因後果的考慮，更加含有非常紛繁的左緣右故的安排。從表面上看，人類在大多數的情境之下，所作所為不外在於追求快樂和滿足。不過不像一般動物似的，人類並非在快樂滿足之餘，就停頓不前，暫時歇息，等待另一次的欲望發作和需求來潮。人類不但能夠跨越當今的快樂和滿足，構想寄望未來的快樂和滿足；他也能超離自己的快樂和滿足，尋求計劃他人的快樂和滿足；他更能不顧一己的快樂和滿足，計慮開展集體的快樂和滿足。不僅如此，人類的快樂往往不只是停留在感官的層次，人類的滿足經常遠遠超越感覺的內涵。人類許多行為所由出的欲望和需求，不再只是天生的欲望和需求，而是經過文化所陶冶再建的欲望和需求；人類發動行為的意向，不再只是根據眼前的情況和自我的願望，而且也考慮長遠的效應和集體的利害；人類所作所為的目的，不再只是著眼於實用的功效，而且也計較文明的意義和人性的價值。所以，許許多多的人類行為已經不再只是為了滿足生理需要的物理作為。人類的行為成了文化的作為，成了理性的作為，成了感情的作為，成了道德的作為，成了價值的作為，成了具有文明意志的作為，成了富有人性願望的作為。簡言之，人類的許多行為都成了冀求滿足精神需求的記號作為。人類是在他的記號文化中，進行他的記號行為，由此演作他的記號人生。

所以，人類行為的結構和這種結構的演化必須從人類從事記號活動的發展歷程去觀看。我們必須通過人類開拓記號和經營意義的歷程和成果，去瞭解人類行為結構的發展和演化。

從這個角度看來，人類記號的開拓促進了人類意識的進展，人類意識的進展擴充了人類行為結構的演變，成就了文明的人性。在這樣的演化過程中，有一個關鍵性的記號成就，深入地左右人類意識的建構，那就是概念的發明衍生、系統化和進一步的記號化。

我們將在其他地方比較詳細地討論概念的生成和其繁衍的現象⓬。在此，我們所要注目的是：概念的塑成和繁衍令人類的記號文化真正超離原來的動物模式，走向另一個更高更深的境地。由此而成就人類特有的人性與文明， 也由此產生了超乎動物模式的意識樣態——由普及於一般動物的「感覺意識」，向前更進一步，開拓塑造出人類所獨有的「概念意識」。概念意識的生成導引人類一步步開闢出廣大無邊的意義世界，發展出層層入裡的精神境地。

我們在上文裡說過，感覺意識存在於對感覺經驗的專注固定，甚

⓬ 另外，參見註❷所引《語言與人性——記號人性論闡釋》，第八章〈概念的世界〉。

至重構安排。這是人類和其他眾多動物所共有分享的能力，那是在文化生活裡培養和加強而成就的。概念意識也是一樣，它存在於對概念內涵的專注固定，甚至重構安排。這是人類所特有的，至少是人類所善作善為的⑬。

由感覺的整固安排走向概念的創生塑造，這是人類記號活動的突破起飛，也是人類邁向人性文明演化的轉捩點。有了概念之後，人類才開始擺脫動物模式的記號文化，不僅停留在技能之識，更進一步走向理論之知；不僅停留在情緒之動，更進一步產生感情之懷。不但如此，有了概念之後，人類才不僅受制於生活的習慣，他還更進一步開創出人生的道德；他不僅講求實用的滿足，他還更進一步發展價值的肯定。類似地，有了概念之後，人類才能自重自許地立志，他才能自尊自愛地宏願。概念的創生和塑成令人類由講求實用的記號行為走向追求內涵的記號活動。概念之起導人由記號的「用法」走向記號的「意義」。就因為這樣，有了概念之後，人類一步步開發出種種的意義世界，一層一層地締造出他的精神領域。

概念的創生塑造是人類記號演化史上的一件大事。它與「人工記

⑬ 作者經常對事物的形成採取一種演化的觀點，因此對於事物的區別分野採取一種乏晰的判準。依此，我們也可以主張概念意識並非人類所獨有，其他某些比較高等的動物也可以在適當的情況下，展現出概念意識，或者「準概念意識」。由於概念意識有賴概念的把握而存在，因此我們也可以說，除了人類之外，有些比較高等的動物也能生成概念和把握概念，至少生成把握一種「準概念」。人類演化的情況可能正是如此，起先完全沒有生成把握，接著才逐步生成和把握準概念，後來終於演化生成把握真正的概念。所以我們說，概念意識是人類所善為的事——如果不是他所獨有而特有的話。

號」的創制興起可以說是彼此互為因果。兩者同起並出，相激相長。我們可以設想，概念初發之時，也正是人類要擺脫個別的感覺經驗，朝向比較抽象和比較深入的認知和實踐邁進的時候。在這樣的求知致用的過程中，通過抽象的活動，人類的心思和注意力在必要時可以由某一事物的個別性轉向某種事物的共通性。這樣一來，用以代表事物的記號體在其物理性質上，也變得比以前更加抽象和脫離感覺。比如，一幅用來代表麋鹿的壁畫不一定必須表現出這種動物的全貌，而只需要提示出牠的特點——比如，只繪出那情態特殊的鹿角。不過以繪畫表現概念只算是人工記號發展史上的過渡時期，完全離開感覺經驗，不再以特殊的感覺相映關係為依據，才是真正人工記號的自由創作。這樣的自由創制才能滿足不斷向抽象層次發展的概念創生塑造的要求。自由任意創制的人工記號之重要性就在這裡，它成了裝載概念的有力媒體。這是人類記號文化的獨特成就，是其他動物力有不逮，望塵莫及的地方⑭。

引進了概念，尤其是開展出種種不同、大大小小的概念系統之後，人類的記號文化的原野發生很大的變化，對人類生活內涵的豐盛和生命形式的演化產生了革命性的激揚作用。

---

⑭ 許多動物也能加工創制記號。鳴禽以特別的啼聲宣稱其生活領域，獅子以排泄的氣味劃出牠的勢力範圍，因此我們也可以說，這樣的動物也能生發「勢力範圍」或類似的概念或準概念。不過概念的內涵需要跟隨知識的長進而不斷精進澄清。更重要的是，一個概念的內涵需要借助其他的概念，才能加以有系統的妥切的闡釋標定。動物的加工記號仍然停留在依附感覺的生理反應之上，無法創制出真正自由任意的記號，做到不斷精進澄清和有系統地闡釋標定的地步。因此，牠們的概念屬於比較原始粗糙的概念，牠們的概念不是一種完整的概念，而是一種準概念。

首先我們知道，概念的生成塑造在人類的社會裡，不可能只是一個兩個、局部而片面地進行。由於任何一個概念的內涵都需要由其他的概念——有時需要由其他多個概念來加以標明定位和闡釋釐清，因此，人類一開始由感覺經驗抽離而出，成就概念之後，概念的創生和使用就成了一種廣泛全面、普及深入的現象。加上人工記號的配合，特別是有系統的語言的推動，人類大量地運用概念，演作出種種「講故事」的傳統，人類成了講故事的動物⓯。人類創生種種不同的概念，用來講說種種不同的故事；可是另一方面，人類也在講說種種不同的新的故事之間，繼續創生塑造種種不同的新的概念。這樣兩兩相因，互作互動，開創出人類多種的記號文化——包括知性的記號文化、感性的記號文化、德性的記號文化等等⓰。

在人類講故事的記號活動的傳統之下，在人類知性的記號文化之中，有一種記號活動不斷促進人類舊有概念的釐清精化和重新界定，它也不停導引人類新概念的創生浮現和塑造應用，那就是人類從事「理論」工作的記號活動。人類基於好奇和實踐，為了求知和致用，構作概念，鋪陳命題，織造出各色各樣的理論，用以成立認知，用以指導行為，用以滿足感情，用以提升精神境界。人類這樣經營概念的結果，令他成為理論的動物⓱。人類創生塑造概念，或者釐清重構概念，以

⓯ 參見註❺所引文字。

⓰ 人類的記號文化通常不是單一性質的，而是綜合性質的。我們在此所列舉的知性的記號文化、感性的記號文化、德性的記號文化等等，並非彼此完全獨立，絕對絕緣。從記號生成和演作的觀點看，知性的記號文化成果之中，含有感性、甚至德性的記號文化成素，其他情況也是一樣。參見註❷所引《語言與人性——記號人性論闡釋》，第十五章〈有情的理性和絕情的理性〉，第二十二章〈合理的感情和無理的感情〉。

便織造理論，或者應用理論；人類也在建構理論和使用理論的進程中，繼續釐清重構概念，甚至創生塑造出新的概念。

在一般的講故事的傳統中，特別是在建造理論的記號活動裡，概念的不斷翻新和重構，以及新概念的不停浮現和固定，為人類的記號文化川流不息地注入新的心思內涵。加上概念的整固和規範，也令感覺深刻鮮明，並且將情緒提升再造，這更促進人類情意的開展和精化。因此，概念的增進生成和更新塑造有力地催化人類的心思和情意，令它向著更深刻、更高遠、更豐盛和更多樣的方向進展。心思和情意如此開展演化的結果，令人類重新發展他的生活內涵，也重新界定他的生命形式。

當然這類的進展和演化並不是天生自然的運動軌跡。人類的文化塑成都是通過有知、有識、有情、有志的人的用心提倡和出力經營所獲得的結果。概念的塑成和再生也是一樣。它不一定是在人類記號文化的原野上，普遍地在每一個角落都同步同調、一起繁發進展的現象。所以，大力催化概念的創生的，往往不是一般常見的「大語言」，而是為了特定的目的而開創的「小語言」；有時，從人性文明的精深底處主動帶領概念的塑造的，甚至不是已經司空見慣的「公眾語言」，而是充滿新意、帶著遠見的「個人語言」⑱。不過，從實用和發展的觀點看，在某一個小語言裡開拓出來的概念，需要推廣到大語言裡，才能喚醒群體集合的力量，發揮改造文化的作用；同樣地，在某些個人的語言中創生出來的概念，也需要引介到公眾的語言裡，才能生發同感，激

---

⑰ 參見註❻所引文字。

⑱ 有關大語言和小語言，以及公眾語言和個人語言之間的分野和互動關係，參見註❷所引《語言與人性——記號人性論闡釋》，第四章〈大語言和小語言〉，第五章〈公眾語言和個人語言〉。

勵共鳴，開發出更加深刻的心思，經營出更加美好的情意。人類的意識發展——尤其是比較高層的意識的發展，情況也是如此。

現在讓我們正式談論「概念意識」。正好像感覺意識是人類將自己的感覺經驗放置在注意力的焦距內，對感覺加以定形整固，甚至組織重構的現象；概念意識也是一樣。在人類的記號文化中，在我們的記號活動裡，我們總是需要通過概念來求知和致用、表達和宣示、交流和互動，以及進行其他人生演作的行為。在我們的演作人生當中，有的言行舉止已經陳舊老套，變成習慣，不待思索，無需用心，坐言起行，交替反射。這樣的行為不必專心注目，也無需反覆思索，可以說是「半意識」或「淺意識」的行為。當然並不是所有這類的行為都是目標不確，效果堪虞的作為。人類的許多工作習慣和生活常規起先都經過細心考量，謹慎規劃，甚至認真教育，加強學習而成就的。只不過一經養成習慣，工作的方式就變得刻板機械，行為的步驟也變得陳舊老套⑲。這是人類應付生活的煩瑣，追求行事的簡單之成果。不過這種習慣性、機械性、套公式，甚至自動交替反應式的半意識、淺意識的行為往往不能有效地應付新起突發的情境，無法解決危機反常的問題。在這樣的情況下，人類就需集中注意力，善用思考，甚至發揮想像，以便認識情境，瞭解問題，計劃行動的步驟。我們不能一再半意識，而需「全意識」；不能仍然淺意識，而需「深意識」。這裡所指的全意識，不只是感覺意識，更是概念意識；這裡所說的深意識，有時甚至全然不是感覺意識，而是純純粹粹的概念意識。

⑲ 為了簡單方便，人類常常將解決問題的程序機械化，達到不假深入思考而套用「公式」尋求解答的效果。在邏輯和數學裡，尋求開發解題的「算法」或「決定程序」正是這種發掘機械的解題方式的顯著例子。這種方法上的開發不但有益認知上的理解，並且更具有實用上的價值。

概念意識是一種心靈狀態。人將某種概念放置於注意力的焦距內，甚至放在注意力的焦點上，用以進行思想，用以進行推理，用以進行「講故事」，用以進行造理論，用以進行表現感情，用以進行遵循道德，用以進行追求價值，用以進行發揚意志，用以進行追尋願望，用以進行一切有意向、經反思、富批判、講道理、重理想、究目的的記號活動與意義行為。

不過，正像感覺意識一樣，人類的概念意識也容有比較清晰和比較乏晰的深淺之分。這是因為概念總是講究系統性，才能顯現出個別概念那比較確定的意義。另外，概念並不是一些恆久不變的封閉系統，隨著人類經驗的增進，知識的豐富，見解的深入，以及記號文化中理性、感情、道德、價值、意志和願望等等的嬗變演化，我們的各種概念內涵也會相應地產生位移和質變。通常，我們通過求知的種種科學，以及配合致用的各樣科技[20]，精進我們的概念，重構我們的概念，甚至發明塑造新的概念。可是在「常識」的層次，在公眾語言、在大語言、在個人語言、在小語言中，人類也不斷翻新和創造概念[21]。因此，就個人的情況來說，在不同的情境下，人類的概念意識的內涵可能差別很大，無法統一，甚至南轅北轍，交流困難。這就是為什麼在不同的記號傳統下，人類的行為表現出如此紛繁多樣的原因。

[20] 參見註[7]所引文字。

[21] 當然，人類的常識深度、高度和廣度，隨著種種科學和種種科技的發展與推廣而有所演變提升。而且公眾語言和個人語言之間、大語言和小語言之際，也經常存在著程度不同、強弱有別的交流互動。這樣一來，我們的概念世界呈現出一片錯綜複雜的多元多面的組織和結構。

4.記號的經營與意識的結構：精神意識的出現和人性品質的演化

在上文裡，我們分別討論過人類所擁有的兩種意識，那就是感覺意識和概念意識。我們將兩者分開討論，並不是因為它們之間彼此離斷，互無關聯。我們只是要從記號的創制使用，以及記號文化的開發進展的觀點，指出意識的內涵也相應地朝向不同的層次拓展創生。許多動物都能把握一般記號的使用——特別是那些刺激生理作用的自然記號的運用，因此，相應地牠們都能夠開拓出各自的感覺意識來。牠們累積經驗，致用實踐之後，甚至能夠生發略為抽象、稍加重構的準概念，因此或許可能出現準概念意識、淺概念意識或半概念意識，用來經營牠們的動物記號文化㉒。然而，一般的動物都無法全面而有系統地開展概念，因此也就不能真正有效地進入概念意識的狀態，其中主要的原因在於牠們沒有像人類一樣，真正自由而任意地創制加工記號，以便負載可以完全脫離感覺內容，甚至可以隨意創造發明的心思和情意，塑造出概念的內涵。

人類的情況就大為不同。人類自由而任意地創制人工記號之後，形成有系統的語言，接著經營意義世界，開發心思和情意的結果，首先創生塑造出來的就是廣大無邊、有系統、有結構、有內涵的概念世界㉓。有了這樣和概念內涵接連掛鉤的語言之後，人類更在他那講故

㉒ 許多動物在覓食、築巢、求偶和育幼方面，都表現出頗為抽象的記號行為模式。只不過這類行為在整個的動物生活方式裡，往往顯得單項個別，而非廣泛普遍，很容易因為時過境遷和外物變化，而轉回較為原始、依循生理反應的記號模式。

事的文化傳統中，特別是在他那建造理論的記號活動裡，進一步重構再組概念，進一步創生塑造概念。概念和記號的發展並行共濟，互動相激。不過，人類創制記號，發展語言，經營意義的結果，不只是開拓出概念的世界，他還在概念的基礎上，開發出其他的精神世界——包括理性的、感情的、道德的、價值的、意志的和願望的種種精神世界。於是，在意識的開拓上，人類也就不但由感覺意識走入概念意識，他更加由感覺意識和概念意識步向種種的「精神意識」。

為了闡釋人類的整體意識的結構，讓我們首先說明人類的感覺意識和他的概念意識之間的各自特徵和相互關係。

我們在上文曾經提過，人類的感覺意識和概念意識並非互相離斷，彼此絕緣。其中，主要的原因在於人類生活內涵的經營總是不能完全脫離自己的感覺經驗，除非他是個主張完全絕感、無情和滅欲，而又能有效地如此貫徹推行的人。因此，人類重大的求知致用的活動——特別是種種科學的活動，以及種種科技的活動，最後都要訴諸人類感覺的接納、襯托和應驗。科技所開發的事物不能完全不顧感覺的接受與否，此事甚明，無需多論；即使是科學的開發也不能完全在概念世界之中翻騰打轉，而不理會感覺經驗能否調適配合。比如，最算是概念科學的種種數學，不但經常含有「經驗解釋」的問題；而且，就是不理會這類的實際「應用」，只就理論的組織結構和衍發開展的觀點看，仍然存在著理論建構是否簡單，是否優美的問題。這樣的問題也不是純粹的概念問題，它牽涉到優美簡潔的感覺經驗，或者在概念的組織重構下的感覺經驗。所以，在記號文化的經營裡，我們絕少能夠閉關自守於感覺意識之外，絕然獨立於概念意識之中，兩者常常互相補益，有時甚至交替運作。

㉓ 參見註❷所引《語言與人性——記號人性論闡釋》，第八章〈概念的世界〉。

比如，在日常生活的情境裡，我們的許多行為都是經由感覺意識而進行，起先甚少假借概念意識去從事。我們在遠遠的距離之外，認出朋友的身分，那固然多數訴諸感覺意識，而絕少動用概念意識；就是思念故人，期待來日，也經常是在感覺意識裡進行，無需勞駕概念意識。當然感覺意識無法完全收納經由概念的創生耕耘而開展的內心活動，因此我們的思考和想像也就在兩個不同的層次上發展和進行。一方面，我們在感覺意識裡追求表現感覺經驗與感覺經驗之間的關係，比如線條與圖形、顏色與觸感、聲音與形態等等的內在與彼此之間的關係，從而建立「形象性」或「圖象性」的思考和想像的方式。可是另一方面，概念的生成和運用也令人在概念意識中追求表現概念內涵與概念內涵之間的系統性的種種關係，比如概念之間的涵蘊與等同、彼此之衝突與矛盾、相容與加強等等，從而開闢出「概念性」或「意涵性」的思考和想像方式。不過，由於概念經常披戴著語言的外衣，因此概念性的思考想像的方式也可以稱為「語文性」的思考想像的方式。

由於感覺意識和概念意識之間並非絕對離斷，發生在兩類意識之下的兩種思考想像方式之間，也就經常互有聯繫支援、比對參照，有時甚至彼此衝突，互相敵對。於是，兩類意識之間也就經常處於此起彼隨，交作互動的局面。我們通過概念意識的運作，釐清觀念，建立認知，安排思想，創造理論。我們也經由感覺意識的作用，安排感覺，定位經驗，註釋知識，成立觀感。人類的知識和理論、技術與實踐，都在兩類意識的互動共振之中成長開發，繁衍進步。人類也在這種求知致用和理論實效的互對演進中，更加精化了意識的狀態，也更加強化了意識的能力。

追根究底，上述兩類意識的演化背後都有一股推動支援的力量。

這種力量也不斷將人類意識的開發，推向一個新的領域和層次。這股力量就是人類推行記號化的力量，也就是人類進行記號行為所產生的效力。

不管是在安排重構感覺，或是在鋪陳使用概念的情況，人類意識活動的目的都在於採納記號、創制記號和運用記號。就感覺意識的情況來說，當一個主體將某種形狀、條線、顏色或動靜狀態選擇抽離，定位整固之時，他是將這種的感覺經驗，通過制式化的認知方式，把某類感覺在意識裡（或在習慣中）解釋成為食物、敵人，或無關緊要的其他事物。這時，感覺意識提供一個記號化的情境，讓感覺的主體將存在意識中，經過定位整固的感覺充當記號之用，用以充當代表、指示或提指像食物、敵人或其他事物的作用。接著，感覺的主體可以藉著這樣的記號，採取進一步的行動。比如，是否進行獵食，或是拔腳逃命，或是無動於衷，置之不理等等。不管怎樣，由於感覺意識所提供的記號情境，感覺主體才能把握記號的作用，接著進行一些有意向性和有目的性的行為，以解決生活的需求和生命的期望。因此，意識的發生成長和記號行為的始作開拓是分不開的。假如沒有發展記號行為的動機，假如記號行為產生不了認知致用上的效力，我們很難想像動物的意識會如此廣泛地開展，如此普遍地存在。所以「記號意識論」的主張從最基本的意識形式——在感覺意識的層次上，就有明顯的成例和印證。此事不僅在創生開發的角度上看是如此，從內涵結構的觀點上看也是一樣。

記號行為的演作開拓促成了意識的生發成長。但是這樣的發展軌跡和成就樣態並不是平面進行、單線開展的。隨著記號主體開發記號的深淺程度的不同，因應記號主體開拓記號行為的等級層次的差異，不同動物種屬所生成、所開闢、所達致的意識內涵和意識結構也就各有高下，互見長短。人類在不同的記號開拓階段裡，也自然表現出不同內涵的意識狀態，發揮不同層次的意識作用。

就人類來說，從依附感覺的記號模式邁向訴諸概念的記號模式，那是記號拓展史上的絕大成就，也是意識開發史上的重要突破。不過在此之前，即使在受制於生理條件和感覺約束的記號模式中，人類一定也比其他動物開發出更為深入和更為多面的記號內涵和記號形式，發展出更加層層入裡、步步高深的記號活動。比如，就以整固感覺形成記號為例，對於比較低等的動物來說，經過整理放置於感覺意識中的不同項目——得自不同來源之線條、顏色、形狀、氣味等等，可能全都代表著同樣的東西，充當同種東西的記號——都代表可食的獵物，或者可怕的敵人等。對於這樣的動物而言，應用記號只為達成眼前的需要，沒有其他比較長遠或比較複雜的目的。這樣一來，記號所扮演的生活內涵、生命角色，以及文化功能也就比較單純。記號的主體只要考慮記號所引發的效應，注意它所形成的功能，建立起記號與行為之間的生理上、因果上，或者習慣上的關聯，這樣記號也就能夠順暢地完成它的任務。簡言之，在這樣的情況之下，行使記號的主體只需注目於記號的用法或功能。這時記號之所以成功地成為記號全在於它的「用法」。在這樣的簡單的模式之下，不管記號所提示的內容可以有什麼不同，只要用法如一，其他差異完全可以不加理會。

當然這是記號最粗糙的形態。比較低等的動物不太能夠開創牠的生態環境，常常聽天由命、逆來順受，只在營造極為基本的求生續存的生命形式。那樣的動物使用這種最基本的記號，就足以照顧牠的生活需要和生命欲求。可是許許多多比較高等的動物都在不同的程度上超越了這種生活內涵和生命形式。飛禽能夠築巢求偶，走獸能夠克己育幼；許多動物知道遵守集體次序，服從階級領導；有些動物甚至熟悉食品保藏，積蓄防飢。這一切，背後都有記號的作用。使用記號的主體不再只是簡單地依從記號單純的用法，而必須靈活選擇，變化應用。於是在記號行為的更新開展之間，感覺意識的開發也就更加細緻、豐富和充實。這是許多比較高等動物的情況。在牠們的記號行為的推動下，其所注重的不再只是死板機械的記號用法，牠們幾乎開展出牽絆在記號之上的擬似概念或「準概念」出來。

人類以外的動物之所以沒有開發出完全而徹底的真正概念，主要原因在於牠們的加工記號沒有全面開拓，因而即使多方突破刻板機械的記號用法，但卻無力達到開拓「意義」的境地。從記號的用法到記號的意義之間，不但歷經一段演進的過程，更需要一種跳躍性的突破。人類的知性的好奇和創造的想像令他步上這條開發意義的道路。意義的開發不但加深了人類記號使用的模式，精進豐富了人類的記號行為，它並且開展出人類特有的記號文化㉔，演化出人類獨有的文明人性㉕。簡言之，人類開發意義的結果，令他超脫自然與生理的局限，走入心靈的世界，走向精神的境界。人類從意義的開發，走向獨特的記號文化，成就了文明，塑造了人性；令人類變成理性的動物，變成感情的動物，變成道德的動物，變成價值的動物，變成意志的動物，變成願望的動物。

當然這樣的文明和人性的成就絕非一朝一夕的成果，那是人類長期開拓記號、經營意義、發展記號行為，擴充意識內涵而積聚存蓄的結晶。在這樣的開拓演化的歷程中，意義的開發就是最具關鍵性的驅

㉔ 參見作者之〈記號文化・演作人生和生命的榜樣——哲學智慧的尋求〉，見本文集，頁201～231。

㉕ 有關記號人性論的論旨與闡釋，參見註❷所引《語言與人性——記號人性論闡釋》。

動力量。

意義的最基本的形態就是「概念意義」。一個概念意義就是一個概念的內涵，那是人類賦與一個記號的「心思和意念」，用以表示他基於感覺、思想和想像的內容。這樣的意義不一定等到加工記號出現之後，才有機會浮現凝聚；就是在自然記號之上，人類也可以賦與通過感覺、思想和想像得到的心思和意念。何況人類一經開採自然記號，很快就可以經由模仿和創作，動手加工製作人工記號。不過，等到人類開始真正自由而任意地創制記號之後，意義的開拓才能沒有阻礙地進行，概念的生成也才能富有結構，充滿系統性，並且無拘無束地打破現實的界限，朝向思想的、理想的、想像的，甚至幻想的境地拓展。概念的出現、意義的衍生，令人類的記號活動突破感覺的範圍，跨越現實的疆界，開闢出廣闊無涯的天地。

概念的意義樣態出現之後，人類為了種種生存、生活和生命的目的，為了交流溝通，為了演作互動，進入了「講故事」的記號文化傳統㉖，開拓出意境更加深入，內容更加多姿，意義更加複雜的語言。這樣的記號活動不但更加開拓人類的心思和意念，它也全面經營人類的「心懷和情意」；它不只在概念的結構和它的系統中拓展基本樣態的意義，它更在故事的情節和發展中經營出其他樣態的意義。於是，人類不只停留在認知致用，他還經營出理性精神；他不只停留在情緒感受，他還經營出感情心懷；他不只停留在工作規範，他還經營出道德信條；他不只停留在現實情狀，他還經營出價值理想；他不只停留在利害條件，他還經營出意志氣節；他不只停留在由天任命，他還經營出夢想願望。這樣一來，人類在心思意念和心懷情意的交織互作之下，由概念意義的開發，走向其他意義樣態的拓展。他不只擁有理性的概

㉖ 參見註❺。

念(概念意義樣態,下同),他更創發出理性的意義(意義樣態,下同);他不只擁有感情的概念,他更創發出感情的意義;他不只擁有道德的概念,他更創發出道德的意義;他不只擁有價值的概念,他更創發出價值的意義;他不只擁有意志的概念,他更創發出意志的意義;他不只擁有願望的概念,他更創發出願望的意義。人類由開拓概念樣態的意義,在更進一步的記號行為中,經營出其他樣態的意義。於是,人類在他的記號意識的發展歷程中,又由概念意識走向其他種類的意識。我們要將以上述這些意義樣態為注目對象而成就的意識,統稱為「精神意識」——包括理性意識、感情意識、道德意識、價值意識、意志意識和願望意識等等[27]。

值得注意的是,這裡所說的各種精神意識都涵蘊著概念意識;在實際運作的過程中,甚至間接迂迴地接連引導出感覺意識。在此,我們又接觸到人類意識的層次性、結構性,甚至系統性。由於人類意識是人類記號活動的產物,意識的層次性、結構性和系統性,在起源生成上和在運行演作上,都反映出我們記號與記號行為的層次性、結構性和系統性。

這樣具有層次性、結構性和系統性的記號活動——特別是人類那種種講故事的記號行為,不斷開發人類的心思和情意,令他在各種意識裡塑造理性、感情、道德、價值、意志和願望。這是人類精進生活內涵的歷程,也是人類建立生命形式的軌跡。人類在這樣的意識活動裡,豐富了人生的意義,精進了人性的品質。

[27] 這裡所概括統稱的種種意識可以另做分類指稱,因為理性、感情、道德、價值、意志和願望等等,全都不是簡單的精神事物,而是複合的精神事物。比如,感情之中涵有理性,理性之內蘊藏感情;道德兼有情與理;願望兼有志和情等等。

5.意識的記號性：意識的統一和主體意識的呈現——自我意識與記號的人身認同

從感覺意識到概念意識，從概念意識到種種的精神意識，這是人類意識開展的軌跡，也是人類的記號開拓（特別是意義經營）和他的意識進展同步同調的演化程序。這些有關聯和有結構的意識開發出來之後，回饋反射到人類的記號行為和記號活動之上，更把人類的記號文化推展到更加自覺、更加反思和更加審察明辨的地步。因而人類所講說的故事內涵精進提升了，他所建造耕耘的理論也普遍深化了。他也更能有效地開拓種種的科學和種種的科技，並且把文明和人性放置在理性的、感情的、道德的、價值的、意志的和願望的精神層次上繼續開展和演化。起於記號行為的意識，當深入開展而統一結構之後，不只增進了人類的生存和生活，它更加助益人類的記號文化，朝向精神的境界拓展。

由於意識起於記號活動的推波助瀾，意識一經生成，它就表現出一種記號的性格。這種意識的「記號性」可以從幾個方面來加以觀看。

第一，我們雖然可以抽象地談論意識狀態和意識作用，但這只是一種概括廣泛的討論方式和指認方法。所有的意識都含有內容，而不會是沒有對象的空白意識，也不會是沒有指涉的純粹意識，或者沒有意義的抽象意識。不管是感覺意識、概念意識或是各種精神意識，全都有它的對象內容。這樣的意識對象內容可能是意識主體所整固的感覺經驗，可能是他所把握的概念內涵，或者他所擁有的精神意義。可是由於感覺意識、概念意識和種種精神意識都是記號行為所觸發，因此都在採納和使用記號。於是這種感覺經驗、概念內涵和精神意義就成了意識所摘取注目的記號。也就是說，從意識的內容上看，所有的意識都是「記號意識」，都是將其摘取注目的內容對象充當記號的意識。意識以記號為對象，不管是感覺記號、概念記號或精神記號；意識狀態是我們把握注目記號的狀態，意識作用是我們應用演繹記號的作用。所以，意識內涵固然是一種記號內涵，意識活動也是一種記號活動。在此，我們看到記號意識論的其中一個推衍發揮。

由於意識都是記號意識，意識作用都指向對象，代表事物，涵蘊意義或表現精神。比如，當我們處於意識狀態，發揚意識作用的時候，我們不只對著東西看，而是將那東西「看成」是什麼東西；我們不只吃著東西，而是「吃到」了什麼東西。同樣地，我們在思、在想、在疑、在惑之時，我們不只是在茫然心動，模糊懷感，我們是在心思情意裡指涉著對象，懷抱著意涵，甚至表現出精神的境界——理性的、感情的、道德的、價值的、意志的和願望的精神境界。意識以種種層次的記號為對象，意識作用的結果更令種種的記號組織整固，編排結構，精進深化。

第二，由於意識的運作總以記號作為材料對象，因此在心靈的演化進程中，意識不斷改善和精進，以配合人類記號行為的進展和演化。正好像人類身體方面的勞動作為，長久致力進行的結果，會促進四肢的改良演進，人類心靈的活動——他的心思情意的起動演作，久而久之也相應地引起心靈的進展和精化。意識是心靈狀態和心靈活動的重要一環，自然也是如此。

不管意識的材料對象是感覺、概念或是其他精神類目，它都是來源有自，出處可循，並非完全由意識作用本身所憑空杜撰，無中生有。意識所捕捉整固，組織注目的對象，並不是任意隨便的對象。它的對象是在記號化的過程中，為了進行記號行為，從事記號活動而採取創制和選擇應用的。這樣的對象總是具有記號的性質——可以拿來代表、指示、提指或取代，因此都可以充當記號使用。所以我們說意識的運作總是拿記號作為它的材料對象。這樣的材料對象是在某一種記號文化中，為了因應各種生活的需要和生命的追求，而採納接受，而開創發明的。因此，意識的興起、生長和精進也不斷與記號文化的開展同音同調，亦步亦趨。記號行為之精微處，正是意識作用的細密處；記號行為的粗略點，也成了意識作用的缺陷或盲點。由於沒有空白意識，只有記號意識；這樣一來，意識的開發和精進也就直接和記號行為的開拓和進化牽連掛鉤——特別是在兩者的精密化、細緻化、結構化、層次化和系統化之上。就人類的意識開展來說，由感覺意識而概念意識，再由概念意識發展出種種的精神意識，這正反映出人類的記號活動由簡至繁，從基本的、粗淺的，到衍生的、精緻的層層深入的過程。它也反映出人類由經營記號的外顯用法，演進到經營概念的意義，又再演進出經營各種其他樣態的意義的進步軌跡。

第三，正好像記號的指認不能只看記號體，也不能單單考慮它的用法一樣，意識的指認也一樣不能只看意識所依據的生理狀態，也不能只憑意識所導引而出的行為表現。從這個角度看，記號意識論明顯地有別於「物理主義」的意識觀，它和「行為主義」的意識觀也大相抵觸。舉個例子來說，許多動物為了求生圖存都發展出應變危難的方法，特別是養成辨認敵人的能力和技術。這是一種很根本而又實用的記號行為。動物以某種感覺內容充當代表或表示敵人的記號，接著採取必要的行動。由於逃避危難事關生死存亡，那不是生活上的小事，而是生命中的大事。所以這種事一般都在十分警覺和完全專注的狀態中從事。換句話說，那是一種意識上的作為，那是根據意識作用而衍生的行為。可是不同的動物在生理上和感官上擁有不同的敏感度，因此牠們具有不同的意識內容和意識程度，即使在最基本的感覺意識的層次上，牠們所捕捉和整固的感覺也會不盡相同。這樣一來，堪稱為「危機意識」的東西，在不同的動物之間，就有很大的內容差異——不過牠們據此衍生出來的苟安避危的行為卻可能大同小異。如果我們設想比較高等的動物，考慮到牠們幾乎能夠開發出概念意識，情況就更加複雜。危機意識在高等動物之間成了一種比較多面、需要講究整合統一的東西。

以人類來說，隨著記號文化演進層次的不同，他的危機意識已經由感覺意識的層次提升到概念意識的層次，接著再提升到種種精神意識的層次上，因此，人類的危機意識就成了一種內涵甚為複雜，在作用上貫穿不同層次，跨越不同意義樣態的記號事物。它不只是生理上、感覺上的事，它也是概念上的事，它更是精神境界上的事——它是理性上的事，是感情上的事，是道德上的事，是價值上的事，是意志上的事，也是願望上的事。這樣的錯綜複雜的危機意識，必須講究不同層面的溝通，不同內涵的整合，以及不同意義樣態的結合、互動、消融或統一。

第四，由於人類意識是在人類的記號文化之中開展出來的，不同的文化傳統，由於所講說的故事的不同，由於所構作的理論的差異，因此大家據之以開拓的記號意識也就時有分別，甚至彼此不能互相兼容。

當人類的記號活動豐富開展之後，人成了講故事的動物，人成了理論的動物。人類的心思和情意也就跟著普遍飛揚，長足開創。人類的意識狀態和意識作用是在這樣的發展背景之下，獲取它記號的性格和品質。我們可以想像，在不同的記號文化傳統裡，從感覺意識到概念意識、直到種種的精神意識，各自都有不同情狀和不同程度的建立和開展。這就是為什麼有時不同文化裡的人對於同樣的事物或某一現象，產生不盡相同的感覺經驗或理解認知，因為大家的感覺意識作用和概念意識內涵可以不盡相同，甚至大為不同。至於不相同或不相容貫的理性意識、感情意識、道德意識、價值意識、意志意識和願望意識等等，那更是習以為常，司空見慣的事。

由於意識所具有的記號性格和記號品質的關係，它的內涵差異和精緻程度之分別並不限於不同的記號文化傳統之間。由於人類的生活內容愈來愈豐富多樣，由於人類的生命形式愈來愈精細多元，由於人類所進行的記號行為愈來愈分化深刻，因此人類的記號系統和意義世界也愈來愈別異多樣。即使在同一個文化傳統之中，除了大語言之外，還有小語言；除了公眾語言之外，還有個人語言㉘。大語言往往孕育出普及、廣泛而通俗的「大意識」或「普及意識」，小語言卻涵蘊專精、特定而深入的「小意識」或「專精意識」——不論是感覺意識、概念意識或是種種的精神意識。同樣的，公眾語言開闢和助長在集體成員之間容易比對相應的「公眾意識」或「集體意識」，相對地，個人語言經營和深化那表現獨特個性的「個人意識」或「個體意識」。這在感覺意識和概念意識上是如此，在種種的精神意識上更是如此。記號行為的長足開展，心思和情意的起動飛揚，令人類成為一種非常複雜的「意識的動物」。他不但具有普及意識，也可以擁有專精意識；他不但開拓了集體意識，他更加經營出個體意識。在這些不同種別的意識當中，從感覺意識直到種種的精神意識，其間都容有等級、層次和精緻程度的差異。無怪乎人類在理性意識上，在感情意識上，在道德意識上，在價值意識上，在意志意識上，在願望意識上經常表現出那麼多紛繁歧異，雜多豐富的景象。

第五，雖然人類的意識具有這麼多樣的歧異性和紛繁性，但是記

㉘ 參見註⑱所引文字。

號活動卻有一種力量促使種類不同和程度各異的意識之間，尋求一種結構上的整合和內容上的統一。人類的記號行為是有它特定的目的的，不管那是認知好奇的目的或是實際致用的目的。因而人類在採納創造記號時，或在使用運作記號時，都需努力設法採用有效的方法，穩當地把握記號，以發揮記號那代表或指示等等的用途。意識的運作正是以記號為內容對象，它必須發展出這種把握記號的有效而穩當的方法。比方，在建立知識時，意識的作用不容許我們的感覺經驗和概念制定彼此斷離獨立，甚至抵觸衝突。感覺和概念之間需要一種聯貫和親和。所以，在上文裡我們說感覺意識和概念意識之間並非互相離斷，各不相干。意識作用需要講究一種結構上的統一性，這樣記號才能受到穩當切實的把握，據此產生的記號行為才能實現和收效；這樣一來，記號主體的內在發展（或心靈建構）才不致於變成零散附加，而是整體增進。

不過由感覺意識和概念意識兩者併建成一種統一意識，這比較容易起步，也比較容易進行，比較容易達致一個可以運作的地步。可是要將人類繼續開發出來的種種精神意識也參與合併，構成一個意識的統一體，這就不是一種輕而易舉的事。原因是這樣的：感覺意識和概念意識的統一不但是人類記號行為之所需，而且它更有外在客觀世界的強力支持。為了在「自然生態」中求知致用，實踐力行，感覺經驗必須和概念構作互相配合，各自調適——感覺經驗可以促發概念的構成和修訂，概念的運作也可以組織感覺和再製感覺。不過這兩者的彼此調適和配合卻有一個考驗的標準底線，那就是必須有系統地通過自然生態——包括我們的生理條件的證據支援和效果應驗。因此，這樣的統一意識是種比較可以導致客觀，因此比較容易演成普遍的意識統一體。相對地，種種精神意識卻沒有上述這種外在世界的強力支持。

它們源於人類在「文化生態」中所進行開展的記號活動，而這類記號活動的成效並非決定於外在世界的性質或是我們的生理條件。因此，在建構包括種種精神意識在內的巨大的統一意識時，我們常常遭遇到容易分裂脫節的情況。不論是理性意識、感情意識、道德意識、價值意識、意志意識或願望意識等等，都遭遇到這種容易分崩離析，脫節斷裂的情況，因為這類精神意識的內容對象沒有受到外在世界的支持，也不一定引起普遍明確的生理反應。精神意識的內涵主要是文化文明的產物，它需要在記號文化所開拓的生態環境裡，通過人類生活內涵和生命形式的意義的經營，獲得認同，贏取接納，演繹出更深更遠的人性成果。這是人類文明開發上的事，也是人性塑造上的事。

第六，正像人類世世代代無止無休地在講說著故事，但卻無法完整地說出宇宙世界、人生人性，以及文化文明的全面故事[29]；也像人類古往今來不停不斷地在構造著理論，但卻不能完整地編作出上下古今、外物內心，以及社會個體的全盤理論[30]。人類的記號意識也是一樣，我們難以經營出包括感覺意識、概念意識和種種的精神意識在內之龐大無比的統一體。但是，在運作上，我們總是努力尋求種種意識的局部性的綜合統一。這樣我們的記號行為才能順利進行，獲得預期的效果。在這樣的局部而非全盤的意識統一之中，某些感覺意識和某

[29] 參見註[2]所引《語言與人性——記號人性論闡釋》，第二章〈從孩童的故事到大人的故事〉。

[30] 有關全盤理論和局部理論之區分，參見作者之〈理論的構成與功能〉，收於作者之《文化・哲學與方法》，東大圖書公司，臺北，1988年，頁83～115，以及〈語言・文化與理論的移植——一個人文生態的思考〉，收於作者之《傳統・現代與記號學——語言、文化和理論的移植》，東大圖書公司，臺北，1997年，頁161～190。

類的概念意識經常構成最基本的意識統一體的核心，其他的意識——特別是種種的精神意識，跟著以不同的強度和純度，在不同的層次上，參與綜合，加入這樣的（局部的）統一意識之中。隨著我們的記號活動所涉及的廣狹和深淺的程度之不同，我們在運作上所綜合的統一意識的大小深淺也有所不同。我們並非在牽涉意識時，總是處在同一層次，同一廣度和同一深度的統一意識之中。個人與個人之間有所差異，同一個人在不同的處境和情態下也有所不同。我們接受的教育和教養令我們有機會開創種種深淺不同和廣狹不一的統一意識；而我們對自己的立志自許才是真正導致我們不斷加深加強統一意識，以及努力精化和開發這種意識的主要動力。在這個關鍵上，記號活動的主體對自己所生發的意識——記號活動中的「主體意識」，就構成了綜合統一意識和運作統一意識的主宰。主體意識是綜合種種意識的主動角色，它在各種意識的互相協調，彼此滲透之間，力保綜合意識的統一性，令它不致斷離分裂，不致淪為各自為政。

主體意識的個體開拓就成「自我意識」。自我的出現可以在不同的層次和範疇之中定位。感覺的自我、概念的自我，以及種種精神的自我：包括理性的自我、感情的自我、道德的自我、價值的自我、意志的自我和願望的自我等等。低度的自我意識只需綜合自我感覺的意識和自我概念的意識，可是高度的自我意識就跟著必須綜合種種的自我精神的意識。每一個人的心靈的深淺廣狹就看他那統一意識的深度和廣度，可是一個人的精神的深厚或膚淺就要看他的自我意識開發拓展的程度——尤其要看他那理性的自我意識、感情的自我意識、道德的自我意識、價值的自我意識、意志的自我意識，以及願望的自我意識等等開發拓展的精深程度。

自我意識的浮現令自我也成為記號，成為一種「人身記號」。這樣的記號在記號文化之中演繹自己，並且和其他的人身記號交流溝通，互作互動。在這種意義下，每一個人的生命都是一種「演作的人生」[31]，都是一種記號的演作——一種言的記號的演作和行的記號的演作。那是一種人身記號的意義開拓。一個一個的自我也通過這樣的記號經營建立自己，指認自己，發揮自己，充當人生的榜樣，造就「記號的人身認同」。每一個自我就是他的人身記號所開發而出的意義。

1998年5月14日

---

[31] 參見註[24]所引文字。

記號・概念與意義
——人性的塑造和深層意義的開發

1.記號行為、記號文化和生命形式

不論是人類也好，一般其他的動物也好，為了能夠繼續生存、繁衍後代，首先需要解決營生求存的問題，發展開拓生活的方法，加強競存適存的能力。人類和其他動物一樣發展出一大套的行為方式，用來解決這樣的問題，用來開拓這樣的方法，用來加強這樣的能力。

在這樣的一大套不斷增強精進、不斷嬗變演化的行為方式之中，有的行為只是依照天生自然的生理條件，在外界事物的刺激助長之下的本能反應。比如，逢癢搔弄，遇疼撫摸；感到強烈震撼，而掩頭縮身；受到突然搖盪，而緊抓外物，穩定自己；甚至春情發動，追求異性；生育撫幼，忍飢耐苦等等。這樣的行為似乎不待多學多教。它的起始演作，根植於動物的生命本能之中，隨著生理基因的遺傳而世世交替，代代相承。可是，另外有些行為顯然起於後天的學習，在教育的過程中把握行為的要訣，精進行為的效力。就以某些常見的哺乳動物為例。不論是獅子、老虎，或是松鼠、樹獺，當在生育哺幼的時期，母獸無需受訓就能授乳餵嬰，幼獸不必教育遲早也會吸吮奶汁。這些都是出於天生、來自本能的行為。這類天生本能的行為埋藏在動物的生理基因之中，隨著生命的成長，步步開放演釋出來，不必多做學習，無需強加教育，最多是在長遠悠久的物種演化之間，逐漸改進，慢慢變形。每一種生物都有這類根深蒂固、厚植於生理基因而自然演作釋

放出來的行為。這類行為往往構成一種生物求生續存的基本條件。

可是只具備基本的求生續存的行為條件，這並不能保證一個種屬在物競天擇的演化歷程中，具有充分的競存繁衍的前景。動物需要努力發揮潛能，創造條件，以便在生態環境中贏得競爭，加強適存，把握繁衍的機會。於是後天的學習和教育，創造和發展，就成了個體和群體的圓滿生活和成功生存的工具。比如，哺乳動物的稚獸雖然天生就會吸吮母獸的乳頭，啜飲奶水，充當營養。可是這不是牠終生不變的營生進食方式。於是在成長壯大的過程中，牠必須觀察母獸和其他成年大獸的行為，學習種種的生活知識和生活技能。這些知識和技能並沒有孕植於牠的生理基因之內，只要隨意喚取就可以自然演釋出來❶。比如，大象的稚幼不知如何挖取草根，樹獺的幼獸無法選擇充飢的樹葉，幼小的猩猩不會使用細長的枝條引取白蟻；牠們都需經過觀察和模仿，試誤和實驗，在學習之中獲取覓食的知識，把握採食的技能。當然，在一個眾多動物同居共處的生態環境中，可以充當食物的東西並不是完全被動地擺放在那裡，任由某一種動物不勞而獲地自由摘取，隨意捕捉。有些食物是多種動物的採食對象，因此動物之間搏鬥激烈，你爭我奪；另外，有些動物本身就是其他動物採食的對象，甚至互為採食對象，因此彼此之間爭鬥更烈，你死我生。這樣一來，動物的營生求存和競存續存的行為就不能只專限於求取食物一端。動物的營生牽涉到多方面的作為，因此需要各種知識和各種技能。

知識和技能雖然是兩類性質不同而可以分開學習、各自長進的東西，但是在發展上，兩者經常互相刺激；在運用上它們也往往彼此支

❶ 我們在此主張知識和技能的「創造觀」和「演化論」：所有動物的生活知識和生活技能都是在其所身處的生態環境中，為了因應生活上的需要，不斷創造演進而出的。

援、共同精進。比如，知道獵物的生活習性，可以決定採取什麼方法去捕捉；洞悉敵人攻擊侵犯的方式，可以精進抵禦或逃生的策略等等。相反地，摘取果實充飢果腹的作為，令動物獲知果實的顏色和氣味跟它的成熟程度以及其可口香甜之間的關係；善於築巢的禽類發現不同材料的不同性質，匯集出有關環境資源的知識。由於知識和技能具有如此密切的創生開發和應用支援上的關係，我們常將兩者統合在一起發展和使用。一方面是理解上、理論上的知，另一方面是實踐上、技術上的知。這是廣義而包容性的知識。

不管是人類或是其他的動物，知識的建立源起於一種極為基本、但卻十分重要的個體行為和群體活動。那就是採納記號和使用記號的行為與活動。事實上，這種行為與活動是動物個體之生活和生存所必須，也是動物群體之延續和繁衍所不可或缺。因為生活的經營和生命的維持都必須充分認識所處的生態環境，以便發明營生求存的技能。所以知識的建立是生命存活的工具，而記號的使用令知識得以普遍建立，有效學習，以及廣泛傳播。

從比較基本的例子來看，比如許多哺乳動物一生下來就要學習站立和行走，以便到處走動，認識環境；走避危難，增進存活的機會。可是，另一方面牠必須能夠辨認出自己的母親，以便吃奶充飢，因為並不是所有的雌獸都共同分擔餵養照料同類的稚幼的生活。於是，有效地辨認自己的母親也就成為求取生存的首要而必須建立的知識。不同的動物使用不同的感覺來建立這種用來辨認的知識：視覺、聽覺和味覺等等。例如，斑馬一出生就必須儘快認清母親身上的條紋，以免在眾多斑馬集合在一起的眼花撩亂的斑紋之間迷失，找不到可以（而且願意）為牠授乳的對象。為了讓初生的幼馬趕快建立這種認知，有時斑馬媽媽特地將幼馬引離馬群，避免雜亂的其他斑條之干擾，以便專心認識母親的線條，鞏固印象，確立認知。此後，幼小的斑馬就以這樣學得的斑條形狀代表母親，表示母親的身分。於是，對於那隻小斑馬而言，那樣的線條組合就成了代表自己母親的「記號」。這是動物小時候開始建立、開始使用的重要「兒語」的成例，也是功能顯著的「個人語言」的例證❷。

因此，記號是知識之本，記號行為是一切認知活動的基礎。這樣一來，因為知識是所有動物營生續存的工具，於是記號行為也就成了動物之生存與生活所不可或缺的基本活動要素。

雖然記號行為普及於所有動物和人類之間，不過它的種別繁多，層次複雜，精深細密程度各異。我們可以說，在物競天擇、類屬演化的進程中，某一種動物的進化程度正好和牠的記號行為的開發高度成正比。人類之所以演化成為萬物之靈，正是由於他在開拓和經營記號行為上所獲致的高度成就。

許多動物都廣泛地採納和開展記號，建立牠們那影響深遠的記號行為。我們在上文裡舉了一個例子：稚幼的斑馬以自己所把握的線條去代表可以吃奶充飢、可以獲取安全保護的對象。不過，這只是一個簡單粗略的例子。它不能表現記號的一般特質和共同要點。我們說過，這只是個人語言之中的一個記號成例。某一隻小斑馬使用某一特定的線條組合充當記號，其他的小斑馬則使用另外不同的線條組合充當記號。大家採用不同的「記號體」❸，雖然所進行的記號行為大致一樣。

---

❷ 有關個人語言的闡述及其與公眾語言之間的關聯，參見作者之《語言與人性——人性記號論闡釋》，臺灣書店，臺北，1998年，第五章〈公眾語言和個人語言〉。

❸ 有關記號體的闡釋以及其與記號之間的關係，參見作者下列文字：(1)〈現代·現代性與現代化——語言、概念與意義〉，第1節之㈠〈記號體與記號〉，

事實上，這類的記號雖然具有重大的個體的實用功能，但卻欠缺廣泛的群體的經驗基礎，就連小斑馬的母親都不知道小斑馬到底使用怎樣的記號來指認自己，其他的斑馬就更加不著邊際，漫無頭緒了。尤有甚者，這類的記號可能屬於比較短暫性的記號，不是一種比較持久長遠性的記號。隨著小斑馬的成長，等牠學會許多生活上的知識和技能，再也無需母親的餵養和保護時，牠逐漸遠離母親，不再使用代表母親的記號。最後，那原來用以代表的線條排列不再具有這種功能，它不再是記號。長大的斑馬也就不再認識牠的母親了。這樣的記號只是短暫性的，甚至是「用過即丟」的——的確，用過即丟是一般動物御物用情的根本原則。到了人類，情況就慢慢變得有所不同。

不過，在動物的世界裡，在牠們的文化之中，也發展出比較長期使用，比較代代相傳，比較有所演化增進，比較不那麼用完即丟的記號事物。牠們所建立的公眾記號、牠們所開展而出的公眾記號行為就是。許多動物都能採納某種特定的感覺充當記號，用作摘取或獵捕食物之需。鳥類以果實表面的顏色變化為記號，決定啄食哪一些來充飢；貓頭鷹以枝下騷動的聲音為記號，縱身而下，捕捉小型的獵物；豹類以嗅到的體味為記號，追尋出現在附近的野豬之類的動物等等。不過，即使在動物的生活裡，記號遠遠不僅用來滿足覓食獵捕之需。比如，在動物求偶的行為中，牠們以視覺、聽覺、嗅覺，甚至觸覺所得的感覺經驗為記號，決定哪個、以及在何時可以充當交配的對象。這當然也是普遍而重要的記號應用。可是，動物所使用的記號絕不限於上述

收於作者之《傳統・現代與記號學——語言、文化和理論的移植》，東大圖書公司，臺北，1997年，頁18～21。(2)註❷所引作者之《語言與人性——記號人性論闡釋》，第三章〈記號行為的結構：人造記號和自然記號〉，頁29～39。

這類的「自然記號」❹，動物也經由自己的作為，創造出「加工記號」——在人類的記號領域裡，我們常將加工記號稱為「人造記號」或「人工記號」。例如，獅子以尿液噴灑四周作為記號，劃出牠的勢力範圍；黑猩猩以大聲作吼或拍打胸膛為記號，表示牠的權威和地位；猿猴以互相捉蚤理毛為記號，建立彼此之間的親和融洽的關係。像這樣的創造記號和運用記號的例子俯拾皆是，不勝枚舉。值得注意的是，除了少數的例外（比如動物的個人語言中的情況），一般動物的記號都是社會的產物，也都是文化的產物。它們是某種動物社會中，彼此的成員共同分享的事物，也是某種動物文化裡，成員之間通過學習和改進，而創成而演化的事物。所以，動物的記號行為是種可以彼此交流溝通的行為，也是種可以代代相傳，不斷演化的行為。比如，很多動物都學會以叫聲為記號，報警示危，警告同類逃離危難。這種充作警告記號的叫聲是經過模仿學習而精化的，同一群族的成員面對自己的生態環境，在營生續存中發展出彼此可以交流溝通的記號。

這樣看來，即使在一般動物的生活裡，記號行為已經扮演著舉足輕重的角色。記號行為的發展和流行塑造出一個群族的「記號文化」。它是構成群族文化的重要成素，這種文化成素大大地左右一個群族的生活內涵和生活方式，甚至進一步確立了該群族的「生命形式」。

在這方面，人類的發展情況最為典型，也最為明顯。簡言之，人類的文明成就就是他的記號文化的產物。我們如今演化而成的生命形式——那具有理性，具有感情，具有道德，具有價值，具有意志，具

---

❹ 對於自然記號和加工記號（人工記號）之區分的闡釋，參見作者下列文字：(1)〈記號・意識與自我——記號的意識論和記號的人身認同〉（本書頁19～51），(2)註❷所引《語言與人性——記號人性論闡釋》，第三章〈記號行為的結構：人造記號和自然記號〉，頁29～39。

有願望等等的生活內涵和生活方式，就是人類不斷開展記號，不斷增進記號行為，不斷建立記號文化的成果。

2.記號、概念與意義：記號世界的拓展和人類文化生態的開發

推想起來，在演化的早期，人類和其他許多動物基本上具有相近而類似的生活內涵和生活方式，因此他們所塑造出來的生命形式也就難分彼此，大同小異。可是後來演化的結果卻令人類高登動物之頂，變成萬物之靈，這是什麼因素使然？我們都知道人類擁有最發達的大腦，他建立知識，開發技術，改變了自己演化的命運。不過，在這樣的演化進展的歷程中，最值得我們注意、最影響人類演化、最值得我們大書特寫的，就是人類所開拓和精進的記號樣態，他所開展出來的記號行為，以及他所建立起來的記號文化。人類在拓展他的記號世界中，開闢出他的文明，也塑造了他的人性❺。

起先，人類也從一般動物的記號樣態開始，建立他的知識，成就他的技能，經營他的生活，開創他的文化，從事競存續存和繁衍興盛的活動。在那樣的早期的動物記號樣態之下，記號的經營具有一個顯著的特點，那就是記號的功能至上，記號的效果第一。尤其是即刻的實用和眼前的成效最是採納和使用記號的動力。這在自然記號的採納

❺ 作者主張人類的文明人性是他那記號文化的產物。有關「記號人性論」的闡釋，參見作者下列著作：(1)《人性‧記號與文明——語言、邏輯與記號世界》，東大圖書公司，臺北，1992年，頁127～162。(2)《語言與人性——記號人性論闡釋》，參見註❷，第十一章〈記號人性論：語言與人性〉，頁109～116。

上如此，就是在加工記號的使用上也是一樣。簡言之，這種記號樣態的特色是：記號之為用旨在應付和滿足生活和生存的需求。這樣的記號使用方式很容易形成下列兩種記號行為與記號文化的拓展趨勢。第一，記號的開發、加工和精化只為了眼前的需要，特別是眼前的生理需要——包括獵食求生，擇偶繁殖，自衛續存，育幼接代等等自然欲望的開展。這種近利是尚和唯用是圖的記號開展方式顯然大大地局限了記號品種上的廣含程度和記號開拓上的精化程度，令許許多多原本可以給採納或開拓成為記號的事物、現象、事件、動作和行為，一線之差，失之交臂，沒有成為記號。這當然大大影響此類記號活動所開展出來的記號文化的特質，因此也進而約束了一般文化發展的廣度和深度、特質與取向。動物文化開展的限度歸根究底來說，明顯地決定於這種樣態的記號開拓。第二，這樣的近利是尚、唯用是圖的記號開拓方式也演變出另外一種記號發展的特徵：那就是用完即丟的趨勢。如果記號之為用只在於滿足眼前的需要，那麼當這種需要減輕或消失時，相關的記號也就變得次要而可加取代，甚或完全可以拋棄不用。久而久之，失卻記號的地位和功能。上文提過，稚幼的斑馬利用母親身上的線條結構認識出可以供作授乳撫育的對象，可是等小斑馬長大而離親獨立之後，原來藉以指認母親的斑條結構，由於失卻了眼前的作用，因此也就漸失記號的功能，變成不是記號，變成不是該一子斑馬的「個體語言」（「個人語言」）的語彙的一部分❻。當然，如果那一頭母斑馬再次生育產子，再次以類似的方式傳授新的子斑馬，讓牠建立授乳撫養的記號，用以指認自己的母親，那時該種斑條結構又再次成為記號，被新生的小斑馬採用來指認母親的記號，收納到自己的

❻ 「個體語言」是和「群體語言」或「公眾語言」相對。作者將人類的個體語言稱為「個人語言」。參見註❷。

個體語言的語彙之中，重新成為記號。這種近利唯用、用過即丟的記號模式在動物的記號行為中屢見不鮮，比比皆是。就是在人類的記號行為中，也充斥著這類的成例。以往是記號的後來不再是記號，過去具有意義的現在不再具有意義。人類和其他動物的記號世界和意義世界全都是一些可以拓展、可以萎縮，可以增強、可以減弱，可以創造、可以破滅的文化領域❼。

不過，近利是尚、唯用是圖，以及用過即丟這類的記號運作模式並不是人類和其他動物的記號文化演作中，唯一的記號運作方式。事實上，不管是人類也好，其他的動物也好，倘若只是停留規限在這種記號運作模式，那麼他們的生活內涵就得不到精進和改善，生命形式無法進步和演化，當然更談不上群族文化的建立和鞏固，以及進一步將這樣的群族文化——主要是記號文化——演成傳統而代代承續，發揚光大。所以，除了那些比較本能、比較表面器用、比較直覺短暫和比較近利是尚、用畢即丟的記號行為和記號模式而外，我們更應該特別注意其他那些足以影響生活素質的開展，長遠規範族群的生命形式，步步塑造族群中的個體和群體的「文化特性」的記號行為和記號模式。對於人類的情況來說，我們必須特別關注那些悠久長遠以來演化人性，塑造理性，成就感情的記號行為，記號運作模式，以及其所建成的人類記號文化和人性記號文明。我們要特別注視這樣的記號運作模式的生成基礎和演變軌序。

從生成的基礎上看，所有的記號行為——不管是比較粗淺的，或

❼ 從一個比較深層的角度看，在近世哲學中，那倡議「不看意義，只問用法」的作法，基本上也專注於這種唯用是圖、用過即丟的記號樣態。問題在於這並非記號文化中，唯一的記號運作樣態，不管是人類的記號文化，或是其他動物的記號文化都是如此。

是比較深遠的，全都離不開採用記號者的一種基本能力。這種能力是採用記號者對於所覺所感對象的專注、隔離、濃縮、加強、比較，甚至聯貫、統一和合併的能力。這類能力的運用和發展在各種不同的動物之間，情況各有差異，有時甚至差別甚遠。這類的能力有些比較接近天生自然，直接易學；有些則必須經過有意的訓練與培養，甚至需要在比較深度的記號化之下，才可望有效地進行和完成。就人類來說，他在發達的大腦的生理條件下，不但把與生俱來的這種能力善予開發，長於取用，並且配合起不斷精進的記號化活動，把這類能力開展到十分自覺，普遍抽象和高度系統化的境地。現在讓我們從比較基層簡單的例子開始，說明這類能力的採用和開發怎樣促成人類記號文化的步步開發，怎樣演成人類記號文明的層層長進。我們要思索當今我們所熟悉的人性到底如何演化塑成，我們要注視人類的記號行為如何精進深入，如何轉化變形。我們要設想人性的過去、人性的現在和人性的未來。

簡單地說，我們要這樣追查試想：倘若在悠久的古老的過去，人類的遙遠的原始祖先和在物種演化的鏈環上比較接近的其他動物，曾經在根本的生活方式上和生命形式上，並沒有截然分明的差異，大家在彼此爭生競存的過程中，開發出頗為類似的行為方式和生活內容；那麼為什麼在日後漫長的演化過程中，人類竟能逐步拋離其他動物，而成為動物之主宰，而變作萬物之靈呢？❽

一言以蔽之，人類文化的長進是人類記號行為的長進，人類文明的拓展開發是人類記號行為的拓展開發；人性的塑成是人類記號行為所塑成，人性的演化和再塑是人類記號行為所引發的演化和再塑。

---

❽ 作者在此一如以往，主張「人性演化論」，而不採取天賦人性論或本質人性論。參見註❺所列著作。

人類和其他動物一樣，全都生活在特定的「生態環境」之中。在物種演化的早期，生態環境中的自然條件——「自然生態」——強有力地限制和干擾著各種動物的活動與行為。動物雖然在本能上各具天賦的潛能，可以發展出種種求生競存的行為以及種種續存繁衍的活動，因此動物的個體可以生存，動物的種屬能夠延續。不過，這類維持生存的行為和增進生活的活動卻不是完全隨心所欲，一帆風順。所有動物的自然生態都對該種動物的行為和活動設下許許多多的條件限制。在某一特定的自然生態環境中，有些行為產生求生續存的正面結果，另外有些行為則造成反面的影響。同樣的，有些活動引起競存繁衍的積極功效，另外有些活動則導致消極的效應。所以，為了生存和續存，為了競存和繁衍，所有的動物都需要順應所在的自然生態環境，發展出有利生存的行為，開創出有助繁衍的活動。這樣看來，動物行為的發展以及動物活動的開創顯然不是漫無規限，不顧客觀的本能舒展和潛力釋放。所有的動物都必須因應自己的需要，順應生態上的自然條件，發展行為，開創活動。

在這因應自己需要，順應自然條件的致力作為的過程中，動物行為的第一要務就是要認識生態環境，特別是自然生態環境。從此，動物「發現」了記號，採納了記號，並且有目的有作為地使用記號。

上文已經說過，動物使用經過固定的感覺經驗，加以整編抽象，形成種種的記號。比方，用以代表可採食的果實、可授乳餵養的成獸、可交配的對象等等。這類採納記號用以表示和用以代表的行為——一種記號行為——就成了動物建立知識（特別是有關自然生態的知識）以及動物創造技能（尤其是生存繁衍的技能）的開端和基礎。一切知識的建立和技能的開創全都依賴記號的使用，全都是動物進行記號行為而開拓出來的。動物種屬之間，除了物理形態和生理結構的差異而外，最重要的區別就在於他們各自不同的記號行為，在於他們各自開創的「記號文化」。

不同的動物開創出各自有別的記號文化。動物除了各自天賦本性的差異之外，更在自己的記號文化中發展自己增益生存的行為，開創自己精進生活的活動，並且代代相傳，演化成為「記號天性」，好像天生自然，不必多作逼迫強制就能開展進行似的，造成明顯彰著的動物傳統。從這個角度看來，許許多多的動物生活習性和生命特徵都是這樣經由參與生態環境的交流互動，演成記號行為，造就記號文化的成果。從這樣的根深底處觀之，動物除了天生所處的自然生態環境之外，也在長年演化的過程中建立了各自的文化生態環境，特別是記號文化生態環境。動物不僅在牠的自然生態環境中嬗變演化，也在各自建立的記號文化生態環境裡演化嬗變。

既然動物都開創出各自的文化，尤其是記號文化，可是不同種屬的動物之間，為什麼所表現出來的生活內涵那麼差異，所建造出來的生命形式又那麼懸殊呢?

動物種屬之間的演化競爭所導致的成果差異明顯可見。其中，除了原本天賦的物理條件和生理結構的差別，所處的自然生態環境的規範和局限，以及際遇的懸殊和運氣的不均而外，最重要的莫過於該動物種屬所採納和創制的記號體系，以及據此開展出來的記號文化❾。

❾ 比如，犬類可望開發出情意上的記號體系，但是牠們的腳趾不夠靈活，不易創作足以留存傳遞的記號體系；熊貓也許能夠開創出更加富有繁衍能力的前景，可是由於原先的自然生態環境，導致牠們花費絕大部分的生命力在攝食和睡眠之上；海豚雖然智力強，靈性可造，可惜生活在海洋那自然生態環境裡，其所創造的記號體系不易保留，所開拓的記號文化很難客觀化地世代傳遞，因此無法創生出大大超越天賦自然的記號文化生態，用以

人類在這方面的稟賦可謂得天獨厚。接著，人類在創造記號，開拓記號世界，經營深層意義方面，也不斷精進提升。結果，人類開闢出強而有力的記號文化，建立了廣闊而又深厚的記號文化的生態環境，將自己的天賦本性交付其中，接受演化，生發嬗變。這是人類的天賦本性的文化再塑，也是人類的文明人性的塑造與再塑的歷程。

所以，人類能夠提升自己的地位，攀登動物之巔，成為萬物之靈，那不是天然生成的，也不是巧合而偶然的際遇。人類的成就主要是人性的成就。那是一種文化成就，是一種記號文化的開拓成果。人類開拓了他的記號世界，藉以發展他的意義內涵。於是開發出他的理性、他的感情、他的道德、他的價值、他的意志和他的願望等等。從中，人類演化出他的人性，人類創造出他的命運。

這是我們所要關心的課題，也是我們在下文所要接著討論的重心。

3. 意義與記號意識：從感覺意識到概念意識

我們已經說過，動物為要求生續存、競存繁衍，首先必須建立對於生態環境的知識，開發善用生態環境的技能。可是，知識的建立和技能的開發首先要從記號的尋覓、發現和採用開始。上文提及，動物

演化天性，用以再塑本性。反觀人類得天獨厚。雖然他的體力不足以雄冠萬獸，可是他具有充分的大腦，他的物理結構和生理條件又不難令他尋覓出層層創造記號文化的手段，並且他所處的生態環境也有利於保存他的記號體系，傳遞他的記號文化。因此，人類終能在試誤的過程中開闢出他獨特的文化生態，並且在這樣自己拓建的文化生態環境裡開發知識，建立技能，組織社會，成立制度，把自己的人性交付自己的文化傳統中，接受演化嬗變，進行革新再塑的人性工程，不斷開創和再創文化，不斷塑造和再塑人性。

藉著經過固定的感覺經驗，用以充當記號，代表事情或事物。比如，採用某種顏色或味道指引可以充當食物的果實、利用某種線條的排列結構代表可以授乳餵食的成獸等等。當然，在一般的動物行為裡，採納記號的方式不僅局限於選取現存而外在的事物所引發的感覺，作為記號體，充當記號❿。動物常常採取比較主動的方式，創造出能夠引發同類的感覺經驗的行為，含藏訊息，充當記號。比如，許多飛禽走獸都能發放聲音，作為示警報危的記號。有些動物能夠出以動作表示親善或憤怒（比如為對方捉蚤搔癢表達善意，猛然捶胸代表氣憤）。也有些禽類能以各種工作成果作為記號表達對異性的含忍追求（比如有些鳥類以構築美好的新巢迎取對方投懷，另外也有鳥類在巢外放置食品或飾物吸引對象的芳心）。更有一些動物能夠施展手段，劃分自己的勢力範圍（比如有的動物以尿液噴灑領土四周，也有動物將自己身上的氣味塗抹在居處周圍的樹幹之上，用以宣稱主權，警告來犯）。像這些比比皆是的加工記號普遍存在於各種動物的生活情境，構成他們記號體系的一部分，甚至成了左右他們的生活內涵和生命形式不可或缺的記號文化成素。因此，從這個角度來看，從各種動物也能多方創制加工記號的觀點看，不僅是人類，就是一些比較高等的其他動物，也都不只是被動地局限在他們所處的自然生態環境中嬗變演化；他們也在自己所開拓發展的文化生態裡演化嬗變⓫。

不過，人類的演化成果終於脫穎而出，最後超拔萬物，這當中的

---

❿ 參見註❸所引文字之闡釋。

⓫ 因為這個緣故，因為記號文化在物種演化中的促成作用，對於許許多多的動物來說，特別是針對人類而言，「自然」與「人工」之分，尤其是「自然生態」與「文化生態」之別，早已不是涇渭分明，一刀兩斷。當我們論及人性的塑成及其演化時，特別需要注意這一點。

主要因素又存在於人類對於記號的特殊開創方式。人類創制了與其他動物大異其趣的記號範疇，藉以經營更加深入和更加超越的意義樣態，從而拓展出別的動物所望塵莫及的記號世界和意義內涵。

簡要地說，一般的動物雖然採用了「自然記號」，也創制了「加工記號」⓬，但是在實際的記號行為的運作裡，記號的成立基礎和效用憑據都離不開物理世界的自然法則以及動物種屬各自的生理條件──尤其是感覺刺激的反應方式。比如，一般動物用來報警示危的聲音必須叫喚得緊張而急促，才能喚起同類的注意和警覺。同理，用來示情討好的動作必須演作得溫暖和輕柔。可是，這類的「效應」全是針對某一動物種屬的感覺經驗而發的。一般動物的生理條件和感覺反應方式決定了牠們創制記號的主要依據（即使自然記號也依附於這類的創制原理之下）。換一個簡化的方式來說，人類以外的其他動物訴諸「感覺」作為創制記號的生成動因和效應依據，不像人類訴諸「思想」作為記號的創生基礎和效用憑藉。只是停落在感覺經驗和感官效應的範圍內，只是訴諸自然條件和現實情境，用以發展記號，開拓文化，這大大限制了記號創制和意義拓展的層次、廣度和深度，令所生所創的文化總是圍繞著現實的處境回落，而無法突破現實，朝向理想，朝向想像，朝向願望，超越進發。這是人類創制記號的突破，也是人類經營記號世界、拓展意義空間的特徵。讓我們在此略費筆墨，加以說明。讓我們在此闡釋人類由「感覺意識」超越提升到「概念意識」所獲取尋覓到的創作自由，並且指出這樣的自由如何改變他的地位和命運，

⓬ 關於自然記號和加工記號的區別，參見註❷所引《語言與人性──人性記號論闡釋》，第三章〈記號行為的結構：人造記號和自然記號〉，頁29～39。在本文中，作者對於一般動物所創制的記號，採取一種比上書更加廣含的觀點。

如何促使他創作出他那獨特的「記號文化」，演化出他那超群的「記號人性」。

我們可以想像，在人類演化之初，我們的遠古祖先也進行著跟其他動物大同小異、難分高下的記號行為和記號活動。他們也訴諸感覺經驗，通過固定感覺內容，甚至整修和再製感覺內容，抽象地建立起用來指謂宣稱、表達傳遞的記號。為了令這樣整固抽象出來的感覺內容充當記號，運用到實際的人生情境裡，人類必須在那樣的整固抽象的過程中，建立起具有該一感覺內容的「意識」。這種以感覺內容為確認和運作對象的感覺意識成了某一感覺內容給當作記號去指認、學習和應用的心理活動。感覺意識造就了這類以感覺內容為記號體的記號，它的運作促成這類記號的創制、運用和公眾化⓭。

類似這樣的意識活動，當它的運作促成記號的創制、指認和運用時，我們可以稱之為「記號意識」。就是基於記號意識的作用，令我們能夠擺脫個別記號體的特定內容，而直接進入指向記號的核心。我們一般稱為「意義」的事物，也就在此應運而生⓮。

可是如果人類的記號意識只止於感覺意識，他所可望成就的記號

⓭ 除了用完即棄和純然個人語言的極端例子之外，記號及其所構成的語言系統之公眾化是件記號之為記號，以及語言之為語言的首要條件。經過公眾化了的記號和語言才能行使它傳遞交流的社會功能。參見註❷所引著作，第三章〈記號行為的結構：人造記號和自然記號〉，第五章〈公眾語言和個人語言〉之討論，頁53～61。

⓮ 在此我們暫不預定「意義」到底為何物。比如，它到底是一種內心事物，或是一種外在事物。記號學的討論在某一程度之內，可以迴避這個問題。因此，在本文中對於意義的敘述所採取的是種廣含而不預設立場的陳說方式。

世界和意義樣態也就極其有限。他所能夠建立的記號文化也就和其他動物的記號文化沒有根本上的差異，最多只是程度上和範圍上的不同。他所演化塑成的記號人性也和其他動物所演化塑成的記號動物本性沒有截然的高低之分和貴賤之別。

讓我們察看一下，當我們的記號意識只停留局限在感覺意識時，所創制而成的記號，以及據此所開發出來的記號文化——特別是所經營出來的意義世界，會呈現出什麼樣的特質，會遭遇到哪一種規限或弊端。

由於感覺意識是以感覺為內容素材的內在運作⓯，它除了一方面受限於外界那引起感覺的事情或事物而外，另一方面也受制於自己本身或所隸種屬之感覺能力。我們都知道，除了幻覺而外，感覺之發生全都有促發它的外因。對於某事某物，我們能否生發感覺，除了我們是否清醒，是否「敏感」（能感）而外，也在在受到時間的左右和空間的局限。所以，除了不能無中生有，亂發感覺而外，我們所感所覺的強度、清晰性、可以佐證比對的程度等等都因時空的轉移而變化不居。對於現在的感覺，我們可以集中注意，追求清晰；對於過去所生的感覺，我們往往無法把握加強，比對不易，回味困難；至於未來的事情和事物，我們對之尚未接觸，完全無法生發逼真實在的感覺。此外，由於感覺的清晰與否，能否比對把握，也要看感覺生發時的現場情況而定，外在世界有許許多多的因素令我們處於完全被動的情境，對於所感所覺的把握和整固顯得力不從心，望洋興嘆。感覺不像思想，一失現場，一失時機，也就無以彌補，失之交臂。

⓯ 談及人類（特別是現今的人）的時候，我們通常把這種內在運作稱為「內心運作」、「心理運作」、「精神運作」，甚至「心靈運作」。我們在此暫且將這些不同稱呼當成同義語，指謂著相同的動物能力和表現。

順著這條思路想下去，我們就知道完全只是依憑感覺意識所成的記號體系會有什麼局限，跟著據此所開發出來的記號文化又會產生什麼欠缺和不足。首先，感覺都起於現存的事物或事件，作為其外因條件。這裡所謂「現存」固然表示實際的存有，可是它也表示並非曾經存有，亦非將來的存有。因此，一般動物的記號文化中，只有現實的意義樣態，牠們的「理性」也就簡單地等同為現實性。也就是說，凡是實在的就是合理的，並且也只有實在的才是合理的。在這樣的記號文化裡，在這樣的意義樣態中，固然難以生發虛情，無法製造假意；沒有謊言，也無從偽裝⓰。但是，在那樣的記號文化和意義樣態中，也沒有想像虛構，沒有理想意識，也沒有超乎現實「不切實際」的願望與寄情。所以在一般動物的世界裡，我們找不到超越現實的情聖⓱，也無法發現懷抱理想的道德巨星，因為在那樣的記號文化裡，感情只不過是感覺，道德也只不過是生活習俗或工作習慣。不但如此，由於

⓰ 動物所表現出來的「偽裝」(比如保護色、詐死、棄尾逃生、虛張聲勢等等) 並不是一種記號行為，那不是某一動物種屬所開發出來的記號文化的一部分。那樣的偽裝通常是天賦的，保留在傳遞基因中的生理特質所開展出來的物理行為——不是記號行為。

⓱ 這裡指的是「情聖」一詞的原義，而不是其貶意，所揭發的事例。動物也能「從一而終」，也能「含辛育幼」。但是這些表現除了人類所加的移情作用的色彩而外，本身在動物的種屬中並非完全屬於記號行為——當然在演作過程中，牽涉到不同的記號行為，包括指認所需的知識以及演作所具的技能，都含有記號行為。動物是在很現實的條件下求偶和育幼。比如，母獅在育幼授乳期間拒絕和公獅交配，但是有時公獅將幼獅咬斃之後，母獅也就立即接受。又如，在母禽或母獸的含辛育幼期間，牠任憑幼禽幼獸之強者排擠壓迫幼禽幼獸之弱者，而不產生同情濟弱之行為。

感覺的記號意識是現場的、當今的、即刻的，這樣生成的記號文化不但只有現實，沒有理想；而且只有現在，沒有過去，更沒有將來。動物的過去只是所養成的習性之遺跡，沒有記號的作用，也沒有傳統承繼的意義；同樣的，動物的將來只是即將到來的被動現實，也沒有展望和期許的記號意義。這樣的文化容易受自然生態的左右，在這種文化中的個體少有把握自己命運的自由。

此外，只靠感覺意識成就記號和塑成意義，這本身具有一種無法簡單彌補的難關。這個困難不是來自感覺的即刻性或片面性，它來自感覺本身的先天限制。簡言之，雖然外在世界的許許多多的事情和事物都是可感可覺的，或者說，都具有可感可覺的層次或面相。不過，外在的世界裡也存在著（或者可以給設定為存在著）一些重要的事情或事物⑱，本身卻沒有具備可資感覺的層次或面相。比方，我們可以感覺到外物的顏色、氣味、聲音和重量，但卻不能感覺到事物或事情彼此之間的因果關係或邏輯關係。尤有甚者，不存在的事情或事物，不可能存在的事情或事物，抽象的事情或事物，全都沒有直接在目前引起我們產生感覺的層次或面相。它們全都無法直接由感覺意識加以處理和把握。由此可知，光憑感覺意識所成就的記號文化，其中所含的缺陷和困局。難怪人類以外的其他動物無法超越感覺的規範，走向更加深入和更加高遠的意義層次。

⑱ 有些東西到底是存在於外在世界的事情事物，或是我們心靈的結構發明——特別是我們的「記號結構」或「記號設定」，這問題是富有爭議的。比如，「數」、「平方根」、「對偶性」等等，以及科學哲學上所謂的「理論元目」。這些顯然不是可感可覺的事情或事物，但它們是否客觀地，以及獨立於我們意識地存在於外在世界之中呢？為了避免哲學性的爭端，因此我們加上旁注：「或者可以給設定為存在著」。

反觀人類，情況大為不同。人類在創制加工記號時，起先也許多像飛禽走獸的加工記號那樣，訴諸物理性質和生理反應作為記號的創制根據和功效標準。可是後來他終於突破這種訴諸自然，訴諸生理反應——主要是訴諸感覺反應的記號模式。

在人類所創制的加工記號裡，一種最重要的運作模式就是所謂的「俗成」方式，或稱為「約定俗成」的方式。記號和其所指涉、所意含或所代表的項目之間，不必存有感覺上的關聯——因此不必訴諸自然條件，不必訴諸生理反應。只要養成使用習慣，只要建立社群的公眾建制，一切的記號設計均可隨意行事，大可自由為之。這是人類自己開創的自由。這是一種影響巨大，造福長遠的「記號自由」。從這種記號自由的發現和運用開始，人類走上和其他動物大異其趣的演化道路。他在這條演化的道路上重塑人性，建造文明，改變了自己的命運。

走上這條「約定俗成」的記號模式之後，人類在記號運作上逐步改變提升了他的記號意識的內涵，他逐漸擺脫原有的以感覺意識充當運作記號的主導力量。人類逐漸形成構作出他的概念意識，並且使用它做為記號運作的主導意識。以往在感覺的記號意識的主導之下，人類以感覺的內容去詮釋記號的意義。而今，在概念的記號意識的主導之下，人類改用概念的內容去闡發記號的意義。人類的概念可以離開外在世界的現狀，自由創作，無限衍生，甚至隨意構作，無中生有。不像感覺的產生總是受限於外在世界的現狀，重重限制，步步被動，無法自由創制，無法隨意發明。所以，在經營記號的發展歷程中，人類由感覺意識進入概念意識，由「感覺意義」走向「概念意義」，這是一種突飛猛進的大跳躍。從步入概念意識開始，從經營概念意義以來，人類的記號體系產生出一種史無前例的演化作用。人類從此步上真正的記號動物之途。人類成了真正的意義動物，不只是感覺的動物而已。

這是人類演化史上最值得大書特寫的事。人類能夠塑成理性，培養感情，建立道德，成就價值，養成意志，懷抱願望，最重要的就是因為他發現了這種嶄新的記號運作方式，令他從感覺走向概念，從直觀走向思考；並且令他由現實世界走入想像世界，由實況現狀走向意義理想。

4. 人是講故事的動物：深層意義樣態的開發和記號人性的塑造

從感覺意識走向概念意識，這是人類記號創制上和意義開發上的一項重大突破。與此同時——而且兩者在發展上可能互為因果——從自然的模態和生理的模態這類因果模態走向純粹的約定俗成的模態，人類又在記號的創作自由上，以及記號世界的疆域拓展上，獲取了決定性的深遠躍進。從此，人類的記號世界不再局限於現實世界的疆域，他的意義開發更加充沛有力地指向多方深層的領域。

在這個充滿活力，涵蘊無限可能的關鍵上，有一種記號活動應運而生。這種活動若不是在上述的記號意識和記號運作模態的改弦更張，突破起飛的前景下，是無法起頭開展的，更遑論能夠順利平穩地進行下去，開花結果，蔚成奇觀。因為這個緣故，人類以外的其他動物就沒有開拓出這種記號活動，牠們的記號意識和所成的意義樣態根本無法成就這種記號文化。這種人類所獨創，人類所特有的記號活動就是「講故事」的活動。這是一種影響人類文化極深極遠，極重極大的記號活動，它牽動著人類記號世界裡的深層意義開發，也帶動著人性的再塑和人性的演化。這種講故事的記號活動由來已久，演成傳統。如今更在我們的文化長流中，分枝茂密，花果繽紛。

讓我們對此略加申述。我們採用「講」和「故事」的最廣義，因為演進推展至今，人類的記號傳遞已經變得多種多樣。不但開口陳說是一種講法，寫字、打字、手語和種種電子傳意，也都可以充當講述的方法。不但如此，自古以來，言的記號固然是充分的表意媒介，行的記號也可以成為（而且有時更是）有力的表意方式⑲。即使文天祥沒有留下文字，他的行為事跡本身已經構成一篇（行的記號的）「正氣歌」。同樣地，所謂故事也不專指對於過去人類事跡的傳說。人類固然可以講述古人的事，他也可以講神仙的故事，講鬼怪的故事，講山岳河川的故事，講花草鳥獸的故事，講風雲雨雪的故事，講日月星辰的故事，講天地時空的故事……，講所有那些你撰我編，你修我改，代代相傳可是又各有增刪發明的故事。如今，在人類的記號文化裡，不但文學裡充滿著故事，藝術裡充滿著故事，就是科學裡也充滿著故事。人類構作「理論」的活動就是一種特殊形態的講故事的活動。我們世世代代、不停不斷，無止無休地講著人文的故事（人文科學），講著社會的故事（社會科學），講著物理的故事（物理科學）。人類成了講故事的動物。人類成了理論的動物。人類在講故事的傳統中（包括言的故事和行的故事），精進自己，改造自己，變化自己，提升自己。人類在講故事的傳統中塑造人性，演化人性⑳。

其他的動物就生發不出這樣的記號文化傳統。一群成年的獅子（通常是母獅）帶領幼獅外出打獵，讓牠們實地觀察，習得覓食的策略和技術。牠們無法在現場之外，為幼獅講述當年如何英勇打獵的故事。許多動物都只能訴諸當下的感覺經驗，學習求生續存的知識和技術。因此，樹獺長期跟隨母獸學習到採食母親口味的樹葉（並非其他種類

---

⑲ 關於言的記號和行的記號，參見註❷所引著作，第六章〈整合的語言：言的記號和行的記號〉，頁63～70。

⑳ 參見註❷所引著作，第一章〈人是講故事的動物〉，頁5～15。

的樹葉不能用來吃食果腹)。同樣地,猩猩長期依伴成獸吃食白蟻學習到使用同種野草釣食白蟻的方法(也並不是其他的長條細枝就無法令白蟻上鉤)。可是,人類的情況就很不相同。從非常古老的過去開始,人類已經無需親自帶領孩童上山打獵或下水捕魚,讓他們親眼觀看實際發生的漁獵過程,讓他們學獲相關的知識和技術。大人可以在事過境遷,有了體驗之後,將自己的心得講成故事,說給孩童。這時講說故事的人固然可以加油添醋,將故事理想化,聽講的人也必須發揮想像,運用思考,領略故事的要義和講故事的人的心懷。在講故事的傳統中,人類不只體驗現實,他也發揮想像;他不僅注目於實際的情境,他也追求理想的可能。這是人類講故事的傳統之精義所在。人類突破感覺經驗所規範的現實,發揮思考和想像,走向精進的道路,走向理想的境地。這是人類創造力的發揮實習,也是人類發明進步的動力。

在人類的文化裡,大人(起先通常是母親)很早就開始對孩童講說故事。人類不僅進行著這種大人對小孩講說的故事。人類的大人對大人也經常講說著故事。有時一個族群或者一個社會共同編講類似的故事,互相呼應,彼此加強。不僅言的記號的故事如此,行的記號的故事也是如此。

就在這樣淵遠流長的講故事的記號活動裡,人類嚐試跨越感覺經驗的現實疆界,走向概念上、思想上的理想可能。於是,種種不同的深層意義樣態也跟著源源不斷地大量湧現。通過記號行為,人類不僅可以表達出「感覺意義」,也可以表達「理性意義」,表達「感情意義」,表達「道德意義」,表達「價值意義」,表達「意志意義」,表達「願望意義」。不但如此,這類不同的深層意義樣態經常互相支援,共同作用,發揮出比較廣大而又比較圓熟的意義樣態。於是人類成了講說理性故事的動物;人成了理性的動物。於是人類成了講說感情故事的動物;

人成了感情的動物。於是人類成了講說道德故事的動物；人成了道德的動物。於是人類成了講說價值故事的動物；人成了價值的動物。於是人類成了講說意志故事的動物；人成了意志的動物。於是人類成了講說願望故事的動物；人成了願望的動物。人類是在經營上述這類的深層意義樣態中，不斷開發他的記號文化，不斷塑造他的記號人性，也不斷尋求他的價值理想。

1998年2月初稿大綱

1999年5月27日增訂

記號・論述和理論的「典範」

——比較獨斷的典範和比較開明的典範

0.前言:「典範」的提出和其初步意義

自從科學的哲學家庫恩,在他1962年出版的名作《科學革命之結構》一書中,提出「典範」這個概念,用以解釋科學史上理論的興衰生滅現象以來,該一概念廣受宣揚討論和推廣應用。在哲學上,廣泛而深入的闡釋和辯解早已指出,庫恩本人所提的概念並沒有具備很準確而嚴格的定義。也可以說,它可以在不同的脈絡裡顯現出不同的意義。研究指出,就是庫恩本人在使用這個概念來討論科學史上的興滅替換現象時,他也在不同的地方將此一概念用作不同的用法。不過,儘管在哲學界裡,人們對這個概念的實際內涵,採取十分保留的態度。對於它能否充當庫恩原來設想的功能,倍感懷疑。可是,在哲學以外的領域,包括一些文學理論的研究、文化理論的研究,以及一般的社會科學的研究裡,依然還有為數眾多的學者專家喜愛典範這個概念,頻頻使用它作為他們討論問題時所依賴的概念架構的一部分,樂此不疲,好像這個概念真能為他們解決問題似的。

這是一個有趣的現象。在哲學界裡似乎已被放棄的概念工具——就連始作俑者(沒有壞的意思)也早經收存不用的概念,卻依舊在社會科學和一些其他領域,如此受到歡迎接受。看來不同的學術研究領域,各自的確遵行崇奉著不同或不盡相同的典範——不管這個概念到底是什麼意思。

這樣推想下去，提出典範概念的人的確不是完全捉風捕影。看來，接著跟隨使用這個概念的人也未必是純然盲從附會。我們畢竟應該尊重那麼多學者專家的決定。他們的所作所為理該是經過深思熟慮的結果。

不過，在此我們不打算從「知識人類學」或「理論心理學」，甚或「科學社會學」的角度（如果真有這類的學科，而不只有這類的典範的話），去考察上述的現象。我們要追問，在什麼情況下，典範這個概念顯得比較明確和比較有用。我們甚至要考察，典範到底用來做什麼，它們是否存有不同的種類。

為了使這樣的問題回答起來比較容易有所著落，我們要將注意的焦點放低到一個比較基礎的層面。我們要從人類創制記號和使用記號的現象和規律，來討論理論背後的典範問題。我們要考察人類在使用記號的歷程中，典範問題如何出現，它如何演化和變型。我們也要在討論中考察典範的作用，追問到底有哪些不同的東西都可能給當成典範，而具有典範的作用。簡單地說，我們要採取「哲學記號學」的觀點，將典範的起源、作用、演化、分支等等的問題，放置在人類創制和使用記號的脈絡中去察看。所以在討論的過程中，我們將注意人類使用記號的成果，以及為了獲取這些成果，人類怎樣克制自己，遵循「記號規律」。

1. 人是記號的動物：記號的創制和使用規律

從普遍而大量的現象看，人類並不是唯一創制記號和使用記號的動物。其他許許多多的動物也在牠們的生活裡，採用記號和應用記號。不過，世上沒有其他的動物像人類一樣，在創制記號的工作上，做得如此廣泛，如此普遍，如此多樣和如此深入；並且在使用記號的成就上，演變成這麼豐富，這麼徹底和這麼壯觀。

不但如此，記號的使用對於人類所產生的衝擊，無論在性質上或在程度上，均遠遠超乎記號的使用對於其他的動物的生活所造成的影響。簡單地說，人類不僅僅使用記號充當身體或心靈的延伸，扮演解決生存問題的工具和豐富生活內容的媒介。人類的記號對於人類的生命形式產生一種脫胎換骨，重新再塑的改造作用。人類由於使用記號的結果產生了「記號的文化」，塑造演化出「記號的人性」。人類經營記號文化，開展記號人性的結果，逐漸由和其他一般動物無甚差別的野性，走向堪稱「萬物之靈」的文明❶。

在人類演化的進程中，記號文化的開發和記號人性的塑造最是值得大書特寫的事。由於記號文化的拓展，人類除了像其他動物一樣，在原已存在的「自然生態」中，致力於生存，競存和續存的活動而外，他更加遠遠超離其他動物，開闢出他那前所未有的「文化生態」，並在這種獨特的人造生態中，精進自己，壯大自己，並且超越原來天生的自己。緊接著，人類還致力將他的自然生態安排在他創造發展出來的文化生態的秩序之中，把自己那帶著天生野性的自然人性收聚包容於他所經營開墾出來的文化人性的規範之內。人類是唯一在這方面演化得如此成功的動物。

人類文化生態的內涵之中，最彰明較著而影響深遠的，首推它的記號成素。人類自從遠古時代開始，分別在不同的地域開拓出形形色

❶ 關於作者所主張之「人是記號的動物」的論旨，以及「記號人性論」之要義，可以參見作者下列著作：(1)《人性・記號與文明——語言、邏輯與記號世界》，東大圖書公司，臺北，1992 年。(2)《傳統・現代與記號學——語言、文化和理論的移植》，同上，1997年。(3)《語言與人性——記號人性論闡釋》，臺灣書店，臺北，1998年。

色的記號文化，建造起種種各具特色的記號世界。基本上，這種記號世界就是人類的精神世界、意識世界和心靈世界。也就在這樣的世界中，人類逐步開展出他的知識世界，他的感情世界，他的價值世界，他的道德世界，他的意願世界，以及其他種種的想像的世界。在這樣的心靈世界的開導之下，人類原有的自然人性也經歷了重新的拓展和再造，成就了人類的文化人性——人類開發出比較文明的理性，比較文明的感情，比較文明的道德價值，比較文明的生命理想、集體意識和文化導向。人類基於記號世界的拓展，塑造了富有文明內涵的記號人性❷。

人類的演化是在其自然生態和文化生態的交織作用下進行的。等到人類的記號文化長足發展之後，他的文化生態不斷膨脹，把原來自然生態中的許多成素，加以改造，加以人工化，收納到文化領域之中，成為文化生態的一部分，或者轉化成為一種「準文化生態」，而隸屬於文化生態之下。原來和其他生物，特別是和其他動物彼此分享，一起擁有的自然生態，逐步演變成為幾乎完全由人類所據有，完全供人類所專享的生態。過去這四、五個世紀，人類對於自然（包括作為自然的一部分的人）之研究，認識，闡釋，開發，應用和消耗，不可不謂極之具大。今日我們所熟悉的物理科學、社會科學和人文科學，以及與其相應的物理科技、社會科技和人文科技，就是人類耕耘開拓其自然生態和文化生態而獲得的具體成果❸。這類具體的理論上和實用上

---

❷ 參見作者之〈記號的性質和其人性意義——記號人性論與情理同源論〉，見本文集，頁1～18。並參見註❶所引《語言與人性——記號人性論闡釋》，第十一章〈記號人性論：語言與人性〉。

❸ 有關所列三種科學及其相應的三種科技之簡要闡述，參見作者之〈社會科學・社會科技與社會的現代化工程——一個文化生態的哲學思考〉，發表

的文化成果，現在正各自在不同的程度上加速發展，深切地影響人類前途的進一步的塑造。人類的記號活動、記號文化和記號創舉開展到今天，已經達到涵蓋範圍廣泛，演作技術成熟，甚至方法基礎自覺，而可選的另類可能又多樣又自由的地步。今天，當我們討論起一些理論上、理論後，以及理論間和理論外的基礎問題時，採取記號學的觀點入手不但是種可行的方法，甚至可能變成必不可少的方法。現在看來，我們所要關注的典範問題，就是這一類的基礎問題。

遠古時代的人類開始零零星星地發明記號和使用記號的時候，記號的功能比較局限而粗淺。那時記號的最大功能在於比較有限地延伸人類身心的官能，加強人類所作所為的廣度、深度和影響。可以說，那時記號的主要作用在於輔助人類的行為，令其發揮更加顯著的效果，或者在於取代既有的行為，開拓比較有效，或者比較省時省力的行為方式。比如，在記號未現，語言不顯的遠古時代，我們可以想像，當人類想要別人和他結伴而行的時候，他可能需要出以強拉硬扯的辦法，動手動腳地令別人跟著他同伴隨行。後來，他可能發現做出什麼表情、手勢和聲音，更能達到他的目的，幫助他動手牽扯的舉動。同樣地，人類最原始的求偶可能多出以強力孤行，甚至出以暴力逞能，辛苦達致目的。後來他們發現，輔以溫和的表情，輕柔的動作和宛轉的聲音，更能打動對方，更能比較輕鬆，比較有效地達到本來的目的。諸如此類，人類在不斷摸索和不斷的試誤之中，學會使用種種的方法來增益他那有意向和有目的的行為。久而久之，這種輔助的方法如果操作成功，甚至可以取代本來的行為方式而達到同樣的效果。這是人類的「記號行為」的開端。本來用以輔助或加強效果的作為具備了「代表」原

於「社會科學的應用與中國現代化研討會」，臺灣花蓮東華大學，1997年4月21日至30日。見本文集，頁181～200。

先行為的身分和地位，獲得了「記號」那表意傳心和指向目的的「意向性」的作用。

不過對於人類而言，這類初期的記號行為只是人類開拓記號文化，建造記號世界的演化歷程中的一個破土起步的開端。那只是記號的初階樣式，以及記號行為的雛型而已。在這個初期的階段裡，人類的記號行為和其他動物的記號行為，兩者在根本上並沒有絕大的差異。人類甚至在許多情況下，從飛禽走獸的記號表現裡獲取靈感，模仿牠們的記號行為❹。因此，在這個發展的初期，人類記號行為的功能和人類記號的創制原理和發展規律，比起其他的動物情境，最多只是等級層次，複雜程度，以及涵蓋範圍的不同。基本上，記號創制和記號使用的規律仍然全面受制於天生自然的生理機制和生理作用。記號行為和記號使用者的生理反應和生理效應緊密結合，沒有分開。這個階段的人類或許可以稱為「準記號動物」，但卻不是道道地地的「記號動物」。

人類真正跨越提升到記號的動物的境地，而開始深入地建立起記號的文化，甚至演化出記號的人性，它的關鍵在於人類在記號開拓上，成功地擺脫了自然的束縛，特別是排除生理條件的左右，而能無拘無束地創造，全力全心地拓展。由以往只是用來輔助的記號行為，演變到具有自主的地位和獨立的內容的記號行為。這是人類演化史上的盛事，特別是人性塑造歷程上的里程碑。人類真正創造了新事物，拓展

❹ 比如，早期的人類普遍模仿鳴鳥的宛轉歌聲和牠們的輕盈舞姿，表情示意，建立親和關係就是一例。遠古人類的男子也慣常取法於公禽雄獸的姿勢及外貌，以表現雄風，甚至製造權威和力量的「象徵」（象徵是一種記號形式）。許多初民社會的領袖更利用艷美的飛禽羽毛和壯偉的猛獸毛皮，製成服飾徽記，用以「代表」權威與地位（代表是最根本的記號功能）。這些全都是基於動物的記號行為，擴展模仿而發展出來的。

了發明的空間，開發出人性的自由。

跨入這個自由創作的階段，人類大腦的功能隨著記號世界的開拓，不斷地闊步昂首，快速穩健地起飛。人類基於競存繁發的需要，加上智性的好奇以及想像力的驅使，終於開天闢地，無中生有地建造起記號的世界，創造了空前未有的記號文化，發展出人類獨有而特殊的人造生態。

讓我們在這裡簡單地探討一下，在記號的自由創制和全面使用的歷程中，人類開拓出什麼樣的創制原理和使用規律。這些又怎樣規範人類的生活方式，塑造人類的文化模式，促成人性的重建和開展。

自由創造的必要條件在於盡情發揮主體的發明意願，而不事事臣服於自然生態中的因果關係。記號的創制以及記號行為的行使也正是如此。所以，人類創制記號的首要原理在於隨意的選取和自由的定奪。分散在各個地域的人類，在他們創制記號的過程中，擁有絕大的自由，選取充當記號的事物，以及如何將這些事物關聯到其他存在的或只是想像中的事情、事態或事物，用以「代表」，用以「取代」，用以表達心意，用以傳發思情。

當人類開始如此自由而隨意地創制記號之後，他的生活內容和生命形式立即開始產生天翻地覆的變化。首先，我們很容易想像，當人創的記號不但可以用來代表存在的事情和事物，而且也可以用來指稱人類的想像所「虛構」的事情和事物時，人類的生活經驗就跟著無窮無盡地豐富而多樣起來。這是一件非同小可的事。人類開始談說在現實世界裡並不存在的事情和事物，這一方面導引人類追問更高、更大、更深、更遠的事物和品質，在現實世界之外，建造出一個理想的世界。人類自己創制編造出一些理想的品質，並且將自己的生命形式朝向這類的品質改進。這種「以虛帶實」、「以虛生實」的無中生有，正是人類朝向文明價值演化的基礎動因。

另一方面，人類通過記號世界的開發而拓展出人造的領域，拓廣了他的意識世界之後，他除了向外經營的工作方式之外，更加開闢向內探尋的處事規模，成就了他的「心靈世界」或「精神世界」。這方面的人性成長和文化建設，一方面和上述的「無中生有」的記號拓展息息相關，另一方面也和人類使用記號經過深入發展之後，所建立起來的探尋方向，互為因果，共振共鳴。人類創制使用記號之初，記號最顯著的功能就是輔助人類某些行為的演作，甚至代替該等行為，達致相類的目的和效果。不過，很快地，這種代表式的指稱功能就開展跨越到經營記號所表達的心意和情思之上。這樣的發展固然是記號運作的規律使然，否則許多使用上的難題——像歧義問題和誤解問題，也就無從輕易解決；可是人類不斷善用智力和想像，不滿於現實的成就，更是一股不可忽視的動力。記號的使用歷經這樣的發展，十足地演變成為人類的情思和心意的「載體」。記號被人類賦與「意義」，不只具有「用法」而已。

人類建造記號世界，深入地開闢他的「意義世界」之後，他的精神領域不斷擴充拓廣，他的心靈境界也不斷提升高漲。他的記號活動的廣度不斷增進，層次不斷繁衍，種類也不斷遞加。就在這樣的意義世界的基礎，人類不停地建造出他的「概念世界」，他的「情意世界」（特別是他的「感情世界」），他的「價值世界」，他的「道德世界」，以及他的「意願世界」等等。人類也就在記號的開拓之間，成了理性的動物，成了感情的動物，成了道德的動物，成了自許自尊的動物。人類不只是簡單的記號動物。他成了講故事的動物，成了論述的動物，成了理論的動物。這就步步逼近我們現在所談論的主題了。

不過，我們必須提醒自己，當我們說記號的創制隨意而自由的時候，我們並沒有意指其間完全沒有創制和使用的內在規律。雖然記號的創制和使用無需設定先天的規則，但是為了滿足記號的主要功能，人類在創制和使用記號時，不可避免地演變出一些基本的內在規律。我們要注意探究這種創造的自由和使用的規限之間的緊張互動和相激相成關係，才能真正領會人類記號文化和記號人性的精義。我們也才能將目前的討論主題——理論的典範問題，放置在比較明確清晰而比較容易把捉的思考架構之上。

首先值得提出來加以強調的是，人類一經開始創制和使用記號，立即面臨一種可以名之為「社會化」的問題。不管從記號的功能或人類求生求存，求進求精的觀點看，記號一經創制，接著就必須加以「公眾化」或「客觀化」。這樣的記號才能在人與人之間流傳，充當眾人表達交流和協同互動的工具。這樣的記號才有繁盛充沛的生命力和創造力。記號並不是不容有個人的色彩。正相反地，個人的記號有時反而是開發意義世界的新領域，以及拓展精神境界的新方向的原始動力❺。不過，即使充滿靈感、創造力和新方向的個人記號，也必須建立在公眾化和客觀化的記號基礎上，它的原創性和感染力才有實在的保障。它才能在公眾的記號世界裡激起推陳出新的浪花。

這就是人類記號的「俗成」現象——或稱為「約定俗成」的現象。記號經過這樣的公眾化和客觀化之後，人類所開闢的記號世界成了大家可以分享共有的世界。人類所拓展出來的意義空間成了大家建造精神世界，展現心靈向度的共通基礎。人類的集體意識、集體智能、集體願望等等，就是通過這種公眾化和客觀化的途徑建立起來的。等到人類擁有了這類的公眾的精神世界之後，他就有充分的心力去共同增進理性，精化感情，重建道德等等。人類也就操有更大的勝算，獲得

---

❺ 參見註❶所引著作中，有關「個人語言」和「公眾語言」的討論。

自己重新塑造人性的自由。由於記號世界的大力開發，由於人類公眾的精神世界的不斷經營，人類遠遠拋離其他動物，由生物性的演化模式走向主要是記號性的演化模式。人類不必完全通過改良生理基因，才能增進他的生命形式，人類通過精神世界的不斷改造，把握自己進化的自由和成就的命運。

人類成了道道地地的記號動物，逐漸朝向記號人性開拓的同時，人類所創制的記號在人類的世界裡也就建立起一種極為特殊而超然的地位。它不像是人類所製作的其他工具——像一些木器、竹器、石器、銅器、鐵器等等那樣，只是充當純粹的實用工具，應付日常生活的需要❻。記號在人類的文化中，逐漸演變出它自己的獨立生命。它成了受人喜愛，受人遵從，受人尊重，甚至受人崇拜的對象。這事實上成了記號人性的真正緣起。文明人性是由這種對記號的喜愛，遵從，尊重，甚至崇拜而演化塑成的。許許多多的文明價值和文化理想也是由此而派生繁衍出來的。如果我們要特地標示出人性中的「理性」層面（「人是理性的動物」），並且同樣顯現出人性中的「感情」構成（「人是感情的動物」），那麼我們必須正視一件事實：理性和感情都是人類創制使用記號的成果。人類自己創造記號並且構作了精神世界。人類克制自己的天生野性，尊重甚至崇拜自己的心靈事物。這是文明人性演化起飛的實質緣故。這也是為什麼作者除了主張「記號人性論」之

❻ 當然，像木器、竹器、石器、銅器、鐵器等等，也可以被記號化，而成為道地的記號。在許多文化裡，這類工具的製作逐漸離開實用價值，而注重其品質和風格，以及其所表達的人性情意和人生境界；甚至將這類製作工藝提升到代表超越人性，供做神聖崇拜的對象，就是明顯的例子。相反地，原來充當典型的記號使用的事物，也可以給人加以實用化，淪為純粹的工具。

外，還進一步提倡「情理同源論」的因由。

2.人是講故事的動物：故事的創制自由和開展局限

人類所創制和使用的記號種類繁多，其開展的方向和層次也紛繁交疊，複雜多變。舉凡事情事物、聲響姿態、動作表情、器物典章、標幟徽號，甚至整個的人體、整個的生命，全都可以給人拿來充當記號，賦與意義。不過，演變下來最有系統而又最具延續性的，首推在各個地域和各個文化之中所發展出來的語言和文字。儘管語言文字本身常常需要依靠其他的記號形式的輔助，才能發揮最大的功效。不過那些額外的記號形式，通常只充任輔助和加強的角色，很少能自足地一路開展下去。因此，讓我們就以包括文字的廣義「語言」做為人類記號事物的最典型的例子，而假定在使用語言時，其他輔助的記號手法也自由出現，幫助促進使用語言的成效。至於其他不屬於語言的記號形式，我們可以將它當成是語言的延長或變體。那是更廣義和更全盤包涵的語言。

自古以來人類在不同的地域和不同的文化中，進行著一種普遍的語言活動，延綿不斷，無止無休。其規模之大，影響之廣，以及參與人數之眾，是其他任何語言活動所無法望其項背，堪可比擬。那就是人類「講故事」的活動。這是人類從古到今，連續不斷的最重大最深遠的語言活動。

我們可以設想，遠古的年代當記號世界初創，而意義領域尚未全面開拓的時候，人類的主要語言活動集中在輔助行為，甚或取代行為之上。比如在危急時示警助逃，在要求他人協力時謀求合作，在顯現威力時製造震撼，在養兒育女時獲取遵從等等。這些全都算是語言用法之中的「導引律令」或「祈求索取」的功能[7]。這類的語言用法注重即現明顯的效應和直接發生的行為關聯或其他生理反應。這種記號形式雖然也是人為的，也是通過公眾化和客觀化的程序發展，因而具有著俗成而來的效果。可是由於它所注重的是記號所製造出來的效應，因此體現「意向」是當中的首要考慮。記號的「用法」是最根本的演作要求。

不過當這類的用法不停地擴充和不斷地複雜化之後，只講意向而不問「心思情意」，只講記號的用法而不問記號的「意義」的方式再也不能完全滿足人類使用記號時所要行使的全面功能。加上人類創制記號所構作的由虛入實的內容不斷擴充，於是一種建基於人類的意義世界的講說活動也就應運而生，繁殖氾濫。

比起志在導引行為的語言功能來說，人類用來講故事的語言不但使用起來功能更廣，參與從事的人更加普遍，可以應用的場合更加多樣，而且它對個人，對群體，對文化，對文明，甚至對人性的演化意義也更為深遠巨大。我們可以說，在人類演化的早期，他依賴講故事的活動建立人與人之間的情意關聯，成就公眾的精神世界，培養群族之間的集體意識，構造個別文化裡頭的價值理想，從而塑造道德規範，演變行為模式，締造出獨特的生命形式。遠古時候的人類演化是由人類講故事的活動所大力促進的。我們甚至可以說，那時人性的成就是人類講故事的結果。那是人類的記號人性的開端。

雖然我們現在依然在人類源遠流長的講故事的傳統之中，我們不斷繼承人類舊時的故事，改編已有的故事，並且創造新的故事。不過，由於人類在自然和文化的生態中演化了漫長的歲月，文明的人性也積蓄出深厚的根底。本來的講故事的記號活動也逐步發展分化為一些互

---

❼ 參見作者所著《邏輯（上）：邏輯的性質與邏輯的方法導論》，東華書局，臺北，1984年，第二章第7至8節〈語言的功能〉。

有關聯，但卻各有獨立專注的其他記號活動。這樣一來，人類講故事的記號活動，以及由之所形成的文化傳統，對於人類生命形式的改造，以及對於文明人性的再塑，也就沒有像遙遠的當初那樣具有那麼主導性的作用。不過我們不宜因此就反過來低估了人類講故事的文化傳統，特別是它在人性演化中所扮演的角色。

追想起來，人類講故事的傳統普遍在不同的地域和不同的群族之中產生和衍發，蔚為文化現象的大觀，其間一定有些值得我們重視的道理。自從人類學會控制自己的發聲器官，調校所發聲音的變化，並且能夠頗為準確地重複某一聲音單元，成為可用的表意媒介以來，口語的記號就很快地普及流行，繁衍壯大，成了人類最常見，而且最有用的記號系統。比起人類所不斷開發的其他記號系統而言，雖然它有自己內部的重大限制，比如，它必須依賴人類優越的記憶能力，才能在跨越時空的條件下，準確地行使它的記號功能；可是它卻在另外許多方面具有優越靈活之處。口語的記號系統不但發佈容易，隨時隨地可以運作，而且傳送迅速，沒有太多天然的障礙。因此，在群體的交流溝通之間，容易引起快速的反應和普遍的迴響。不僅如此，口語的發作基本上無需限制人體的其他動作，所以使用口語之際，更容易以其他的記號系統作為輔助之用。人類一邊說話，一邊做出表情或手勢；一面言談，一面出示其他種類的記號；於是兩相益彰，互補互進。這樣一來，由說話所構成的語言也就成了人類最普及，影響也最廣泛的記號形式。

人類學會說話，大家一起彼此說話，進而在群族之間建立了說話的常見模式和慣用準則。我們在這裡要特別注意人類那「講故事」的說話模式，以及在從事這類的記號行為的長遠歷程中，所建立起來的準則。

我們已經說過，人類善用記號的結果令人類進一步喜用記號，並且學會克制自己的野性，遵從記號，尊重記號，甚至崇拜記號；因為人類體認到記號的有效功能，以及其所帶給人生的方便和其他好處。等到說話的記號文化建立之後，記號的功用和威力也就更加明白顯著。人類普遍經驗到「動口而不動手」的種種實現可能和實用優點。於是，人類更要想盡辦法精進自己說話的能力，多方而深入地瞭解語言那感人，服人和動人的力量，並且善加採取利用。在這樣的語言活動裡，由於大家協力的參與，在同一群族的個體之間，逐步建立起「公眾的」和「客觀的」「俗成」規律。一個群族在這樣的記號活動中，建立起它的集體意識和精神面貌。人類說話的發展開拓，雖然未必像人類發明創制記號那麼隨意自由，可是在他的生態環境的殊多限制和各種制約條件之下，人類的個體和群體依然能夠發揮創作才能，「盡其在我」地開創出自己的文化特色，耕耘出獨特有別的文化傳統❽。一個群族多說什麼樣的話，多在哪一類的話語之上費心經營？他們多講什麼樣的故事，多在哪一類的故事之上大力創造？這種表現顯示該群族的文化特色和精神內涵。就在這種意義之下，我們可以說人類的精神世界是他們說話說出來的。他們怎樣繼續說下去，正好標示著他們正在維護什麼樣的文化傳統，將它發揚光大。

就以講故事的活動來說，我們可以想像早期的人類怎樣以各形各色的故事去教導稚幼，激勵後輩，提升群族意識，增強集體團結。不但如此，他們還以各種各類的故事去歌頌成功，撫慰失敗，塑造英雄，

---

❽ 在文化的開創以及文化傳統的經營上，有靈感，有想像力和有創造力的個人往往扮演著舉足輕重的角色。他們所開發出來的「個人語言」往往受人認同、讚擁和採取，進一步演化為「公眾語言」的一部分。參見註❶所引，有關這兩種語言的討論。

製作模範。這樣的故事在人類競存適存的過程中，顯然發生了積極有力的作用。與此同時，人類的其他需求和願望也在講故事的記號活動中，獲得全面的拓展和大力的發揮。人類從遠古的時代開始，不但不懈不怠地致力於求生競存的活動，跟其他的動物在共同的自然生態中，物競天擇，追求適存；他也更在這場漫長的奮鬥掙扎過程中，為了實用和基於好奇，努力從事瞭解世界，認識周遭萬物，以及反觀自己的活動。於是，遠自天地萬事的生成緣起和變化動因，近至人類的起源因果，奮鬥經歷，以及未來的命運等等，林林總總，巨細靡遺地一一成為人類講故事的興趣焦點和內容題材。人類在漫長的講故事的傳統中不斷塑造自己，充實他的精神世界，豐富他的意識內涵，邁步走向記號人性的大道。

我們可以這樣設想：人類如何通過講故事的文化尋找到提升自己的心靈的媒介？舉例來說，最初人類只能像其他較高等的動物一樣，經由示範和模仿，將自己的生活技能和生命經驗傳授子女，教育後代。可是，這樣的身教方式通常可施用的範圍非常有限，成效緩慢。人類需要日積月累的實習和體驗才能熟練操作的方法，明瞭運用的道理。不但如此，這種必須事事親自演作的教導方式，除了令人疲於奔命，難以全面應付而外，有時甚至遭遇難以逃避的困苦與危害。這對施教者和受教者來說，都不是最有效而最妥善的方法。然而，等到人類善於操縱他的語言之後，情況就大為改觀。人類熟悉使用語言表達心思情意之後，不但可以一邊動以實際行為而輔以言談解說，令他人更加準確地把握個中的道理和展示的方法。更重要的是，藉著語言的溝通，人類可以將所要傳授的方法和道理抽離於實際的演作場合，加以組織結構，反思再想，編製成一套通情達理的說述。這是人類講故事的重要來源之一。所以，人類在許多不同的文化中，全都流傳著勇士冒險制禽服獸的故事，或者英雄犯難克敵退匪的故事。這些故事全都具有陶冶教化的寓意。它激勵模仿學習的作為，培養承先啟後的心志。這是人類講故事的其中一種典型功能。

現在就讓我們以這類的「英雄」故事為例，說明人類講故事的記號文化意義，並且進一步探討這種故事文化的記號結構、發展規範，以及演化分流的情況。

人類由純粹表述過往經驗，走向塑造英雄形象。這過程既符合講故事和聽故事（甚至重述再構故事）的心理傾向，它更促進記號系統開拓上的重要規範，滿足人類認知的運作模式。當我們要通過說述來表達心意的時候，我們總是希望受瞭解和被接受。事實上，這是記號溝通上的一種基本要求。否則記號的功能就會淪喪崩潰。可是為了令人瞭解，甚至被人接受，我們除了在記號俗成上的公眾化和客觀化之上下功夫而外，另外還得注意說述上的有效方法。我們必須分清要點和附加，不能喧賓奪主。要點必須加以強調，附加部分最好能夠襯托要點。要點部分必須愈演愈精緻，愈說愈分明。當然，要點之處最好能夠引人興趣，教人投入等等。凡此種種，以及其他逐步演進而出的記號規範，慢慢形成人類講故事的公眾期望和俗成法則。人類的故事文化總是環繞著這類的軌序而發展變形和淘汰更新。

在這個關鍵上，讓我們集中注意人類故事文化的記號軌序在開展上的兩個取向，並且簡要地探討在這兩個開展進路之下，人類的生命形式和文化內涵產生什麼樣的嬗變再生，推陳出新和增強演化。

首先我們注意到，人類所講的故事要能引人興趣，導人投入，引人共鳴，達到預期的記號功能，那麼講故事的人，甚至聽故事的人，必須設法顯現主題，突出主題，精化主題，努力在主題上提升開展。於是，在故事的創作和再製的進程中，無論其中的角色或裡頭的事件，全都朝著各式各樣的「理想化」的方向推進。一方面，故事中的角色有的被英雄化、超人化，甚至神聖化。另外有的角色正好相反，被小丑化，卑陋化，甚至禽獸化或魔鬼化。同樣地，故事中的事件，有的被庸俗化，有的被高貴化；有的被超自然化，有的被神秘化。這種超脫凡常的複雜多樣和變化萬千的情狀，走向理想的極致或極化的分立的傾向，一方面滿足記號創制中固定概念和突顯情意的需要。可是另一方面它更加切合人類不斷推廣心思，拓展想像，開發創造潛力的要求。就在這樣的進展之下，人類逐步由困居於物理和生物的自然生態，走向包括許許多多各種不同人造事物和人為規律的文化生態。於是，人類不再只是生存活動於物理和生物的自然事物和自然規律之間，在人類的世界裡，除了自然事物而外，還有妖精鬼怪，還有神靈上帝。同樣地，人類除了生活制約於物理規律和生物規律而外，更加乘搭駕御著他開闢出來的精神世界的規律。他同時生活在計較理性，計較感情，計較意志，計較價值，計較道德等等的生命形式之中。這些精神世界的產物主要起源於人類講故事的記號文化之有力倡發。因此，我們可以化簡地說，人類的文明是人類故事文化的成果。我們的人性──那記號人性──是我們講故事所講出來的。

另外還有一點我們必須加以強調：人類開始使用語言創作故事之後，故事的主題、寓意、內容和功用，全都不停地多樣分歧開展。這樣一來，故事的記號結構以及講故事的記號規律，也就跟著嬗變和分化。這是記號系統發展上所無法避免的現象。這也註定了人類記號文化的多元和多向的發展，演變成多種記號文化的分離開拓，交流互動，甚至對立排斥。

人類的文化事物的開展和演變總是受著他的認知能量，想像廣度，創造活力，以及在文化傳統中所衍發出來的其他精神涵量和實用需要所左右。因此，文化事物的嬗變經常徘徊在「複雜化」和「簡單化」的兩個發展方向之間，尋求一個最有生存活力的平衡點。太過簡化的文化事物，雖然易於把握運用，但卻往往流於粗糙不精，或牽強武斷。因此無法適應不斷湧現的新問題和新局面。這樣的系統不容易建立向前拓展的能力，容易淪於故步自封而導致萎縮淪亡。相反地，太過複雜化的文化事物，雖然周轉靈活，應付方便，可是由於未能建立明確而單純的原理原則，因此應用起來條件繁雜，甚而步驟紊亂，容易造成整個系統的停滯和崩潰。人類講故事的文化傳統也是一樣。同一個故事，甚或同一類故事的匯集本身，一經開展，很難同等有效地應付不斷開展的不同功能與需要。它不再容易簡單直接地包容日益複雜的主題、寓意和內容形態。一方面，這樣發展下去，不同性質的事物擺放一起，安排困難，結構不便，構作經營起來直接違背講故事的內部規律，因為要點不易強調呈顯，不易集中精化開展。於是故事的結構和內容就會演變得過分複雜，最後把講故事的活動弄得停滯不前或離散崩潰。比如，當人類講述祖宗先人的英勇事跡，編造英雄故事的時候，雖然總是為了許多不同的目的，而加以種種的理想化。可是太多向度的理想化容易引起各方面的困難和不便。其中有兩方面的理由令故事的理想化無法毫無限制地多方伸展下去。第一，多向度的理想化容易引起故事內部的衝突，令故事的情節過分脫離現實，把故事中的事件和人類的生命經驗隔開，而沒有加以適當的搭建安排。比如，我們為了強調故事中的英雄的種種品質，而將他加以強人化，超人化，聖人化，智人化，仙人化等等。這樣一來，他的德性品格和舉止作為也就容易給人引為借鏡，充當模範，立為榜樣。這在人類涵養教育上，以及在訓練統禦上，全都有積極的意義。可是，不管人類的心志如何徘徊天上，他的雙腳仍然著落塵世人間，他能感情投入，也會情緒用事；他知服膺理性，也會不講道理。所以，在人類的故事中，英雄的角色必須轉向多元分化，事件和情節也跟著需要加以別類開展。於是，除了人的世界及他所在的物理世界之外，還有神靈的世界，鬼怪的世界等等相繼出現。這樣人類實際的需要和好奇的心智就可以充分配合他創造發明的想像，不斷分立，長足開展。本來最早只是人類集體生活中演化提升出來的人的故事，逐漸演變分化成為神的故事，鬼的故事，妖精怪物的故事等等。人類不僅講述他的先人如何開荒拓地，建邦立族；他更講述他的神靈怎樣開天，怎樣造人，怎樣分男女，怎樣別禽獸等等的事跡。不同種類的故事分別發展起來可以更充分地滿足人類不同的需要和不同的好奇。事實上，故事的發展分叉進行之後，各自不同種類的故事不但有它自己的作用或功能，它們更加開展出不同的結構和不同的創造規律。人類的各門知識和其他認知與情意系統，包括科學、哲學、玄學和神學等等，都是通過這種人類講故事的活動，在人類的故事文化中，不斷耕耘演變而生成的。

第二，從記號發展的原理看，人類故事的分化發展也有另外一個基本的動力。簡單地說，當一個記號單元的內涵或使用功能逐漸膨脹遞加之後，它就傾向於分化繁衍成為不同的記號，以免演變得過分複雜而失控或崩潰。舉個簡單的例子來說，一個字詞的含義（或它所表示的概念）固然可以不必太過單純，因此可以容納不同等級和不同程度的適用性。可是，如果內涵不斷增添，所代表的概念不停膨脹，到了一個地步，那字詞的涵義不是產生內部的矛盾衝突，因此失卻了指謂上的適用性，就是由於涵義過雜過繁，因此使用起來指謂含糊而喪失它的準確性。比如，「圓形」這個字詞不一定需要一成不變地表示一種周邊至中心始終具有相等半徑的圓形。它可以表示一般沒稜沒角，沒特別凹凸部位的圓滑平整的形狀。可是，這樣的正圓之外的性質不宜不斷增加膨脹下去。當一個圖形的稜角清晰，甚至周邊平整垂直時，我們再也不宜以「圓形」稱呼。否則，我們的圓形概念之中，潛藏著方形的概念。這就容易造成概念上的自相矛盾，引起指謂上的無所適從。同樣地，「人」的含義不宜無限地遞加膨脹，直到其中潛藏著神的概念。令得使用起來，人神難分，似人似神❾，引起認知、判斷和說述上的種種困難。這種現象不僅在字詞層次上如此，在語句的層次上也是一樣。當一個語句所負荷的含義過分蕪雜，所陳說的事件種別過分繁多，或者所行使的用途過分不同的時候，那樣的語句也容易破裂崩潰，喪失有效的記號功能。

這種記號發展的內部規律令記號朝著分化隔離的方向演進。它直接間接促成不同記號系在原有的記號文化中分裂衍生，脫離獨立。

在人類文明的成就歷程中，上述的故事分化是個極為重要的里程碑。最早，人類所有的心思情懷和思考想像，經常不分彼此地放置在一種混合的故事中講述。後來，基於前述的道理以及人類興趣的分化，記號功能的開發，以及各種個人和集體的意識的嬗變，人類所講的故事愈來愈分門別類，愈來愈各有專司，因此也愈來愈具備各自不同的內在的發展規律。例如，在原來混合的故事中，可能含有人類英雄的事蹟，自然現象的變化，其他動物的生活表現，甚至含有妖精鬼神的活動記錄。聽講這類的混合故事，一方面滿足對人生所遭遇的各類事物的認識，以及對各種事件的瞭解；另一方面聽講者又可以通過對故事的反應，建立和講故事的人之間的溝通，引起互動，促使故事的發展和演化。比如，聽講故事的人可以不斷追問故事的情節，尤其要求認識事件的起因終結，來龍去脈，甚至追查理由，問明證據。於是，

❾ 當然一個記號系統之中容有「破音字」或「多義詞」。但它們仍然需要有所節制，而不能無限蔓衍。

講故事的活動也就容易由比較單純的說述，發展轉化成為愈來愈形複雜的個人和集體的有互動，有創新，有演進的記號活動。

從記號的創制和記號的使用之觀點看，人類故事的分化別類直接帶來語言的更新和改進，造成原有語言的內部衝突和「語用分裂」⑩。於是從語用的觀點上看的新語言就不斷產生，相應崛起。在原有的用來講述那混合的故事的「大語言」之中，推敲出奇，轉化嬗變地興起一個個用來講述各自種別的故事的「小語言」⑪。比如，用以講述英雄故事的，發展成一種歷史的小語言。用來講述神靈妖怪的故事的，發展成為神話的小語言，或者再分化出宗教的小語言。用作講述世上物理事件的變化故事的，發展成為科學的小語言，後來進一步分化成物理的語言、化學的語言、生物的語言等等。這類的小語言也和工藝技術的小語言交會結合，生成種種科技的小語言。更有那用來講述純粹推理，代表靈空臆想的故事的，發展出玄學的小語言、哲學的小語言、數學的小語言和邏輯的小語言等等。

說到這裡，我們也就容易看得出人類故事的分類經營，直接促進了人類文明的多層次和多向度的開展。從記號學的觀點看，導致這樣的文明演進，主要的動能來自種種小語言的內在創新開展的力量。一種小語言的崛起總是內聚著新生的動力，要向特定的目的拓發開展。

---

⑩ 語用分裂雖然未必直接引起語意分裂和語法分裂。不過語用上的新元素一經注入語言的血脈之中，久而久之，語意上和語法上的調適，改變和更新也就接踵而至。

⑪ 大語言和小語言的區分，雖然主要是語用上的事，可是不可避免地，內裡全都含有語意上和語法上的調適和更新。有關大語言和小語言之間的分界，以及大小語言彼此的互動和衝突，參見註❶所引著作中有關大語言和小語言的討論。

這種具有特定的開展方向的小語言，聚匯著人類創造發明的才智，開拓出人類文明進程中的各種人文天地、科學天地、科技天地和其他認知情意的天地。

3. 人是理論的動物：理論的生成和理論的證立

人類在講故事，聽故事，以及交流互動共同繼承舊有的故事，開創新起的故事的歷程中，不但要把一個故事說成——或者改編成動人和優美，往往也要將它說得有條有理和令人信服。這是因為人類不僅在講故事的文化傳統中培養情懷，建立意志，許發心願，提升生命境界；他更在這傳統中增進「識野」，擴大認知，加深理解，提高見識。當然，並不是在每一個人類的故事中，這些功能全都能夠獲得一致而又同等程度的發揮。有些故事比較著重抒情，有的比較著重說理；有些比較傾向成德，有的比較傾向致知，種種等等，不一而足。由於這種內容和取向上的輕重區別，因此也帶動了人類故事文化的分流演化，各自經營自己的故事的小語言，開展分門別類的人類故事的小文化和小傳統。這樣的文化上的分流別支在人類講故事的文化進程中，澎湃開展，進步神速，演化出許多塑造人性，提升人類生命形式的文明。

現在我們要加以考察的，就是其中一種大力促進人類文明的文化分支。它起源於人類講故事的文化傳統中的一種小語言。

有些故事（或者故事中的有些情節）具有增進認知和加深見識的作用。這類的故事或這類的情節滿足人類求知的好奇，促使人類求知的反應，引起人類求知的共鳴，因此也聚會人類求知的動力，參與開發人類致知的語言，建設人類認知的文化傳統。簡單地說，在講說這類的故事，從事這類的語言活動的時候，遲早必須照應一些方法上的要求，滿足一些令這類活動順利進行下去的條件。這類的條件表現在

「擺事實」、「舉證據」、「說理由」、「講道理」等等的作為之中。它們形成了人類「論述」活動的重心要素。不過，所謂「事實」，所謂「證據」，所謂「理由」和所謂「道理」，在不同的程度上又都是文化的產物——特別是記號文化的演化成果。它們也都在人類講故事的傳統中所形成結構和演變突顯出來的。

人類以外的其他動物無需擺事實，舉證據，說理由和講道理。這當中最主要的原因在於牠們沒有發展出一種講故事的記號活動——儘管牠們之間，有的也使用記號⓬。人類在講話之時，特別是在講故事的時候，出現引人認知，導人採信的情境。相應地，聽故事和進一步回應故事的時候，也出現分辨真假，區別事實與虛構的局面。於是一絲一毫的擺事實，舉證據，說理由和講道理的語言活動也就隨著人類的故事文化的開展，應運而生，普及流傳，塑造出整個的人類「論述文化」，開創出人類的理性文明。

表面上看來，分辨真實和假象似乎是件容易不過的事。我們只要張大眼睛，心無偏見即可。不過，這顯然是過分簡單的錯誤想法。人類即使在遠古的時代也開始發現自己的感官能力並非那麼高強，他的感覺（包括視覺）並不是那麼可靠。加以人類想知曉想認識的事情和事物遠遠超乎他活動的範圍，踰越他的感覺限度之外。所以，他一方面需要聽信自己親身的感覺和經驗，但另一方面卻又不能只是停困於這樣的感覺和經驗。於是，在人類尋求認知，獲取識見的過程中，除了動用感官，觀察分辨而外，他更得運用思想，推理計慮；甚至訴諸想像，探查可能；並且在大部分的情況下，還需依賴權威，信從傳說。人類必須採用種種的手段，延伸他的感覺範圍，擴大他的經驗可能，以達到求真致知的目的。可是不管發揮思考，動用想像，或是聽取傳

⓬ 因此之故，我們也可以下定義地說：「人是講故事的動物」。

說，全都不能任意行事，無所遵循。這樣一來，擺事實，舉證據，說理由和講道理的方法和規範，也就在人類的論述文化裡塑造，成長和再塑。

人類的論述文化，正好像人類的其他文化類別一樣，也具有它演化的歷史。它也不斷處於塑造，演化和再塑造的過程之間。因此，什麼算是事實，什麼算是證據，什麼算是理由，什麼算是道理，這在不同的文化傳統和不同的時代背景裡，往往可以有不同或不盡相同的指認方法和檢驗規範。比方，在比較古老的時代，人們相信世間存有一種「顛撲不破」的真理，因為世上存在著清晰明確的事實。人類把握了這類堅實的事實作為基礎，應用有效的知性能力，也就可以搭建起冠冕堂皇的知識殿堂。可是二十世紀中葉之後，逐漸有人發現所謂「事實」原來是「理論」的產物。分析到最後，我們到底採納什麼當成事實，那就看我們接受什麼理論而定⓭。於是，事實一事就不再像以往一樣的單純。如何指認事實，如何檢驗事實，也就變成不再是簡單明瞭的舉動。

事實一事如此。證據也是如此，理由也是如此，道理也是如此。它們都是人類論述文化裡的記號事物。它們都在人類的文化傳統中塑造，演化和更新。

在人類講故事的傳統裡，特別是在他的論述文化的演進中，有一種記號產物在人類的認知活動上普遍風行，效果昭著。那就是人類所構作出來的種種「理論」⓮。為了方便解說，我們可以將一個理論設

⓭ 在這個關鍵上，所謂「事實」和所謂「理論」，其意含和所指有沒有隨著不同的時代和不同的文化而有所變異，這也是在人類記號文化中所決定的事。

⓮ 有關人類種種理論活動的闡述，參見作者之〈語言、文化與理論的移植——

想成一種有系統和有結構的「語句」集合。它所以不是隨意的語句匯集，而需講求系統，注重結構，那是因為理論是一種很特別的故事。它是一種旨在論述的故事。作為故事，它必須講究有起點，有發展和有結局的結構；另外，作為論述的語言，它又必須面對擺事實，舉證據，說理由和講道理的系統性質和系統關係。因此，一個理論經常包括兩種語句集合。一是表述「基本命題」的語句集合，二是表述由基本命題，加上輔助命題，藉著推論機制而產生出來的「衍生命題」的語句集合。這樣的理論廣受人類所編制，用來開發認知，促進識見，滿足人類求真致知的目的，開拓人類的知識文化，推進人類的理性文明⓯。

當人類的故事隨著講說主旨和開發功能的不同，而分化別立，而發展出自己的小語言之後，各自的小故事傳統也就各自開拓出獨特的結構方法和評鑑標準。一般在大語言裡所講說出來的普通故事所不太講究，不太為人所斤斤計較的表現方式或結構品質，到了分門別類的小語言裡所講說出來的特定故事時，可能就需要格外強調，專心遵行和大力開發。用來表達和建構理論的論述的小語言就是一個明顯的例子。它所講說出來的理論的故事，在求真的表現上，在追求合理性的佈局上，以及在滿足邏輯對確性的結構上，其要求達到的深度，就遠

一個人文生態的思考〉，收於《傳統・現代與記號學——語言、文化和理論的移植》，參見註❶，頁161～190。

⓯ 關於這種構想下的理論之種種結構、功能和印證的問題，參見作者下列文字：(1)〈理論的構成與功能〉，收於作者之《文化・哲學與方法》，東大圖書公司，臺北，1983年。頁83～115。(2)〈理論的作用和理論的證立〉，刊於《現代哲學》，期數待查，廣州，1982年。(3)〈科學理論與科學傳統〉，刊於《自然辯證法研究》，第3卷第6期，北京，1987年。

遠超乎在一般的大語言中所講說出來的普通故事。

在考察用來講說理論的故事的論述的小語言時，有一點值得我們將之放大強調，加以特別注意。一般我們在講說一個故事的時候，為了主題的發展和結局的呈現，我們總是盡可能地避免節外生枝。我們避免一路追踪主線以外的情節發展，我們也避免不必要地查驗許多次要事件的來龍去脈。一般性的普通故事如此，分殊性的專門故事也是如此。不同的是，對於普通的故事，只要說得動人，聽來有趣，不過於違背常理，不冒然突破想像，一切旁節別枝都可按下不表。大多數的額外疑問也不妨留待他日。這是因為我們對於普通故事的合理性、結構性和邏輯性的要求不高的緣故。可是對於論述的故事，特別是對於講述理論的論述的故事，我們的要求也就大大地不同。對於理論的故事來說，我們往往使出知性的功力，窮追猛問，不惜「打破砂鍋問到底」。這時，旁敲側擊固然不失為破法之正道，節外生枝也往往構成詰難求解的良方⑯。在理論的故事的園地裡，沒有什麼不能再翻土重耕的地方，尤其是那些不在故事主線的表面，不是經常暴露在知性天日下的故事角落。

人類使用論述的語言時，遲早遭遇到一種無法圓滿的情境。這種論述上的無法自圓，不能圓滿的情況可以簡單表述如下：我們無法對於每一論述全都加以擺事實，舉證據，說理由和講道理；因為用來擺事實，舉證據，說理由和講道理的記號事物本身，也正是另一個論述。換句話說，一個論述需要另一個論述來加以支持，另一個論述又需要再一個論述來加以支持。這樣層層推衍，步步追隨，最後不是陷於「無

⑯ 從邏輯的觀點看，這是批判一個理論的常道。那主要是「逆斷法」的應用：若一個理論涵蘊著某一命題，而我們能夠證明這命題不成立，那麼該理論也出現了問題。

窮後退」，就是淪為「循環論證」。因為這個緣故，人類所講的理論的故事，全都是一種許多枝節隱藏不顯，多種情節掩蓋不露的不圓滿的論述結構和論述系統。

現在讓我們闡釋一下在這裡所遭遇的記號情況。讓我們說明當人類採用論述的小語言建構起一個個的理論的時候，理論到底成為什麼樣的文化事物，它扮演什麼樣的文化功能，它以什麼樣的機制來行使這樣的功能。

在某種語用和語意的明確假定之下⓱，我們可以說理論是人類的認知工具，但它卻不是理論所面對的「世界」的化身。人類構作理論，並且使用理論來「說明」這個世界⓲。認知的工具有粗有細，它影響我們所成就的知識的品質，但卻沒有改變理論所面對的世界的真象。

相對於人類終久期待可望獲致的全盤而整體的理想知識來說，不管在人類演化的那一歷史階段——過去、現在或是未來，他根據已經把握到的認知原理，已經培養出來的知性能力，已經建構完成的知識成果，以及已經累積成長的學術經驗，而進一步所做的認知活動和知識探討，不論在當時自以為多麼廣博，多麼崇高和多麼深入，事後看來全都是局部的和片面的，全都有待日後的修訂，翻新和重新構作。

⓱ 在這樣的假定之下，人類的理論以及這些理論所要說明的「世界」，兩者之間具有明白的劃分。不過這個分界線卻可以根據理論所要說明的現象之不同，而加以挪動重訂。比如，人類創作理論的現象也可以充當另外的理論的說明對象。這時人類創作理論和使用理論的活動變成某一理論之外的世界的一部分，而成為該理論的論述對象。

⓲ 「說明」(explanation)有時稱為「解釋」。在此我們把這個用法上的不同，當成同物異名。因此，不同的說法並不影響我們對於理論的性質和功能的認定。

人類知識建構的活動——那講述認知結果的論述性的理論的故事，全是一些永遠講說不完，永遠沒有最後的結局的故事。人類永遠站在巨大而長遠的故事大流之中，弄潮起浪，隨波逐流。一灣過後再有一灣，一山之外還有一山。

我們已經說過論述那無法圓滿的情境。可是人類構作理論的難題卻遠遠超過這種邏輯的局限，因為他創造理論的目的不只是為了自圓。人類不只為了滿足知性的好奇而講述一個自圓其說的論述的故事。人類開創理論常常更為了應付生活上的種種實際需要，以及生命裡的各式各樣的追求。因此，創造理論對於人類來說具有一種生活上和生命上的迫切性。他不可能靜心等待，直到求真致知的所有原理上和方法上的問題全都解決，或者全都有了令人滿意的答案之後，才著手步步為營，穩穩當當地構作理論⓳。人類基於需要的驅使而從事理論活動，而成就理論和接受理論，以及進一步應用理論。人類不是等到一個理論至善至圓之後，才接受它，才應用它。人類接受和應用某一個理論，往往因為他還沒有構作出更完美，更令他滿意的理論。

這樣看來，人類創造發明的所有理論全都面臨一種不甚穩定的命運⓴。它所根據的求真致知的原理可能欠缺穩固，它所使用的求真致知的方法可能不夠妥善，它所參照的其他求真致知的理論可能有待修

⓳ 依據上文所說，這是不可能獲致的境地。不過，以往曾經有人抱持這種理想主義的夢想，甚至據此發展出一種「知識觀」和「歷史觀」。

⓴ 為了說明上的方便，我們在本文中不對人類的理論加以分層別次，區別出不同層次的理論。所以，我們不區分理論和「後設」理論，也不區別較低層次的理論和較高層次的理論。比如，研究理論的理論也是理論，探討理論所根據的原理和理論所使用的方法的理論，仍舊是理論。不管一個理論所面對的「世界」為何，它都遭遇到我們正在討論的困境。

訂。事實上，這裡所提的求真致知的原理、方法和其他的理論也不斷地在人類更進一步的求真致知的活動中，繼續加以改良，不停地力求精進。換句話說，所有的理論全都浮現在它特定的原理和方法的「基礎」之上，並且接受一些其他的理論從旁協助支援。理論在生成的過程中如此，在證立的依據上也是如此。

4.理論的「典範」：比較獨斷的典範和比較開明的典範

現在讓我們集中注意理論所依傍的原理和方法。

首先我們注意到，原理和方法往往互有關聯。它們甚至是共生相長的兩個項目。原理的勘定往往衍生出特定的方法。同樣地，方法的使用也常常提煉出內藏的原理。不僅如此，一般我們使用「原理」與「方法」，或是「原理論」和「方法論」的時候，有時採取的是比較寬廣的意含，有時採取的是比較狹窄的意含㉑。另外，談起原理與方法，有時我們採納比較嚴謹的用法，有時我們採納比較寬鬆的用法。因此，討論起這兩類項目時，我們也就令其互相牽引，彼此掛鉤。討論到求真致知的原理之際，求真致知的方法呼之欲出；討論到求真致知的方法的時候，求真致知的原理也就隱約在望。所以，我們在此也要將原理和方法並列。除非特別需要加以區別分開，各自論列；否則，提起原理時，間接涵蘊著方法的考慮；討論方法時，背後含藏著原理的觀照。

㉑ 有關「方法」、「方法論」及「方法原理論」的闡釋，參見作者之〈方法論與教育〉，收於《文化・哲學與方法》，東大圖書公司，臺北，1988年，頁51～82。該文第1節為〈方法與方法論〉，第2節為〈方法原理論〉。

由於論述的語言注重「證立」的檢驗關係，由於檢證的鏈索可以一直延伸，沒完沒了；因此，人類在講說論述性的故事時，每說一句話，背後全都有不計其數的話沒有明白說出。有時為了令人採信，可以設法將某些隱藏著而又比較重要的話和盤托出，以增清晰，以利理解，以廣認同。不過，將隱藏在幕後的話明白道出並不一定保證解決證立上的要求，因為這些話本身也可能引起爭端，需要給證與支持。這樣一來，我們又得再進一層，挖出另外一些還沒有明白說出的話。層層後退，直到令人滿意，或者筋疲力盡，或者大家喪失興趣為止。在這些未經明白道出的話語之中，有些是明白道出的那句話，也許再加上其他已道出或未道出的輔助話語，所進行的邏輯推理的「論結」。這是我們一般檢證一個語句或者一系列的語句的方法程序。可是，除此之外，我們道說出來的語句往往必須放置在某種求真致知的「背景」之下，該語句才能給人拿來做出認知的用途。比如，用來討論，供人理解，令人加以採信接受等等。這類的背景條件，有些屬於原理上的，有些屬於方法上的，有些則是已被接受或未被接受的想法、說法或信念。這些，可以稱為「假定」、「假設」、「前設」或「預設」。這類隱藏在我們話語的背後，支撐著話語的正常的論述性的功能的，正是我們現在所關心的主題。

我們說過，理論是些有組織結構，有邏輯系統性的語句集合。一個理論除了有它內部的層次關係和結構性質的問題之外，也具有上述的安置的背景的問題。當人們致力在開發一個理論的時候，它的安置背景往往沒受深究，不加懷疑。可是等到這個理論不能完好地說明它所面對的世界，特別是幾經修補之後，「異常」情況仍然久纏不去的時候，人們就可能開始檢查它所存在的背景，懷疑它是否妥善，是否穩當。這些理論所繫的背景——那些理論建構所依憑的假定、假設、前設或預設，廣義地說，就是庫恩所謂的「典範」[22]。他的重要論旨在於闡述所謂「典範轉移」和所謂「科學革命」之間的關係。

一般人傾向於對庫恩的論旨做出強式的解釋。他們認為典範的轉移引起科學的革命，甚至兼而主張科學的革命全然起於典範的轉移。

這算不算是一個合理而可以成立的論旨呢？如果我們將它看作是對於科學理論的演變更替的現象而構作的「理論」，用以說明科學理論的演進，那麼這樣的理論有沒有充分的理由根據？它是否經得起證立推敲上的考驗呢？

首先我們注意到，科學也是人類的文化事業。它也是人類講說的論述性的故事傳統的一個分支。它在發展的過程中塑造出自己的小語言，演化出帶有鮮明特色的小文化傳統[23]。在科學的小語言之中，一個值得我們注意的基本成素就是「數學的小語言」。從人類科學發展早期的算術和幾何，到代數，到微積分，到概率理論，到布爾邏輯，到非歐幾何等等，數學的小語言一直是人類講述科學理論的故事之方法原理和方法程序。倘若我們把數學的語言從科學的文化傳統裡抽離除去，所剩的文化傳統，即使仍舊可以「科學」名之，也會變得面目全非，性質大變。這樣看來，數學的語言，尤其是數學的理論，可以被看作是種種科學理論所假定的原理依憑和方法根據。在此，有關的數學理論可以算是相應的科學理論的典範。不過，這種充當科學典範的數學，本身也是人類講說的論述性的故事傳統的一個分支。它也在不斷的開展中塑造自己的小語言，演化出具有自己獨特風格的小文化傳

---

[22] 庫恩並沒將一些輔助的理論也看成是理論據以安立的典範。可是我們因為不對理論加以分層別次，尤其有關原理和方法的理論也是理論，為了方便說明，我們採取一種比較廣義的「典範」解釋。

[23] 我們在此暫指自然科學的小語言和自然科學的小傳統。

統。我們可以追問，那麼數學理論又有沒有所假定的原理和方法？它又是否也有典範的問題和典範轉移的問題？如果有的話，數學理論所依所憑的典範和科學理論所根所據的典範，兩者是否屬於同一類型？這時兩類的理論和各自的典範之間的關係是否屬於同一種關係呢？

讓我們在此舉一個例子，以便更進一層去設想。儘管人類的科學理論一直以數學的語言充當它的基本建構要素，可是數學本身作為一種文化分支，本身也在尋求不斷的演進。在數學的文化傳統裡，不違背一般的創制原理和俗成規律，大可開拓出互不相容的數學理論，甚至數學傳統。比如，除了古典式的數學之外，我們還可以構作出所謂「直覺主義」的數學；除了歐幾里德幾何之外，我們還見到兩類不同的「非歐幾何」。二十世紀之前，科學理論所使用的幾何，全都是歐幾里德幾何。到了二十世紀，愛因斯坦的廣義相對論使用了非歐幾何。如果相對於牛頓的古典物理學理論來說，我們認為愛因斯坦的理論掀起了一次科學的革命，那麼這次革命牽涉到什麼樣的典範的轉移呢？廣義相對論使用了非歐幾何，可是較早期的狹義相對論卻仍然沿用歐幾里德幾何。數學理論的轉移是現代物理科學革命的一種成因，或者反而是該一科學革命的結果？是不是為求理論具有較完好的說明效力，是不是為了構作更加完善的理論，愛因斯坦才轉向非歐幾何？

論及科學理論所依傍的數學，情況如此。談起科學理論所涵涉的基礎概念，情況也是如此。比如，我們可以說從古典的物理科學理論到現代的物理科學理論，我們所持有所採納的時間概念和空間概念改變了。我們由採納一種絕對的時間和絕對的空間，作為科學理論所面對和所要說明的世界之事物，改變轉移到接受一種新的時間和新的空間。這是科學革命的一種緣起，或者反而是科學革命的一項成果？我們要怎樣以典範的轉移來看待說明這類的變化呢？

從歷史文化演進嬗變的觀點看，科學的文化傳統當然不是人類文化中封閉自足，獨立開展的小傳統。人類其他的文化傳統——包括哲學的文化傳統、宗教的文化傳統、技術器用的文化傳統等等，一起在人類的文化生態中演進。它們之間有時互相支援，有時互相排斥；有時共同加強，有時彼此消弱。它們跨越交流，互作互動。比如，古時亞里士多德式的宇宙觀，特別是目的論，也許沒有過分妨礙生物科學的發展，但它卻大大限制物理科學的進步。類似的，近代極端經驗主義和機械宇宙觀的風行，也許多方促進了物理科學的革命，但它卻深深影響人文科學的長足發展。在此，我們要不要將那些哲學上的主義或「理論」也當作是科學理論的典範？這時典範的轉移和科學的革命之間又具有什麼實質的關係？

我們都知道，亞里士多德的科學觀是一種由上而下，首先確定一般普遍的原理，應用邏輯推理而獲取經驗結論的「演繹模式」。這種認知典範一直流傳風行於西方古代，制約著中古世紀的知識創造，甚至到了近世科學初起，實驗主義冒升，機械宇宙觀抬頭之後，依然有像笛卡兒、萊布尼茲、史賓諾莎這樣的大賢大聖秉承亞里士多德的典範，繼續建立演繹模式的知識結構模型。他們並非對於近代科學的崛起裝聾作啞，或者對於求真致知的基礎了無牽掛。比如，笛卡兒以代數的方式開發構作幾何的語言。他豐富了科學的小語言。萊布尼茲獨立於牛頓，發明了微積分，直指新時代的物理語言的核心。難道他們對於科學理論的典範轉移全然無動於衷？或者在處理人類知識建構的問題上表現得「典範混淆」，甚或「典範冷感」呢？綜觀這類的人類知性文化傳統的歷史發展，我們不禁要發問：理論的典範和科學革命之間是不是像那雞生蛋或蛋生雞的問題一樣，表面明顯易懂，但卻不知如何作答呢？兩種現象終久並起共生並不表示兩者真正具有實質上的關聯。

這樣一來，原來庫恩的論旨，尤其是那強式的解釋，也就需要進一步的釐清和闡釋了。

可是，未等充分的釐清和闡釋，原來庫恩創制來說明自然科學的理論之起落更易現象的概念和論旨，後來不知怎的，被人泛用到各種不同的知性理論的角落。社會科學家和人文科學的學者前仆後繼，爭先恐後地使用「典範」的概念，採納「典範轉移」的主旨，試圖說明理論交替的現象。原來在比較特定的討論界域——自然科學的理論領域中，依然未知是真是假，是對是錯，或者真假對錯的程度如何的論旨，現在突然湧現在社會科學和人文科學的殊多領域裡，到處攀生，到處氾濫。我們更需要小心對當中的基本概念和核心論旨，重新加以闡釋和釐清。

為了避免闡釋上的無盡連環，我們將不從「內涵」的角度追問「典範」的詳盡意含到底如何，它要怎樣準確定義；或者探究庫恩的論旨到底應該怎樣解釋；什麼叫做「典範轉移」？典範轉移和科學革命之間的關係是種概念關係，邏輯關係，或是經驗關係？「常態科學」和非常態科學之間的區別是種明晰的界分，還是種乏晰的界分？相反地，讓我們採取「外範」的觀點，並且假定前文所說的理論之假定、假設、前設或預設都可以「典範」一詞名之，那麼我們可以設想，到底有多少不同種類的重要理論典範，它們的消長興衰直接或間接地影響人類知性理論，包括自然科學理論的取捨交替。這是一種經過推廣的弱式之庫恩論旨。讓我們從這樣的弱式論旨開始。庫恩的基本概念經過乏晰化，他的論旨加以推廣弱化之後，我們可以將可能的理論典範初步區別為下列數種。每一種別，必要時還可以做出更加細緻的內分。

一、「語言典範」：這是一種極為基本的典範。它可能是人類知性構作上最基本的典範。在此，我們採取「語言」一詞的最廣義。倘若不怕遭人誤解，我們也可將之稱為「記號典範」。這是人類進行記號行為，從事於記號化活動的累積成果。

我們已經說過，記號的創制任憑人類的自由。可是它在使用的俗成化過程中卻不斷建立起它的內在規律和運行法則。經過人類講故事的文化涵養，以及不同的小語言的分化經營和交流互動，人類不僅由於記號發生的多源而建立起不同的記號典範；更加重要的是，即使原先同源，經過分別開拓之後，也變得支流叢生。不同的語言典範也因而相繼開展衍生。人類知性構作的典範由歷史起生的「多源」，進展到文化內涵的「多元」。現在人類從事知性的構作活動，特別是在建構理論的時候，他所假定和所依傍的語言典範往往多元分歧。它們之間常常既難以消融化約，更談不上整合統一。因此，在人類文化的原野上，小語言林立，各種小文化傳統比美爭輝。多元多樣的語言典範正與多領域多方向的理論構作結合成長，共同演化。

比方，從一個比較高的層次看，我們知道數學、科學、哲學、宗教、文學、藝術等等的小語言，各自都假定著有所不同的語言典範，內藏著不盡相同的記號上的結構規律和運行法則。有些小語言傾向於意義的固定和用法的釐清，可是另外有些小語言則偏重意含的擴充和用法上的類推和比喻。這樣一來，自然形成各自所成理論之間的不能相容兼消，或者無法引證比對。不但如此，各個知性活動領域之內，也因精緻化和獨立化的驅使，各自衍生出更加特殊的小語言，形成更加分殊的語言典範。我們已經說過，如果我們在自然科學的理論語言之中，抽取排除數學的語言，所得的結果將會是很不相同的理論，因為這時科學理論的語言典範已經南轅北轍，大異其趣。同樣地，設想我們將數學的語言全面引入哲學、宗教或音樂，要它扮演像它在科學語言裡的角色，所得的結果又將如何？那時我們所開拓出來的，不僅是與現在所擁有的極為不同的理論。我們可能構作出與現在的理論互不兼消，無法比較的理論。我們掀起了哲學、宗教或音樂上的「革命」。

二、「邏輯典範」：除了語言典範之外，邏輯典範算是人類知性建構活動上所依持的最基本的理論典範。我們在此也採取「邏輯」一詞的較廣意含。一切用於建構推理之模式、規律和法則，皆屬於廣義邏輯的範疇。值得注意的是，邏輯典範也是人類文化傳統的產物。它也是人類進行記號化，開展記號行為的成果。由於理論是一種有結構和有系統的語句集合，理論在佈局上最講究的當然是邏輯的結構性和邏輯的系統性。可是這種邏輯結構和邏輯系統的內涵和細節，卻在極大的程度上取決於我們所根據的到底是怎樣的邏輯典範。我們到底要採用演繹邏輯，或是歸納邏輯？內涵邏輯，或是外範邏輯？二值邏輯，或是多值邏輯（特別是三值邏輯）？明晰邏輯，或是乏晰邏輯？不同的邏輯選擇開展出不同的邏輯結構和邏輯系統，引發出內容不同，甚至無法兼容比較的理論構作。比如，採用演繹邏輯傾向於創作出亞里士多德式，或者笛卡兒式的理論模式；選取歸納邏輯則順理成章地開闢出培根式，或是休姆式的理論規格。同樣地，依據二值邏輯建構起來的理論所產生的難題，在訴諸三值邏輯的理論中，可能不再出現。同樣地，到底根基於明晰邏輯，或是乏晰邏輯，也遭遇到類似的情況轉化。

三、「存有典範」：這種理論典範可以算是廣義的「哲學典範」的一種類型。可是由於在人類知性的建構上，這種典範的內涵具有重大的左右理論基礎和開展理論方向的作用，因此我們特地將它標示提出，做為理論典範的重要類別。還有一點值得我們提出來的是，存有典範常常和前述的語言典範及邏輯典範結伴而行，左右著理論建構所設定的語言和邏輯。這使存有典範的基礎地位更形顯著。

簡單地說，一個理論的存有典範列舉，甚至規定它所面對的「世界」到底存在著什麼「事物」，因此它所要說明的到底是哪一類的「事件」。這類典範的變遷轉移顯然影響理論的含蓋範圍和說明對象。因此也左右了理論的效能和妥當性。比如，物理科學的理論除了具體的個別可感可覺的事物之外，還設不設定抽象事物的存在呢？答案的正反決定物理理論該怎麼構作，該怎麼檢查它的成敗得失。同樣地，只設有正數的數學理論和兼設有負數的數學理論；只設有實數的數學理論和兼設有虛數的數學理論等等，它們各自都有不相同的理論——不同的基本概念、不同的基本命題和不同的衍生定理。在人類知性建構發展的歷史上，笛卡兒開創的「心物二元論」——他不只設定物質實體的存在，也設定精神實體的存在；於是帶引出幾百年的「心靈理論」上的爭訟不休。這當中主要在於存有典範的歧異。

一個理論所面對的存有事物不同，它所依憑的語言典範和邏輯典範常常也因而需要有所補訂或轉換。我們知道，有些語詞在某一理論裡具有意義，但在另外的理論裡則否。有些概念在某一理論中具有存在的事物與之相對映，但在另外的理論中則否。此外，有些語句在某一理論中代表著特定的判斷，但在另外的理論中則否。有的命題在某一理論中具有認知地位，在另外的理論中則否。這些都反映出當我們採納了某種存有典範之後，我們的語言典範也得跟著適應或調整。

理論的存有典範和其邏輯典範之間的關係也是如此。不說別的，在外範邏輯中，「空詞」和「實詞」具有不同的邏輯結構。空論域和實論域含有不同的邏輯推論規則。同樣地，應用於有窮事物的邏輯，和適用於無限事物的邏輯，也具有不同的推論規範。

不過，我們可以這樣反思設想：從理論演進的歷史上看，一個理論需要事先完全設定它所要面對的存在事物嗎？也就是說，理論的存有典範一定要走在理論之前嗎? 古典的物理學沒有面對像「反物質」或「黑洞」這樣的事物。這些事物到底是物理理論的推論成果，抑或是促成新的物理理論的肇因。在此，我們又好像遇上了雞生蛋或者蛋生雞的困局。

四、「方法典範」: 表面上看來，人類的知性建構照理應該具有頗為統一的目的。用來求真致知的方法只不過是欲達目的的一種手段或策略而已。可是，事實上事情遠非如此簡單。方法的選擇有時打開了求真的空間，有時卻阻擋了致知的出路。這是因為在比較高的層次上，方法典範和其他各種典範，特別是邏輯典範、存有典範以及底下接著要列舉的某些重要典範密切地關聯在一起。

舉例來說，施行直覺沉思，內觀反省的方法往往拓展了人類意識的疆界，成就人文精神的科學。在文明的領域裡，「無中生有」，添增存在事物；甚至「弄假成真」，化願然為實然，變夢想為真實。人性的許多道德境界和價值理想就是這樣追求獲致的。反之，如果我們著重觀察實驗，客觀外證的方法，那麼我們容易成就外物的認識，瞭解順從天生本能的需求樣態和行為模式。物理科學和生物科學就是依賴這種方法而獲得長足的進展。方法之為物，不論用來開發拓展理論，或是用來檢驗證立理論，全都不是純然中立，不偏不倚的。方法典範不僅在運作的層面上枝節片面地提供人類求真致知的程序和步驟，它更在較高的層次裡設定了理論所要面對的對象事物，以及它所可望尋覓創造的事物。不但如此，它也直接或間接設定或局限了理論的邏輯典範，左右用來建構理論和檢證理論的邏輯原理和邏輯程序。

二十世紀曾經興起過一種求真致知的哲學，稱為「邏輯實證論」(後來改稱「邏輯經驗論」)。它繼承以往的經驗論，特別是實證論的求真致知的理論典範，加上二十世紀形式邏輯 (尤其是數理邏輯) 的成就，大力提倡一種更加緊密嚴格的語言典範、邏輯典範、存有典範和方法典範。在語言的典範上，邏輯實證論者倡議一種判別一個語句到底是否「經驗上具有意義」的原則。無法通過這個原則的檢定的，被判定為經驗上沒有意義，因此不能出現在科學的語言之中，用來建構科學的理論之用。這樣的原則一般稱為「檢證原則」。它是邏輯實證者所創制的最基本的典範。它也是最為嚴峻獨斷的典範。不過，這個原則提出來之後，內部困難重重。數十年間幾經修訂，都未成功。它總是排斥一些本來不想排斥的語句種別，另外又收納一些本來不想收納的語句種別。除了語言典範而外，在邏輯上他們慣用的數理邏輯是種外範的、二值的、明晰的演繹邏輯。當他們綜合亞里士多德的科學理論模式以及培根的模式，提出「假設演繹模式」時，使用來發展知識，建造理論的推理方式的正是上述這種邏輯。上述的檢證原則在內部結構上所遭遇的困局，以及假設演繹模式下的科學說明所衍生出來的難題（比如所謂「檢證詭局」或「烏鴉詭局」等）都是藉著這種邏輯而展開呈現的。倘若我們使用不同的邏輯（比如某種三值邏輯），情況或者有所不同。另外，在存有的問題上，邏輯實證論者繼承古典經驗論的宗旨，肯定感官經驗事物的存在。不過，現代科學所要研究的對象已經遠遠超乎直接的可感事物。它所面對而要加以說明的世界，內容包括種種不同的「推論而出的事物」。這是一些經由科學理論的開發而設定的事物。因此，它們被稱為「理論元目」。理論帶引出世界裡的存在事物。它和存有典範之間的關係，又好似是種互生互倚的關係。不過，一個理論到底怎樣開發，它是否妥善成立，那又視乎它所依傍的其他典範了。至於方法典範也一樣和其他典範互相掛鉤。邏輯實證論者標榜「實證」。一個概念要有意義而有所指謂，必須經過一種特定的鑑別程序。因此，早期他們喊出一個口號：「一個概念的意義就是它的驗證程序」。於是一套套用來驗證的實證方法確定了相應的一個個理論所使用的概念。這樣一來方法不只決定了語言，它也決定了存有。它不僅規定什麼概念指涉著什麼事物，或者指涉事物的那一層次；它也確定了什麼事物是理論所要面對的事物，或者事物的什麼面相是理論所要研究的面相。

五、「功能典範」：從文化傳統開展的多方面來看，求真致知並不是人類開發理論的唯一主要功能。在早期的人類的文化活動裡，那甚至不是最主要的功能。不但如此，人類成了理論的動物之後，理論的開發構作本身演變出自己的傳統，甚至獨立分化為種種的小傳統。因此，一個理論的開發構作並不是由完全空白的境地，從頭做起，獨立發展。相反地，一個理論總是在人類的理論文化中，相應於某種理論文化傳統的潮流和現狀而開拓出來的。理論經常面對以往的理論，對它加以回應。因此，我們是否接受一個理論，有時也要看它有沒有違背至今我們已經接受的理論。

假定我們將理論的作用大別為兩類：求真致知的功能和實效致用的功能。這兩類的功能不一定互相排斥，相反地，它們常常互伴並行。由於接納理論的原因和理由有所不同，因此也引申發展出理論的功能典範的差異。在不同的功能典範的指導下，我們對於理論的採取接納可能行動分歧，取捨各異。

比如，為了工程上的實效致用，我們多獨斷現實地採取一種簡單的標定理論可否接納的方法。我們多假定有用的理論就是好的理論，就是妥善的理論，就是值得接受的理論。換句話說，從工程的致用上看，對於某一對象主題而言，我們只有一個對的理論。我們不會讓多個互有抵觸的理論，並列共存，靜觀後效。工程的典範傾向文化的一元，而排斥文化的多元主義。從這個角度來看，當我們採取實效致用的功能典範時，我們可以照舊堅持古典的牛頓物理理論，而對於新起的愛因斯坦的現代物理理論視若無睹，無動於衷。

六、「論域典範」：和上述多個理論典範密切關聯的是理論的論域典範。這種典範起於理論的含蓋面的制定。

由於人類的經驗總在不斷的擴充當中。我們不能假定，就是對於某一特定類別的事物而言，我們業已把握到一切與之相干的經驗。因此，為了期待有成，腳踏實地，我們總是需要限定我們所要研究討論，以及進一步建立理論的經驗範圍。這種設定令人類容易在已經擁有的經驗基礎上構作理論和證立理論。可是，人類不僅要面對過去的經驗，他也要應付未來的可能經驗。理論不只要具有對已經發生的事實的「說明力」，它也必須含有對未來才出現的可能事件的「預測力」。所以，我們總不能在理論的含蓋面的制定上盲目地故步自封，或者死板地畫地自限。人類總是走向未知，走向未來，甚至走向深奧，走向神秘。基於知性的好奇，實務的需要，以及冒險的精神的驅使，人類總是不停不斷地擴充他的「視野」，無止無休地推展他的「識域」。於是各種各樣的理論的論域擴展，甚至論域跳躍也就普遍出現在理論文化的原野之中。

我們都知道，人類的認知推展不只由可見、可聽、可觸、可嗅等等事物，直到可思、可言、可想像的題材；也由人類所居所住的地球，到人類可遠眺可遙想的其他星球，直到人類只憑推理，只依比擬，甚至只靠想像的其他天體，試圖增進認知，建立理論。不但如此，人類在理論文化中跨邊越界的開墾經略，還有另外一種運作的取向。比如，我們都知道，有些人試圖運用物理的理論兼而說明「人理」或人文的現象。有些人想要將經濟學的理論應用到人生感情和人間婚姻的事物上。現在，更有不少人準備把研究電腦運作之所得，推廣到對於人腦的認知之上。把「人造智能」的電腦理論，整建成「自然智能」的人腦理論。我們很容易看得出，理論的論域典範的變動，順理成章地引起其他種種理論典範的調整和修訂。

作者一直主張，我們採取一種演化的觀點，將所有的理論全都看成是種「部分理論」或「局部理論」，而不要將它當成是種「普遍理論」或「全盤理論」[24]。這樣做，我們比較容易固定一個理論的說明對象。理論的論域典範相對地固定下來之後，其他的相關典範也因此比較容易明顯地陳示出來。

當然，我們在此只能做到「相對的固定」，因為我們說過，人類總是要在理論的含蓋面上擴充拓展；在他的可能經驗上跨疆越界。

七、「價值典範」：上文業已說過，人是記號的動物。人類在他的記號文化中成就了意義的世界和價值的理想。從此，人類的許多作為，特別是他的記號行為，全都給自覺或不自覺地披上一層意義和價值的外衣。人類克制自己，不做沒有意義的事；人類發揮潛能，進行有價值的活動。求真致知的理論建構是一種記號行為的表現。它自然而然地也不例外。

人類步入記號文化的階段之後，尋求瞭解世界，認識自己，把握命運，追求自由，開創理想等等一直是他豐富生活內涵，改善生命形式的路長道遠的進化軌跡。人類原可以講說千種萬種的故事，為什麼有人卻要窮盡心力，投身於講說論述的故事，致力於理論的開發和構作之間呢？他們在追求什麼意義？尋找什麼價值？他們的工作目的何在？

---

[24] 參見作者之〈從方法論的觀點看社會科學研究的中國化問題〉，收於作者之《哲學的智慧與歷史的聰明》，東大圖書公司，臺北，1983年，頁147～178。

單就建造理論那「求真致知」的表面目的來說，經過歷史文化的演繹，社會民生的開展，以及文明價值的推湧，「致知」一事固然可以長遠地開展出「致用」的理論建構取向；「求真」一端也未嘗不可深入地演化出「求美」的理論開拓的要求。我們只要靜心設想哥白尼的「苦心」和伽利略的「孤詣」，就當明白理論求真的價值典範的地位。我們如果注意一下愛因斯坦為什麼直到晚年仍然念念不忘「統一場」的理論構思，也就明白理論求美的價值典範的力量。

理論的實用價值固然是人類文化裡的重要價值。除此之外，理論與其他理論的相容性，理論結構的嚴密、廣含、優美，甚至簡單等等，也可以發展出值得追求保愛的價值內涵。這樣的價值典範有時配合其他的典範，有時壓倒其他的典範，左右著人類理論的開發和構作。

以上我們只列舉了七種各自有別，雖然不是互無關聯的理論典範。我們只是為了例釋而列舉出比較重要的典範。我們還可以列舉出其他的理論典範。事實上，不管從內容上看，或是從運作上看，上述的種種典範全都可以再做進一步的細分。比如，語言典範就可以區分為語言形上典範和語言運用典範。方法典範可以細分為方法原理典範和方法操作典範。價值典範也同樣可以拆開成為理想典範和目的典範等等。不過，這樣的區別細分有時是比較明晰的界劃，有時卻是比較乏晰的割離。因此，經此進一步的細分之後，原來的典範，或者新成的典範可能需要另外加以重組和歸類，以免顯得累贅和重複。事實上，就是在上面所列的七種典範之間，我們也可以進行融合重組的工作。比如，語言典範可以和邏輯典範結合起來。它也可以和存有典範合而為一。我們甚至可以將此三者整合在一起，構成一種原理的大典範。同樣的，典範的割分有明晰者，有乏晰者；典範的融合亦然。當我們進行了典範的融合之後，可能也需進一步進行重組和再歸類的工作。

從以上的說明和例釋，我們希望進一步考察理論典範的功能和效力。根據上面所做對各別種類之理論典範的分析，我們似乎可以看得出，我們不能對不同的典範的功能和效力等量齊觀，一概而論。比如，語言典範和邏輯典範最為深入徹底。每一個理論都必須明顯或隱含地設定這兩類的理論典範。任何一種典範的變動轉移都足以左右理論在形成上或在結構上的根基，強制它改寫重構；否則容易淪為不明所以，或者言之無物，言之無故，言之無據。可是其他的理論典範呢？比如，一個理論可能無法事先設定它所要面對的事物。它必須邊走邊瞧，逐步擴充或縮緊理論所要面對和所要加以研究的存在事物。這時理論典範對理論所施加的指導性就沒那麼強烈了。這時甚至發生孰先孰後，雞生蛋或是蛋生雞的問題。不過，即使在這種情況下，我們仍然可以說，任何理論都在事先明顯或隱含地設定著它的存有典範。不同的只是在理論的開展歷程裡，這類典範接受著不斷的增損和修訂。

當然，在這裡我們面臨一個理論的「個化」和「指認」問題。怎樣才算是一個理論？怎樣才算是同一個理論，而不是另一個理論？怎樣才算是一個新的理論，而非仍然是舊的那個理論（只是做出些微的修訂）？也就是說，怎樣才算是「致命的」，分水嶺式的修訂，令原來的理論變成嶄新的，與前者不同的另一理論？這樣的問題必須系統化來加以處理。我們需要建造理論來回答這類的問題。可是一建造理論又重新遭遇到理論的典範問題了！

假定這類問題可以通過引介一種「工作假設」而加以至少暫時性的解決㉕（解決的方式可能是應用一種乏晰的「方法」，而不是明晰的「邏輯」）。這時，我們可以看得出像存有典範所遭遇的不明確地位和

㉕ 也許我們可以將這種工作假定稱為「工作典範」。這時我們又引入另外一種理論典範了。

不明朗的情況，也會發生在方法典範上，在功能典範上，在論域典範上，以及發生在價值典範上。我們暫時不在此處做出「強式典範」和「弱式典範」的區分，而對我們在上文所列舉的理論的功能和效力強弱加以分別歸類——大約是種乏晰歸類，因為整體的典範運作是件十分動態而充滿乏晰分際的事。而我們以這種靜態而明晰的辦法所列出的並不一定是非常完整的理論典範的枚舉。不但如此，在不同的時代，在不同的文化傳統之下，不同種類的理論典範之間的互動和爭持，可能產生不同的有關是否接受某一理論的結局。比方，在一般的情況下，我們總是肯定構作理論的一個重要目的在於求真致知。我們對於理論的價值典範有種頗為清楚明確的認定。可是這時我們怎樣去解決古典物理理論和現代的物理理論之間的衝突和糾紛呢？我們是不是直截了當，獨斷孤行地堅持求真的價值典範，因此判定現代物理理論為真，古典物理理論為假；或者前者較真，後者較假，因而接納前者而捨棄後者呢？這時，論域典範會不會突然出現，或是慢慢淡入，接手影響甚至左右我們對理論的評鑑和選擇？我們會不會說，兩者都可以接受。後者是以地球為主要論域的物理理論，而前者則是包含外太空為論域的理論。我們可否進一步讓求真的價值典範淡出，而令功能典範突起，因此對於現代物理理論不屑一顧，或者敬而遠之。專心繼續接納古典物理理論，將之繼續發揚光大，做為開拓工程，發展實務之用？

經過以上的分析，我們可以看得出理論的典範問題是個多層次多面相的複雜問題。由於堪稱為理論典範的，是一大組各種各類的假定、假設、前設和預設。各典範本身既可以內化細分，又可以和其他典範外聯融合。典範和典範之間可以獨立使用，也可以聯結併用。當不同的典範一起作用於一個理論的開發構作和檢驗證立時，有的典範可能步步深入，有的則慢慢淡出。即使一起交互作用，有的典範可能較另外的其他典範優勢突出，作用顯著。尤有甚者，當不同種類的典範一起參與作用時，它們各自的效能和分量也可能因時因地，因理論的種別、地位和長幼秩序而有所差異。這樣看來，理論典範是些非常動態而又十分乏晰的原理原則。它們分別對理論所施加的效力也就很難明晰確定，一概而論。追思回想起來，理論的創作畢竟是人類講故事的文化傳統的一部分。它本身雖然制定出自己演化的規律和法則，但也同時接受整個巨大的故事文化之演化的原理和取向所牽制，所左右。因此，我們可以說理論的開發，成長和它的命運是多種複雜因子和變數的「多元多次函數」。這樣看來，庫恩所倡議的，如果要從明晰精確的邏輯的角度來看,很可能是一組複雜而永遠難解的「多元多次方程」。我們並沒有把握有一天能夠理清所有的因子和變數，並將這組方程式一一羅列出來。所以強式的庫恩論旨的證立顯然是遙遙無期。

不過，從記號文化，特別是記號原理和記號運作的觀點看，弱式的庫恩論旨仍然值得我們推敲和記取。回顧人類知識的發展和知性建構的演化，它們顯然並非全都像滴水成川，集腋成裘似的漸近而直線的開展。知性的文化傳統裡有主流，也有分支；有順水，也有逆流；有漸近的點滴成就，也有跳躍的跨越前進。因此，庫恩所指的「科學革命」——甚至將之擴大推廣為「知識革命」，並不是完全講不通的。問題只在於知識革命和知識理論典範之間，到底具有那種關係？單向啟動關係，或是雙向互動關係？

當我們檢討評鑑人類開發理論的文化傳統時，我們當然會著眼於人類記號文化的進展和記號文明的開拓，最後計慮人類生活內涵的豐富和生命形式的精進。這當然涵蘊著價值的考慮，不只是天生本能的需求。因此，當我們設想人類為什麼要投身於理論開發的活動時，我們多少都有一些至少是暫定的目的。比如，為了獲取知識，為了增進瞭解，為了洞悉命運，為了追尋自由等等㉖。

有了開發理論的大致理想或大致目的之後，那麼我們也就順理成章地考慮到理論典範的功能，以及它對於開展理論的效力。我們可能發問，有些典範應用起來，可能促進理論的發展；另外有些典範堅持的結果，可能妨礙理論的進步。理論典範的效能，對於開發理論的目的來說，容有積極的，也有消極的；有正面的，也有負面的。倘若我們關心人類理論文化的健康成長，我們要遵照什麼原理原則，或者採取什麼方法步驟，令理論典範多產生積極正面的作用，而少發作消極負面的效果呢?

從文化演化的觀點看，特別是當我們反省思察人類過去犯下的歷史錯誤的時候，我們也就知道必定不可將人類現階段的成就，看成是人類可望獲致的最高成就。人類的理論需要付諸演化成長，人類的理論典範也需要求取演化進步。這樣看來，故步自封的典範容易演成「獨斷的典範」，局限甚至阻礙著理論的發展，對人類的知性建構產生消極負面的作用。歷史上，許多知識問題之「無解」，「失解」或「錯解」，主要原因就在於那時人類採取一種獨斷的典範——不管是原理上的典範，抑或是方法上的典範。二十世紀的邏輯實證論的失敗，也提供一個令我們深思反省的明顯個例。為了避免獨斷的典範，為了令理論和其典範都能付諸演化成長，求取演化進步，我們必須提倡理論和典範之間的互動共振和相激相長。這樣我們可望開發出比較「開明的典範」，對理論的成長發揮比較積極的開導作用和比較正面的促進功能。

提倡不斷開發比較開明的理論典範，倡議記取演化主義的理論開

㉖ 這些算不算是價值典範或目的典範呢? 如果是的話，它顯然是更高層次的典範。那是文化開發的典範，文明拓展的典範，甚至是人性演化的典範。這裡的「人性」指的當然是文明人性或記號人性。

發進路，這令原來的庫恩論旨，即使是弱式論旨，也變得更加乏晰模糊起來。事實上，從建構理論——從人類講說理論故事的觀點看，每一個理論都有它假定的起點，甚至假設的理論。這些假定、假設、預設或前設，令我們所要構作的理論順利起步，但卻不一定對構作中的理論發生積極的作用或正面的影響。多年來作者使用另一個概念來稱呼這種理論的起點假定。作者將之名為「假設主張」㉗。它可能是一種原理論，一種方法論，一種主義，一種學說，一種主張，或者一種有待進一步檢驗思察的其他理論。

1998年1月14日

㉗ 假設主張一方面需要依賴經驗成果加以考察證立，另一方面在尚未充分加以給證之前，我們卻預先賦與它在知識上的地位，用以作為開發其他理論的起點。有關假設主張之說，參見作者之《人性・記號與文明——語言、邏輯與記號世界》，參見註❶之(1)，頁127。

哲學的取向・功能與定位
——人文科學與人文科技之間

0.前言：人類的文化開展與文明理想——「文化生態」與記號文化

如果我們摘取「文化」一詞那純粹記述的用法，而不採收它價值的意含，那麼我們可以說，凡非造化原創，天生自然的事情、事態和事物全都屬於文化的範疇。也就是說，文化是與自然相對立；不屬於自然的，就包括於文化之中❶。據此，我們可以說許多較高等的動物都有牠們自己的文化。人類是最高等的動物，人類擁有自己的文化，此事自不待言。

起初，人類和其他動物一樣，在造化所賦與的「自然生態」中，

❶ 由於我們對於「自然」的徵定可能是乏晰的，因此這裡所提的「文化」的定義也可能是種乏晰定義。根據這樣的定義，我們固然可以說，岩石沙礫沒有自己的文化，而人類和其他許多高等動物都有各自的文化。可是花草樹木、青藻綠苔呢？它們有沒有自己的文化？由於文化是種乏晰的事物，必要時我們可能需要引介「文化等級」——高度文化、中度文化和低度文化等等。

不僅如此，我們在此多少採取一種「演化論」的觀點，而沒有接納「創造說」的主張。假如我們反是為之，認定世上萬物都是造物者的意向的表現。這時，包括一切世上的自然，可能全都是造物者的文化的一部分。

適應生存，追求續存，並且和其他動物一起爭鬥競存。在物競天擇，適者生存的演化規律下，人類並非從頭捷足先登，一帆風順。可是，由於人類大腦的發達，知性潛力的豐沛，即使歷經挫折沮喪，傷損失敗，最後終於能夠脫穎而出，後來居上，成為萬物之靈，當上宇宙的主宰。

人類成功的演化歷程顯然不是一條平滑的直線，從頭開始平步青雲，扶搖直上。人類的文化——他那為了生存、適存和續存而開創經營出來的生活方式，不斷在試誤和失敗中演化。他不斷吸取過去的經驗，認識自己所處的生態環境，發展各種潛能，使未來的生存更有把握，令生活的內涵更加豐富，更加進步。

在這樣的演化求進的過程中，人類像其他許多動物一樣，起先全力尋求適應他的自然生態。後來，經年累月，世代相傳，慢慢由比較被動地利用自然生態，進展到比較主動地開發和經營自然生態❷。這方面的發展，人類和其他許多動物在根本上也無絕大差異，最多只是等級程度的不同。可是，和其他動物有所不同，甚至大異其趣大別其旨的是，人類在開發和經營他的自然生態之餘，逐步地創造開拓出他那獨特的「文化生態」，用以輔助和改進對於自然生態的開發和經營。於是，人類不只在他的自然生態中演化，而且也在，甚至更在自己所開闢經略的文化生態中演化。久而久之，人類在文化生態中的演化，無論在速度上，在生活內容的廣含面上，以及在生命形式的深度上，全都遠遠拋離超越他在自然生態中的演化。這樣一來，人類的文化生態也就由原來用作輔助開發經營自然生態的地位，喧賓奪主，轉而成

❷ 人類和其他動物雖然同居並存於一個地球之上，但是兩者卻各自有其賴以競存演化的自然生態。不說別的，在人類的自然生態中，有其他的動物與他競爭互動；而在其他動物的自然生態中，則有人類與牠們對峙為敵。

為主導人類生活內涵的開發，主導人類生命形式的精進，主導人類演化的主要生態。人類從此不再沉重地受制於自然的生存條件之下。他不再需要通過長遠的行為習慣的改良而演化，也不再依靠生理系統和基因組織的改良而演化。人類獲取了一種改變生活內涵和精進生命形式的自由。那是一種擺脫天然的命運桎梏，重新塑造人性，重新演繹人生的自由。

在人類如此飛躍奮進的演化裡，背後潛藏著一種創發驅動的主力。這種巨大而堅韌的力量起於人類創制記號和使用記號的活動。人類有系統地構作語言，並且朝著多種方向和多種層次開發拓展。在這種「記號文化」的滋長之下，人類成就了他的意義世界，發展他的精神空間。於是，再塑理性，再塑感情，再塑人性。人類激發意志，開拓理想，創造價值，演化出人類獨特的文明❸。

因此，我們可以說，人是記號的動物。人類所開創經營的記號文化在他的文化生態中，發揮主導的作用。為人類的演化植入一種無法逆轉，不可抹滅的「文化基因」。

當然，許多其他的動物也使用記號，並且在有限的程度上發揮多方面的作用。我們可以想像，早期的人類大致上也和其他動物一樣，學習使用記號。他甚至模仿參照其他的動物，發展精進他的「記號行為」❹。不過，兩者不同的是，許多動物的記號，比如禽鳥的叫聲和舞姿，只是牠們身體官能的表現和精化，在演化的過程中，經過加強或重新發展的結果。當然，許多動物都能夠在適當的情境裡，有意地

❸ 參見作者之《人性・記號與文明——語言、邏輯與記號世界》，東大圖書公司，臺北，1992年，頁125～178。

❹ 有關人類和其他動物之記號行為和記號功能，參見作者之〈記號的性質和其人性意義——記號人性論與情理同源論〉，見本文集，頁1～18。

使用聲音、姿勢和動作，去示意，去表情，去激發特定的效果。這樣，那些聲音、姿勢和動作才成為牠們的情意的「記號」❺。不過動物的記號往往止於這個地步。牠們記號的形成大多限於自己身體的表現和動作。牠們記號的作用也多停留在當下切身的用途——比如，覓食、求偶、爭鬥、示警、訓練稚幼等等。牠們的記號往往必須依賴牠們的生理法則和一般自然生態中的因果關聯，才能發揮充分的效能。牠們雖然也有自己有限的文化生態，但卻沒有成功地開展出全面的記號文化。牠們沒有建立起意義世界，因此也就開拓不出精神世界。

反觀人類，情況大異。最早人類也像其他動物一樣，依賴自己身體的部位和器官做出充當記號的行為。這樣的記號也經常憑藉生理的法則和其他因果的關聯去建立它的地位，發揮它的記號功能。比如，用來充當示警報危的記號之聲音必須急促而有力，這樣才能喚起同伴的警覺。同樣地，用來表達求偶示情的動作記號必須輕柔而溫和，這樣才能引起對方的好感和接納。這類的生理規律和因果關聯，對人類和其他動物都同樣適用，因為大家都同居共住在相通共享的自然生態之下。當然，對人類也好，對其他動物也罷，這樣的記號雖然具有生理上的基礎和因果上的根據，但是兩者都在各自的群族間藉著使用而固定其記號地位，也依賴學習而強化其記號功能。因此，這樣的表現方式才成為記號，才具有記號的地位和功能。從這個角度看來，凡是

---

❺ 當然，我們也可以對「記號」做出一種乏晰的釐定。比如，許多時候動物的交替反射表現可能也產生記號的作用。動物因春情發動而滿臉脹紅，甚至全身變色，這也可以給用來充當代表求偶交配的記號。甚至更進一步，果實的變色和生香，也可以被解釋成為表示成熟有待傳播繁殖的記號。於是，我們不僅可以有人類的記號學，我們還可以有「動物記號學」，甚至有「植物記號學」。

堪稱為記號的全都是「文化事物」。人類使用的記號屬於「人類文化」中的項目。同樣的，其他動物使用的記號也屬於牠們各自的「動物文化」中的項目。各種動物種屬各有自己的文化，也各有自己的記號。同一種項目可能是人類的記號，但它未必是其他動物的記號。反之亦然。同樣的，是禽類的記號的，未必是獸類的記號，依此類推。

人類與其他動物在開闢和使用記號上，最大的不同在於人類突破了上述的生理條件和因果規限，逐步走向完全任意創制記號的地步。這是人類有史以來最重大的突破。他真正經驗到一種創造的能力和創新的自由。人類的記號文化由此起步濫觴。人類成了記號的動物。接下去的開拓和發揚掀起了人類生命形式的改造。人類在他自己的手上演化自己，重新塑造自己。這是人性演化史上的大革命。

所以，人類開始自由而任意地創制記號，那是人類和其他動物在演化上的分水嶺。不過，人類雖然可以任意創制記號，因此經驗到擺脫生理條件，無視因果關聯的絕大創作自由。可是，另一方面，有了記號之後，人類卻無法不顧一切，為所欲為地一味縱情，一切任意地使用他所發明創造出來的記號。為了令自己所發明創制的記號能夠行使它的功能——能夠用來表情達意，能夠用來交流溝通，能夠用來合作互動，他必須克制自己專橫縱情的野性，服膺於使用記號所開展出來的內部規律，遵照使用記號的人與人之間所建立起來的互通和互信。記號起於自由任意的創制，但卻在使用裡變成人類所遵守所跟從的「俗成」產物❻。這又是另外一件值得大書特寫的人性演化史上的大事。人類第一次經驗到他必須克制自己的野性，馴服自己的衝動，努力尊

❻ 「俗成」有時也稱為「約定俗成」。這是由理想的情況來立言。從記號的演化和嬗變的實際過程來看，人類的記號現象和記號成果顯然歸因於俗成，遠多於成就在約定之上。

重保愛他自己創造發明的事物——珍惜他那記號文化裡的事物。

讓我們在此對這件事略作闡述。記號一經創制而給人拿來充當表情達意，交流互動的功能之後，它也就不可避免地進入一種群體化或社會化的歷程。這個歷程令原來自由而任意創制的記號產生出「公眾化」和「客觀化」的俗成結果。記號成了群族的集體大家所擁有的「公器」。

記號有系統地開展的成果，漸漸形成了我們所熟悉，普遍出現在各群族和各文化裡的語言——包括言語和文字。這種經過公眾化和客觀化，具有內部的構造原理和社群的使用規律之公器，一經普遍的流佈廣用，也就全面而有力地帶引人類走向「記號文化」的大流裡。它成了人類文化生態中最具創生力和最富指導性的成素。

在記號文化的開發帶動之下，人類的記號發揮了前所未有的功能。人類的記號行為也因而躍升進入前所未見的層次。我們剛剛說過，為了令人造的記號能夠順利地行使它的功能，人類學會了克制自己天生的野性衝動，而臣服於人類自己創制的記號系統之下，遵守它的原理，尊重它的規律。這是人類重構他的理性，以及重構他的感情的開端❼。

人類本來和其他動物一樣，也有他主要基於本能，主要在於求存競存的演化歷程中，所成就的「本能理性」和「本能感情」（或可稱為

---

❼ 作者主張就人類的文明人性的演化來說，人性中的理性和人性中的感情在根本起源上，全都起於人類的記號文化——起於人類對自己所創造的記號之克己遵從和客觀尊重。因此，作者主張人類的「情理同源論」。參見❹所引文字。

我們在此特別提出理性和感情，決不是因為兩者互相排斥，彼此不容。事實上，兩者經常相互涵容。情中有理，理中有情。我們只是由於兩者都是人類記號文化中的重要產物，因此提出做為例釋，加以討論。

「天然理性」和「天然感情」)。差不多所有的動物在生活上都不能一意孤行，為所欲為。不論在覓食，在求偶，在育幼，或在其他營生求存的工作中，牠們全都必須遵照規律和法則。不然的話，小則個體遭遇傷亡，大則群族面臨萎縮甚至絕滅。這種不能隨意行事，必須遵守規範的工作方式，就是動物的理性。那是一種天然理性的表現。同樣地，幾乎所有的動物也具有牠們的動物感情，特別是在牠們求偶和育幼的時候。那時牠們能夠克制平日的本能，馴服一般的野性，轉而變得輕柔溫順，變得犧牲體諒，變得「強者反弱，弱者反強」。這些表現也是在求生競存中演化出來的表現，否則個體不能延續，否則群族無法續存。所以這種感情也是「情不得已」，無可奈何的工作方式。那是一種天然的感情。人類像所有的動物一樣，也都具有這種與生俱來，在物競天擇的演化原理下，塑造強化而成的天然理性和天然感情。極為不同的是，自從人類普遍進入記號文化以後，他開創了自己那強有力的文化生態。人類投身於自己所開闢的文化生態中，改造自己的理性，改造自己的感情，改造自己的人性。這是一種文化主導的演化，而不是自然天生的演化。這是一種「人工的演化」。經此演化，人類脫穎而出，從此自別於萬物，從此超越了萬物。

假如我們將物種演化看成是種改造天生條件的「自然工程」，我們可以把記號文化所帶動的改造人類命運的這種人工演化稱作「文化工程」。不過，由於這種文化工程主要不是通過器物工藝著手進行的。它起始濫觴於記號的創制和使用，而且在繼續不斷的人類記號行為中維持，延續和加強。記號是種抽象的事物，它是人心的產物❽。改造理

❽ 用以裝載記號的物體一般多為具體的事物。作者將之稱為「記號體」。可是記號體所被荷的記號，卻是種抽象的事物。人類可以使用天然事物（包

性，改造感情，以及改造人性的文化工程是種不斷通過記號的效能，以心傳心，以理達理，以情感情，以德涵德，以志養志的精神工程或心靈工程。因此，我們要特別將它稱為「人文工程」。人類通過以記號為媒體而耕耘開拓出來的「人文科技」，著手進行豐富生活內涵，提升生命形式，改造人性，追求文明品質的人文工程。

以記號為媒體，以記號行為所開展而出的記號文化為動因和主力的人文工程，其進展和成效也需通過充分的時間和必要的歷程。大體來說，人類有系統地開展記號，經營語言之後，人類的語言不再只是一種狹義的工具。它不只是一種身體器官和部位的加強和延伸。它的功用和效能也不再止於輔助身體機能，加強人類工作能力，因此增進人類適存機會。語言開發的結果創造出人類的「記號世界」。在這記號世界上，拓展了「意義空間」。人類由這樣成就的「意義世界」，朝向各種不同的方向進發，開闢了他的「精神世界」。人類在他的精神世界裡，涵養孕育出他的精神品質，包括他的理性、感情、道德、價值、意志和人生境界等等。記號文化通過意義的滋生繁衍，開放出各種向度的文明品質。

從人類的記號行為的開展上看，人類普遍使用語言之後，語言成了他不可或缺的表現生活內涵，展示生命形式，探究人類命運，以及創造人性自由的媒體。人類一代接著一代，前仆後繼地在他的語言中表意，在語言中抒情，在語言中傳願，在語言中述志。人類通過語言

括人體本身）作為記號體，他也可以選用人造事物（包括金石器物等）充當記號體。可是它們所負載的記號全都是種抽象的存在。參見作者之〈現代‧現代性與現代化〉，第1節之(一)〈記號體與記號〉，收於作者之《傳統‧現代與記號學——語言、文化和理論的移植》，東大圖書公司，臺北，1997年，頁18～21。

建立了他前所未有的文化內涵和文明品質。

從人類集體使用語言公器的活動上觀之，上述的記號行為，經由有心有意的創作安排，開展出普及於各文化傳統裡的講述演說活動。我們可以將它稱為「講故事」的活動。人類發揮想像，尋求知識，拓展經驗，探索命運，創造自由，開展出各式各樣的故事。這種不斷講說故事，不斷重述和修訂故事，以及不斷分門別類創作新故事的傳統，構成了人類文化演化的核心，也塑成了最基本的人文科技。這類創作的成果開發出演化人性的人文工程。人類由記號的動物，進一步開發拓展，變成了講故事的動物[9]。

人類發明故事，開展講故事的活動，建立講故事的記號文化傳統。從此，人性的演化，特別是人類理性和感情的改造重塑，也就和這種講故事的傳統同步前進，互動共生。

一切的記號建構都會衍生出它內部的生成原理和客觀的運用規律。講故事的語言建構是種記號建構，它自然也在開展拓建的過程中，衍生出這種原理和規律。故事的傳統一經開展，它的功能隨即繁衍架疊，接著開支分流。於是行使不同功能的不同種類的故事也就應運而生，接踵到來，並且各自衍生出內部的生成原理和客觀的運用規律。當然隨著人類文化的要求，經驗的拓展，知識的深化，以及想像力和創造力的增進，各自不同種類的故事可以更加精細分支；已經分流的不同傳統也可以融合。我們的文化進展，以及我們的人性演化，都是

[9] 關於「人是講故事的動物」之論旨的闡釋，參見作者之〈記號・論述和理論的「典範」——比較獨斷的典範和比較開明的典範〉，見本文集，頁77～124，第2節〈人是講故事的動物：故事的創作自由和發展局限〉。又見作者之《語言與人性——記號人性論闡釋》，臺灣書局，臺北，1998年，第一章〈人是講故事的動物〉，第二章〈從孩童的故事到大人的故事〉。

在這樣的分合互動，異同共振的動態活躍的歷程之中。故事功能的分化引發故事語言的割離，於是性質不同或功能有別的分支語言也就出現了。我們要將這種分支語言，稱為一個個的「小語言」[10]。人類文化的開展，產生許多這樣的語言。例如，哲學的語言、宗教的語言、神話的語言、科學的語言、文學的語言、藝術的語言、音樂的語言、舞蹈的語言等等。它們各自都在自己講故事的傳統下，開創發展，精進衍發。它們全都獨自或集體地增進人類生活內涵的豐富，加強人類生命形式的提升。

1. 哲學故事的傳統——人生智慧的尋求

在人類創造開展的殊多故事的分支傳統中，有一種故事的傳統在人類的文化中源遠流長，而且在人性的塑造上影響深遠。那就是哲學的故事傳統。

自從人類躍進記號文化的領域，開展他的人性文明的大流之後，意義空間的開拓成了人類記號活動中最鮮明，最突出，而且最具創造力的人文工程。工程是用來建構塑造新事物的，人文工程當然也不例外。現在讓我們追想一下，拓生意義空間的人文工程到底建構塑造出什麼樣的新事物？它為人類帶來什麼新的遭遇，新的處境，新的前景和新的命運？

倘若我們停留在感覺的層面，駐足於可感可覺的物理事物和物理性質的界限，那麼「意義」的問題也就無從發生。意義這種記號內涵的興起，就在於我們能夠在物理的事物和物理的性質之外，賦與另外一層可以用來表意，可以用來傳情，可以用來述願，可以用來抒志的

[10] 有關大語言和小語言的闡釋，參見註[9]所引專書第四章〈大語言和小語言〉，第五章〈公眾語言和個人語言〉。

「存在」。這樣的存在當然不是天生自然的事物，也不是依存在物理的事物和物理的性質之上，自然而然就會冒生出現的事物。它們的存在是人類對事物加以「記號化」的結果。那是人類記號行為的產物。因此，意義是人創的。那是人類動用記號的人文科技所進行的一種人文工程——也許是最重要的人文工程的成果。

意義的創制，意義空間的拓展，以及意義世界的建構當然全都在人類記號文化的開拓中，相依相存地嬗變和演化。兩者雖然性質不同，面貌有別，可是記號世界和意義世界經常在創生發展上，步調一致，目標相同。一般來說，記號世界的拓展造成意義世界的擴充；因此意義世界的萎縮也會造成記號世界的不振。同樣地，意義世界的積極耕耘刺激記號世界的大力建構；所以記號世界的荒於經營引起意義世界的消沉落後。這是因為人類一方面具有創造發明的能力，有時甚至可以超離記號進行思索；可是另一方面他卻需要藉著記號的結構性和系統性來固定和呈現他內在的心思和情意；尤有甚者，人類需要依靠俗成化了的記號系統，將心思和情意公眾化和客觀化，令本來在個人內心裡開發經營的精神事物，由於記號的裝載呈現，而具有一種獨立客觀的存在。這樣一來，個人的心思和情意也就變成可以傳遞輸送，可以互動交流。人類藉著記號的運作而可以彼此尋訪原來隱藏的內心世界。個人的意識可以轉化為集體的意識。個人的精神可以涵養出集體的精神。因此，在這樣的記號文化裡，人類的意義世界成了可以集體化的世界。它是可以公眾化，可以客觀化的世界[11]。這是人類的記號

---

[11] 我們需要指出的是，記號的俗成化是一種漸近的歷程。因此記號的公眾化和客觀化都是一種乏晰的成就，各自容有等級程度的不同。這樣一來，基於記號的公眾化和客觀化而建立的人類意義世界，其集體性，其公眾化和客觀化的程度，也可以只是一種乏晰的認定。殊多個人的意義世界和集體

世界和意義世界互動互生，相輔相成的結果。那是人類經營記號，投身於記號行為的最明顯的成就。從這個角度看，我們也就可以更深一層地瞭解到人類講說故事的行為在人文科技上的意義，以及更進一步地領略人類的故事文化傳統所獲取的人文工程上的成就。

人類開發記號世界的重要性，主要在於它與人類的意義世界在生成上的互為因果，以及在存在上的互為表裡。人類的記號行為為什麼產生如此重大的效應，其中的關鍵在哪裡?

為要回答這個問題，讓我們首先返回思索人類以外的其他動物的情況。我們說過，動物也有動物的文化。動物也有動物的記號行為。在動物層次的記號行為裡，使用記號的主要目的在於建立直接的行動關聯，引起實效的外顯反應。在這樣的以身體行動的關聯和以實效的反應的作用中，自然的因果關係，特別是生理上的交替反射最是採用記號的依據，也是繼續維持記號地位，加強記號關係的力量。比如示警的聲音必須呼叫得急促而驚慌，求偶的姿態必須呈現得熱烈和動人；恐嚇的動作必須做得堅強而有力，生情的行為必須進行得輕柔而溫和。動物在自然演化的過程中，鞏固了這種生理條件，加強了這種記號效能。因此，就動物而言，即使記號的作用也是在運用過程中所建立的習慣，因此或多或少都有俗成性的成分。可是歸根究底，這種動物層次的記號的俗成性，最後也成立在自然的因果關係以及各種動物本身的生理條件之上。動物沒有真正的創造記號的自由，牠們的記號不是隨意的自由創作的結果。

反觀人類的記號行為，情況就大為不同。我們說過，人類的記號

公眾的意義世界之間，容有等級程度上的差異。這個現象令記號在呈現意義世界上所扮演的角色，以及在固定意義世界上所行使的功能，顯得更加重要。

可以隨意自由創造。雖然為了加強效果，保證反應，我們有時也承襲動物的記號習慣，採用動物的記號行為賴以建立的運作模式，而兼顧自然的因果關係和人類自己的生理條件。比如，我們有象形字，我們有擬聲字；我們在誦讀吟哦時，可以擺頭作姿，可以表情手勢；可以抑揚頓挫，可以大小高低；我們甚至可以將「大」字寫得大大的，「小」字讀成小小的。凡此種種全都訴諸我們視覺聽覺的因果關係，以及我們輸出輸入記號的生理反應。然而，重要的是這樣的動物層次的記號生成和運作模式，對人類來說最多只是一種輔助性的設計，以加強記號的作用，保證它的效果。其中有些甚至只是人類記號發展史上，比較早期的不完整的運作方式的殘留遺跡。象形和擬聲的記號生成方式就是一個明顯的例子。

人類在記號行為上最大的躍進，正在於擺脫自然的因果關係，超離人體的生理條件，獨立自主地自由創造。等到記號的生成程序開始，它的運作活動起步，接著在實際的進程中獲取記號的生成原理和運用規律。於是開發出一個個有結構有系統的語言，演繹出一套套有目的有方向的講故事的記號行為。

為了好好地講說故事，為了進一步在分門別類的講故事的活動中精進內容，完成效果，達到目的，人類在開拓記號世界的活動中，成就了一種極為重要的精神事物。那就是概念的形成，概念的固定，概念的比較和對照，概念的衍生和再創，最後拓展出概念的空間，編作出一個個的「概念世界」。人類所創構的概念世界是他全面開發意義世界的基礎動力和運作工具。人類的概念世界也像他的意義世界一樣，通過和記號世界的掛鉤接連，而公眾化，而成為具有客觀性的，可由集體大家分享而共有的世界⑫。

有了概念之後，人類的記號行為和其他動物的記號行為比較，演變出截然不同的運作模式。人類的記號行為不但無需依賴自然的因果關係和人體的生理條件來保證它的效力，維持它的功能；尤有甚者，人類的記號行為不一定需要導致身體外顯的反應才算成功有效。人類記號行為的目的可以止於人類的概念世界，止於他的意義世界，止於他的精神世界。不僅如此，即使目的在於引發別人外顯行為的記號行為，也是事先通過對方的概念世界、意義世界或精神世界的運作，通過建立對方的認知，獲得對方的贊成，贏取對方的同情，而令他採取行動，進行反應。所以，人類的記號行為超越動物的記號層面，而躍進這種新的運作模式之後，人類的生命形式也就嬗變提升。人類不再只是因果關係和生理條件下的存在。人類記號行為的第一對象在於個別他人的概念世界、意義世界或精神世界，藉此引發行為，藉此建立知識，藉此發育感情，藉此創構價值等等。從事記號行為開始建立個人的個性，建立個人的身分認同，建立個人的自由，也建立個人的尊嚴。人類演化出與一般動物極為不同的生命形式⓭。

因此人類在開闢他的記號世界時，他的記號不但具有效能，具有「用法」；它更具有概念，具有「意義」⓮。概念是意義的最基本的樣

⓬ 和人類的意義世界一樣，人類的概念世界也容有不同等級不同程度的公眾化和客觀化。殊多個人的概念世界和集體公眾的概念世界之間，容有等級程度上的差異。參見註⓫。

⓭ 這種生命形式的嬗變和提升起於人類獨特的記號行為，因此作者不僅主張「人性演化論」，而且更進一步倡議「記號人性論」。

⓮ 這個世紀有些哲學家（維根斯坦就是）主張在討論人類語言的哲理基礎時，「但問用法，不問意義」。這樣的主張令許多人性問題難於瞭解闡明。那樣的主張用於說明動物的記號行為，也許游刃有餘。可是用來說明人類記號文化的現象和成果，則未免捉襟見肘，牽強貧弱。如果我們以上述的

態。人類在經營他的概念世界的過程中進一步創造發明了各種不同的意義模式。

舉例來說，人類開始逐步開拓他的概念世界——生成概念，比對概念，固定概念，修訂概念，結合概念，建立概念網絡，創造新概念之後，不但能夠相應地創制記號，用以指稱像樹木鳥獸等事物，表達「事物概念」；用以名狀像紅綠方圓等性質，表達「性質概念」；用以稱謂像母子長幼等關係，表達「關係概念」——這三類的概念是人類創建他那概念世界的基石；而且等他開始講故事，分別開展種種不同的故事之後，人類的概念所帶引而出，可以依附在種種記號結構上的意義形式也就不斷創生，擴充與加強。比如，在不同的故事中，人類不但可以名謂存在的事物、性質和關係，也可以指稱沒有存在的事物、性質和關係；他不但可以道說自己經驗過的事情或事態，也可以描述想像中的事情或事態；他可以表現現實的情況或處境，也可以構繪理想下的情況或處境。於是在人類的故事文化的記號活動中，不只字詞生發意義——它直接表現相應的概念，語句也創生意義——它是概念與概念的互相融合，以及概念所成的結構所衍申而出的心思和情意。同時，不僅「字裡」產生意義，句子產生意義，語句「行間」也產生因結構而生和由脈絡而起的意義。這樣一來，人類的意義世界也就在他的概念世界的基礎上創生衍發而起，並且在人類認知、想像和創造發明等種種動力的驅使下，拓展其存在樣態，豐富其實質內涵。人類

主張作為我們建構「語言哲學」理論的典範，此一典範似乎無視人類記號行為超越動物記號層次的躍進和演化。比較起來它是一種獨斷而不開明的典範——將人類的記號行為和其他動物的記號行為一概而論，等量齊觀。有關典範的事，參見作者之〈記號・論述和理論的「典範」——比較獨斷的典範和比較開明的典範〉。參見註❾。

的意義世界也和他的記號世界一樣——並且通過記號的裝載和表現，經過公眾化的過程，成了一種可以用來表達和開發心思情意的可客觀化的世界。人類意義世界的開拓由最基本的表現概念的意義開始，終於發展到可以用來表現各色各樣的人類心思情意的複雜多面的意義樣態和意義內涵⓯。

人類的精神現象和精神品質是人類經營他的意義世界所成就的結果。他的理性、感情、價值、意志和道德等等，全都是人類通過記號世界的開拓，相應地經營意義世界的表現。

自古以來，在人類的不同文化中出現一種熱心耕耘記號世界，集中開拓概念世界，以及努力經營意義世界的故事傳統。這種傳統經過早期的辛苦開拓，緩慢進步，累積成果，造就功效，終於在兩千五百年前大放異彩，奪人耳目。人類在他的演化中創造記號，開發概念，以及建構意義的結果，終於在不同的文化傳統裡開創出足以豐富他的人生內涵，可以提升他的生命形式的「人文科學」。由此，人類可望開發出能夠成實致效的「人文科技」，進行再塑人性，促進人類演化的「人文工程」。這種故事傳統就是我們接下去要討論的「哲學的故事傳統」。

人類開始普遍而持續地講故事之後，他所把握的記號、概念和意義不斷地生成擴展，或者嬗變充實，帶引出人生內涵的豐富以及精神世界的拓張。接著在記號的生成原理和講故事的記號運用規律的驅動之下，人類的故事不斷地分化和變形，它的內涵也不斷地加強和整固。它的功能更加顯著，它的目標更加集中。於是有的故事開拓成為娛樂

⓯ 在此，意義樣態指稱不同種類的意義。比如，指涉的意義，記述的意義，表情的意義，祈求的意義，抒願的意義，評鑑的意義，使令的意義等等。不同的意義樣態本身可以再加細分，各自開展；而且也可以結合起來，行使綜合性的記號功能。

人生的工具，有的故事發展成為慰藉人心的依憑；有的故事指向拓展知識，有的故事集中涵育品德；有的加強價值意識，有的增長志氣力量；有的鼓吹集體合作，有的提升個人境界。種種等等，不一而足。等到人類這種記號行為發展到一個頗為成熟的地步，人類接著開始比較有組織，有結構和有系統地把握和開發他的記號、概念和意義世界，用以反映、固定和強化他精神世界中的心思和情意，以及願望、志節和境界；於是經過一些個人的努力開拓，大力提倡和熱心推廣，哲學的故事文化也就慢慢展開，漸漸成型，並且步步加強和深化⓰。

我們可以想像，當哲學的故事活動初起創生之時，那是一種綜合式的故事形式——但卻是種經過挑選，經過過濾，經過提鍊和經過改造的綜合故事形式。簡單地說，人類長久不斷投身於講故事的記號活動的結果，已經在概念的開拓上，以及意義的經營上，創造出頗為豐富而又相當成熟的精神世界。人類不但開拓出創生文化的聰明，同時也累積起守成文明的智慧。人類的聰明導致知性建構的單向的不斷深入前進。人類的智慧引起哲學情思的無止境的反省轉向。人類講述的哲學故事起於人類故事文化的記號行為中所累積的人生智慧。哲學的故事在於進一步闡釋發揚這種智慧，並且在不斷的耕耘這種故事所繫的記號世界、概念世界和意義世界中，提升這種人生智慧，加強這種人生智慧。哲學演成人生智慧的轉向，它也造成人生智慧的尋求。

⓰ 從記號行為的觀點看，這是一種由個人的哲學語言開展到公眾的哲學語言的歷程。那是哲學的公眾化，以及進一步的客觀化的演變。客觀化了的哲學才足以創生人文科技，投入人文工程。有關個人語言和公眾語言的討論，參見註❾所引著作中的闡釋。

2. 哲學的取向與功能——人文科學的奠立和人文科技的開發

總結來說，我們可以簡單地將人類的故事文化傳統區分為兩種主要的發展導向。有一類的故事是朝向「外展」的，另外有一類的故事則是傾注於「內拓」的。外展的故事指向身外的世界，開闢知性的聰明。甚至更進一步開發相應的科技，增進人類生活內涵的豐富。比如，人類開疆拓土的故事，農耕狩獵的故事，器物機械的故事，養育教化的故事，生財聚富的故事，統治征服的故事，經世濟時的故事，直到物理科學的故事，社會科學的故事等等。這類的故事面對著外在世界的事情和事物，創發人類知性的聰明，去認識它們，去瞭解它們，去利用它們，甚至去改造它們——不管這些事情和事物是天生自然的物理事情和事物，或是人類建構起來的社會事情和事物。這類故事以外在世界的開發經營為取向。人類投身從事的結果往往改變了人類的自然生態，創造建構出他賴以演化的文化生態。在這方面，種種物理科學的成就，各類社會科學的收穫，以及相應的諸多物理科技和社會科技的開發，就是人類講說這類故事所獲致的成熟而豐盛的表現⑰。

---

⑰ 在此我們採取「物理科學」和「物理科技」的廣含義。以一切自然的物理事物和物理現象為研究對象而成立的科學，包括（狹義的）物理學、化學、生物學、生理學等等，均屬於物理科學；因此根據這類物理科學所開發出來的應用技術，全都屬於物理科技。同樣地，我們也採取「社會科學」和「社會科技」的廣含義。以任何人類集體的建構和運作為研究對象而創立的科學，包括社會學、政治學、經濟學、人類學、文化研究等等，均屬於社會科學；因此根據這類社會科學而開發出來的應用技術，全都屬於社會

另一方面，內拓的故事指向內心的世界，這類故事旨在拓展概念世界，創造意義世界，建構出人類的精神世界。它造就的是哲學的智慧。它甚至以此為根據，進一步開發相應的科技，促進人類文明的演化，人性的重塑，以及生命境界和生命形式的提升。

由於哲學是內拓的事，哲學活動是種指向內心世界的記號行為，因此哲學旨在從人類的內心裡建立起一個個的精神世界。哲學用來建立人類的精神世界的方法是通過概念的生發，繁衍和固定，並且在概念發展的層次之上，創生意義，塑造意義和建構意義。並且緊接著進一步在人類所構作的意義世界的比照對應之下，經由記號的公眾化和客觀化的結果，創造出可以普及於人心，可以生存於眾人精神世界裡的事物和現象——那些可以在眾人之間比對互動，同有共感的心思和情意；從而生成人性價值和人間道德，從而再塑人類理性和人類感情。

由此可知，在哲學內拓的創造追求之中，起於拓展概念世界的「概念取向」，以及旨在創構意義世界的「意義取向」，從頭到尾都是哲學記號活動最明顯的標幟。它是哲學活動的基礎建材和哲學方法的根本特徵。因此之故，有時也演成哲學在身分認同上的困惑，引起它在功能辨認上的難題。

由於哲學旨在開發概念，構建意義，並且將之表現在記號系統的建構之中。這樣一來，自古人類在從事哲學活動時，經常自覺或不自覺地把從事哲學的方法當成，甚至說成是一種「概念分析的方法」，或者「意義分析的方法」，甚至是「語言分析的方法」⓲。這種認識和見地自古已然，而今為甚。我們知道，在古希臘的先哲之中，蘇格拉底

科技的範圍。

⓲ 從記號學的觀點看，「當成」是一種至少是隱含的「說成」。因為當成是一種記號行為，此一行為的意義，即使沒有明白道出，也「盡在不言中」。

在追問「人生」意義何在，柏拉圖在探究「公正」到底為何物，亞里士多德在尋求「人類」是什麼樣的動物。這些問題都可以透過概念、意義或語言的尋思查驗，加以引證，給予解答。同樣的，中國春秋時代開始的先哲也普遍勤於此道。孔子思察「忠」「恕」為何物，孟子追究「仁」「義」之辨，直到宋明哲人的「理氣」之分，在在都反映出這種概念分析、意義分析或語言分析的進路。這是哲學活動的內拓性質使然，原來並沒有什麼特別令人驚異稱奇之處。可是，二十世紀的所謂「分析哲學」，特別是早期的「邏輯實證論」，似乎把上述的分析的方法當成是種重新發現的哲學法寶。那些分析哲學家甚至更進一步規定這種方法的使用步驟和應用局限。簡單地說，他們提出一條工作原理，名之為「可驗證性原則」，規定了概念分析、意義分析或語言分析所不可踰越的界限。基本上，他們主張沒有一種驗證程序與之相連配搭的概念是不能構成意義⑲。在這樣的工作原理或工作「典範」之下，哲學內拓所能造就的意義樣態被嚴重地限定了。哲學所能行使的記號功能也大大地降低了。人類好像只能自由無阻地在語言的層次上運作。他一經踏入概念的世界，也就變得束手綁足地開發不出足以拓展情意，足以創造心思的意義。這令上述的分析哲學運動產生一大批自由活躍於語言世界之間，但卻遲遲無法創造出新的意義世界，再造更加圓滿更加智慧的精神世界的人。哲學的記號活動經歷了一次偏離人生智慧的尋求的文明大道。我們需要重新考慮哲學的取向和它的再取向。

本來「分析」就不一定是解題的唯一正法。只靠分析常常更不是發明創新的充分有效之道。何況事先限制可能創構的意義類別，何況完全規限可資採納的概念種類！在哲學的內拓的記號行為中，開拓概念原是為了充當創建意義的橋樑；我們當然不可反其道而行，令概念

---

⑲ 關於此點論旨之說明，參見註⑭所引文字中的有關討論。

的使用佈局成了阻擋意義創生的枷鎖。不過，在哲學的記號活動中，有時它的進向並不容易捉摸，因此它的進路也呈現一片模糊乏晰的遠景。

我們知道，起於概念的，並不一定止於概念。人類開闢而成的意義世界無需永遠停留在內拓的過程，而不能跨出內心之門，走向外在的世界。事實上，起於內拓的，常常可以用來外展；成就於身外的客觀世界之間，增進改善人類的生活，並且提升精化人類的生命形式。當然，相反的發展方向也屢見不鮮，比比皆是。成就於客觀世界的外展活動，也可以進一步刺激並創生內拓的文化事業。比如，原先起於開拓意義世界的想像活動，可能導致認識外在世界的求知行為；只依概念演作而成就的數學系統可以演成構作物理事物的理論上的工具；本來只在精神世界裡開展的感情品質，可以化作指導群體運作方向的力量；在意志上養成的修身境界，可以發展變成教育下一代的品德人格的方法。同樣地，相反方向的刺激和作用也一樣可行。人類的內拓作為和他的外展活動常常這樣互振互動，相激相盪，彼此摧生，共同增益。這也是人類文化的一大特色。小則身心交流，大則精神和物質互動。這是人類在文化上步步創新的動力，也是他在文明中層層推進的成因。這種互激相成的情況，推到比較高層來看，起於內拓的人文科學可以繼而引發社會科學，甚至刺激物理科學；志在開發意義世界和精神世界的人文科技能夠接著導致生發群體事物的社會科技，甚至創生出利用自然，改造自然和重建自然的物理科技。相反方向的開發進展也是如此。在這種交互作用和彼此支援的關係之下，三種科學互相刺激生長，三類科技彼此滲透開發。這樣分頭開展與合併增益的結果，令人類不斷創造出更加豐富的生活內涵，不停地走進更深一層的生命形式。

不過，人類所有的記號活動全都處於分分合合的衍發變局之中。一種記號活動展開定型之後，為求進一步的開展，精化和深入，於是內容的細分和形式的別異也接著開始。本來屬於同一個故事傳統的，各自開化出不同種類的故事；本來使用同一種語言講說故事的，各自發展出不同的小語言。這種記號活動的分化，一方面有它的生物層次的原因。個人的生命有限，一個人不管在內拓或在外展的活動中，要顧及創新往往就不能多所念舊，為了照顧深入經常被逼放棄廣博。另一方面，這種現象也有它文化上的因由。不論是內拓的或是外展的記號活動全都通過公眾化和客觀化而凝聚著群體互動共作的力量。可是公眾化和客觀化容有等級程度之分。由於理解和同情都有局限，加上創新代舊的客觀要求，成長之後，自創體系別立門戶往往遠易過嚴循舊制，遵照古方。所以，原來建構起來的典章、制度、學說理論、道德價值等文化事物——所有人類的故事，全都容易分化別立：創造新取向，經歷新定位，開展新內涵。可是更重要的是，一切的記號建構都有它生成衍化的內在原理。記號行為所獲取的成果，不論是內拓的或是外展的，全都不能脫離記號生成和運作的內在規律。在一個故事中，當我們說出一句話時，背後有不計其數的話沒有說出。同樣地，當我們說出一件事情時，接著有不計其數的事情可以跟著講說出來。因為我們的記號活動全都在概念世界和意義世界之中進行，它們內裡早已耕耘出概念和概念之間，以及意義與意義之間的特定關聯。因此，除非我們只是在重述再說同一個故事，否則我們需要把許多已經道出的話語和已經表白的記號和意義關係略而不提，作為我們跟著往前講說的假定和依據。一個個的記號建構或記號系統也是如此。它往往假定或依據另外一個建構和系統。這時，我們往往需將被假定的按下不表，把當作根據的置之不論。我們為了繼續開拓，往往無暇後顧；為了集中創造，屢屢心不旁騖。我們不把記號作品的幕前現象和幕後景觀合併羅列，一起運作。這是人類記號活動不斷別樹旁枝，人類講述的故事無止無境地一直割離分流的記號學上的內在因素[20]。

人類哲學活動的取向、功能和定位，正需要從人類記號活動上述這種分分合合的嬗變情況去加以認識和捉摸。我們應該特別注意哲學的概念取向和意義取向如何創發和促成種種的人文科學，甚至進一步演繹摧生了形形色色的人文科技。尤有甚者，當這些人文科學和人文科技不斷地處於分裂演變的過程中，人文的記號活動不但停留在內拓的作為上，並且更進一步走向外展的活動時，哲學怎樣和由它分離而出的社會科學和社會科技，以及物理科學和物理科技，互動互作，相爭相持。我們要發問：在這樣的長遠的人類記號活動的傳統下，在分離別樹的各種科學和各種科技的競爭較量之中，哲學活動又應該怎樣重新檢討它的取向，重新考量它的功能，並且重新安排它的定位，使哲學活動保持它原有的動力，繼續開展富有創發更新的記號活動。

---

[20] 我們在此沒有將人類的記號活動或者他講故事的作為區分層次，以討論人類說述背後的假定事項或所依據的其他說述。必要時，我們可以區別「對象說述」和「後設說述」，並將後設等級因應情況層層下推。不過，值得我們注意的是，一串說述所假定的，固然可以是某些後設說述，可是也一樣可以是和該說述處於同一記號層次的另外的對象說述。人類講說故事時，固然可以假定某種講故事時所必須遵照的記號內部原理——明白道說出來時，變成一種「後設故事」，它也可以根據其他也同樣假定著該後設故事的別的故事。

3. 哲學傳統的分裂變局——各門科學的分支別樹與各種科技的互動競爭

當初人類普遍而大量地進行記號活動，積極有力地開拓複雜的概念世界，成就豐富的意義世界的時候，各種雜多分殊的記號行為不斷演化進行，崢嶸頭角。它們彼此互相支援，相互發明；終於成果輝煌，蔚為奇觀。到此地步，人類的生活內涵改變，他的生命形式提升。他深嘗物種演化上的勝利，將世上的飛禽走獸遠遠拋落在競存續存的道路之上。這時人類的意識逐漸開展定型，凝聚深化㉑，在他的精神世界裡開發出自覺、自視、自省和自許等等高層次的意識形式和意識內涵。在這種主體意識和價值意識的興風作浪，激盪發揚之下，人類設想自己的情狀，反思自己的生活內涵，追問自己的生命形式及終久命運，開始走向哲學之路，開始步入人生智慧的尋求㉒。

㉑ 作者主張人類意識的產生是他進行記號活動的結果所促成的。人類記號活動的不斷複雜化和深入開展，也帶動他的意識向著不同的層次和不同的深度推進——其中包括他的意識形式和意識內涵。我們可以將此一論旨稱為「記號意識論」，或稱為意識的「意義決定論」。因為人類意識的成型與發展，決定於他的記號行為所開發出來的意義世界的樣態與內涵。

從演化的觀點看，人類以外的其他動物也有牠們各自層次的「動物意識」。但是由於牠們的記號行為原始而粗糙，牠們開發不出精緻深刻而且複雜多面的記號世界，因此牠們的意識形式和意識內涵也遠較人類簡陋而粗淺。

㉒ 我們在此並不特別強調西方的哲學傳統。儘管在古希臘的哲學文化裡，「哲學」一詞意即「愛智之學」。在古希臘人的意義世界裡，哲學有著這種比較定型的意義樣態和意義內涵。不過，這種樣態和內涵在其他的文化傳統

從這個角度看，哲學的記號活動——尤其是它的意義樣態和意義內涵的開展，尤其是它那人生智慧的尋求，從頭開始就是一種綜合性的活動。它是一種反思性的活動。它是一種創發性的活動。而且，它也是具有實用功效或實踐目的的活動。這就是說，在促進人生智慧的尋求，在導致智慧人生的獲取的功能之下，哲學一方面在原理上具有概念取向、意義取向和精神取向而外，在方法上和操作上，更具有綜合取向，反思取向，創發取向，以及實踐實用取向。這是很重要的哲學定向標準，它主導哲學活動的分分合合的嬗變，決定哲學的再生重構，以及重新定位的問題。

現在讓我們首先簡要地思察一下哲學的「綜合取向」。一般我們常常拿分析與綜合相對。在概念的層面上說，這種對照也許是有用的。它可以進一步追索出兩類活動的工作程序和品鑑標準。可是，從實際的概念創作和意義開發的記號活動的觀點看，分析和綜合的兩類活動必須不斷互相加強，交替著重，才能出現深入而精緻的創造活動，而不只在表層皮面上演作小技，製造雕蟲。因為注重局部縮小和分割片斷的深入專注，並不一定照顧整個結構或全盤系統之所求或所需；相反地，沒有局部基層的深入細察，往往也不能突破舊觀，獲得更上層樓的綜合成就。所以，分析和綜合這兩類活動總是要對照從事，交替進行。這樣我們才能達到既要深入又求高超的境地。哲學的人生智慧的尋求不能停落於單方面單層次的片面努力。它不能只重物質，不重

裡，也可以找到能夠與它互相交映，可以彼此互融的版本。比如，在中國的文化傳統裡，「哲學」一詞雖非起於中原本土，但是類似這樣的追求人生意義，尋找生命價值的意識形式與意識內涵，卻一直深植在其古文化的傳統之中。在本文裡，我們以哲學這種「人生智慧的尋求」作為上述的主體意識和價值意識開展發揚的典型例釋和抽樣代表，不分中外，不究古今。

精神；它不能只要現實，不要理想；它不能只顧知識，不顧價值；它不能只論守成，不論創發；它不能只依外展，不依內拓。也就是說，智慧是一種人生的綜合品質。智慧的人生是一種綜合的創發和成就。人生智慧的尋求是一種綜合的作為和努力。所以，哲學活動的綜合取向必須加以著重和強調。

哲學活動的「反思取向」也是如此。人類意義世界的長足開發創生了人類的意識。人類的意識拓展定型的結果，開發出他獨特的主體意識和價值意識的形式和內涵。結果人類開始擺脫只滿足於生理的需求的生活內容，擺脫只因應自然演化規律的生命形式。也就是說，人類開創出自己的演化道路，尋找到人性再塑的自由。就在這樣的自發自動，自覺自許的生命進程中，人類追問怎樣的人生算是智慧的人生，什麼形式的生命算是智慧的生命。哲學智慧的尋求不是順著自然演化必定走上的道路。它往往是抵擋生理需求，克制自然衝動的一種文化選擇。離開天生自然的習性，依從人類自己訂立的價值方向前進，那不是盲目遵從本能，一味發展本性就能做到。這種人性的抉擇是人類對自己的人生深入反思的成就。人類經過反思，然後立志尋求智慧的人生。

哲學的「創發取向」呢？這就更加容易瞭解領會了。順著上文所說，人生智慧的尋求導源於人類的意識的形成。意識是記號世界，特別是意義世界的產物。追根究底來說，它是人類記號行為衍發出來的成果。這樣看來，哲學這種人生智慧的尋求是人類通過記號活動所創發出來的。它不但具有人類主體性的意向，它更具有人性價值上的方向。不過，智慧之為物必須在人類的生態環境中去發掘創造，特別需要在他的文化生態裡去界定安排。因此，人類必須不斷發揮創造的潛能，克己存他，自制客觀，審時度勢，反觀自省，才能走向智慧的大道。從人類演化的觀點看，哲學顯然成就於「無中生有」；智慧的尋求有時更可能出現於「弄假成真」。我們必須不斷創發，不斷尋求，哲學的事業才不致於陷入僵化，哲學的思索才不致流於獨斷。它才能繼續不斷顯現出它的時代意義與客觀價值。

接著讓我們觀看一下哲學的「實用取向」或「實踐取向」。從演化的角度看來，堪稱為「實用」的事物和作為不斷地在改變。起先，也許只有能夠滿足天生本能的欲望和需求的項目，才算是實用的，才具有實用上的意義和價值。可是等到生活內涵精進，生命形式提升之後，實用性的界分也可能發生變化。人類演化成為高度的記號動物之後，不僅依照自然的需求而活，他也託附自己開拓的意義世界而生存。等他的主體意識成熟，價值意義發達之後，他更加能夠超脫於自然天生的本能欲望之外，遵循自覺自許的「願然」理想，克服與生俱來的「實然」境況，努力拓展自我的人性夢想，開闢可以公眾化，可以客觀化的文明價值。

這樣看來，當人類演進到開展人性文明的地步時，人生智慧的尋求就成了他實現人性願然，促進文明價值的實現途徑了。也在這個意義之下，哲學的智慧的尋求對人性，對文明來說變成一種實用上的作為。人類希望通過哲學的「實踐」——通過人生智慧的締造，或是智慧人生的獲取，而進軍人性，而再創文明，以完成人類的願望。顯然地，必須是一種實用之學，必須是一種實踐之學，哲學才能夠行使這種增益人性文明的功能[23]。

不巧的是，作為一種建造概念世界，開發意義世界的記號活動，

[23] 我們若將此點證之於哲學的歷史源流，最為明顯不過。不論中國或西洋，不論是蘇格拉底或是孔子、孟子，哲學之起都是因應提升人性智慧而生。哲學旨在實踐，並非意在玄談。

哲學也不斷地受著記號活動那生成的原理和運作的規律所制約。哲學的活動也不斷地在嬗變演化的過程中。每一種故事文化的傳統都不停地在講述和再講述的歷程中分化別樹，割離獨立；哲學的故事傳統自然也不例外。不管是在什麼地域，不管是在什麼文化傳統裡，幾乎一開始定型顯現，哲學就走向分化的道路。

我們說過，人生的智慧是種綜合的東西。凡是綜合的東西都有複雜的結構和多方的面貌，可以令人由不同的方向和不同的層次去加以討探思量。哲學在於尋求人生的智慧，於是人類很快地就分頭採取不同的向量，各自進入不同的層次去追索研究。這是人類記號活動難以脫離的命運。對此我們即使不能適應，也只有情急迴思，惋惜長嘆。

由於這個緣故，各個文化中的哲學活動總是在自己的歷史背景、生活演化的情狀，以及有心有志之士的開導和提倡之下繁衍開展。各種不同方向的哲學小傳統也就因時因地而生，應情應勢而起。種種不同的哲學的小語言澎湃起伏，交錯輝映，層層深入，蔚為奇觀。中國的春秋戰國時代如此，希臘羅馬之古典時期亦復如此。可是，就在求智求慧的哲學的語言往前拓展而轉趨分化的進程中，各種不同的哲學理念內涵，不同的人生智慧理想，以及不同的人性文明願望不斷展現，不斷成型，不斷為人類的歷史文化帶來往前躍進的個人和群體的動力。在這些不同指向的哲學小語言中，發展推進的結果，有的重知，有的重德；有的尚理，有的尚情；有的講修己，有的講治人；有的究天理，有的究人性；有的傾向人為，有的傾向自然；有的推崇人理，有的推崇神性；有的提倡入世，有的提倡出世；有的教人縱情，有的教人滅慾；有的著眼樂觀，有的著眼悲觀；有的存心積極，有的存心消極；有的入手實際，有的入手玄虛；種種形態，交織衍生，演化嬗變成為我們所熟悉的錯綜複雜和多元叢生的文化形式和文明局面。哲學本身由比較單純的人生智慧的尋求，步步走向局勢複雜，脈絡縱横交錯的宇宙人生無所不包，萬有萬無皆存俱備的細密不堪的思慮和探究。現在我們也正處於這種繁瑣不盡的哲學的眾多語言交錯的記號系統和意義世界之中。

另一方面，就在哲學的語言不斷分化，小語言林立，小傳統定型流行之間,另外的文化建構也在這種分流成長的風氣的推波助瀾之下，各自漫衍，成長壯大。特別是那些知性的文化建樹，更加開拓出史無前例的巨大成就，為人類的生活內涵注入新的價值，也為他的生命形式開闢出新的意義。

本來哲學的尋求並不是人類記號活動的導源成因。相反地，它是人類記號活動的一項結果和成就。那是人類開拓意義世界，生發種種意識之後而達到的一項記號活動的高潮。當然，自古以來，人類殊多記號活動不斷帶出不同種類的文化成就——包括知性方面的，感性方面的，德性方面的等等。這些不同的人類文化成就在不斷開展的過程中，而今遭受來自哲學分化力量的強勢衝擊，在各自發展的方向和內容上，增添了新的動力，吸取了新的指標，邁進走上新的里程。在那殊多分流的文化建樹的嬗演變化之中，有兩類的分流演化的軌道強力而深遠地左右哲學活動的變局,干擾了人類尋求人生智慧的記號行為。第一，哲學的記號活動分裂開枝的結果，在知性的開展上建立了不少豐碩的成果。其中最值得我們稱道的，就是經由原來的哲學活動所直接派生而出，或者受其衝擊而加速成長的種種分門別類的「科學」㉔，

㉔ 我們在此採取「科學」一詞的極廣含義。我們不但要將一般所謂的「物理科學」和「社會科學」統稱為「科學」，我們也要將許多人文學科——包括宗教的理論研究，以及神學的理論研究等，也放置於科學的範疇之中，稱其為「人文科學」。參見註⑰。

以及由此而衍生出來,或受其影響而開發成功的林林總總的「科技」[25]。種種科學獨立開展的結果,吸引人類知性的潛能,屢創人類認知文化的高峰。加上科學的理論成就支持並刺激科技的進一步開發,科技的開發又進一步引起科學的向前探索;兩相得益,互激互發。科學與科技的聯手前進,特別是科技在科學的支撐下的長足進步,為人類的生活提供了許許多多新奇而又功效顯著的實用內涵,為人類增添他長久以來胼手胝足所無法企及的勞動成果。人類的生命形式的增進顯露出新的一道曙光。科學和科技——尤其是物理科學和物理科技,特別是這兩者的結合,好像成了人類文化生態裡的一股地心吸力,吸引匯聚著人類蘊藏待發的心力與才華,將其導向開拓科學,疏往開發科技的文化活動。漸漸地,在人類的記號世界裡——在他的概念世界,他的

[25] 我們也要採取「科技」一詞的極廣含義。舉凡人類將研究所得,開發出一套可以供作人生實用的方法、步驟和器物——不論是軟體的,或是硬體的,皆可名之為「科技」。依此定義,科技具有兩種特性:一是人類知性的開發所得,通常是經驗研究的成果。不是漫天空想的設計,也不是天生自然的能力。另一種特性是它對人生活動的實用性。不過,是否具有實用功能,那是一種乏晰的分界。

當我們採取如此廣含的定義時,平日我們所熟悉的物理器物和機械,固然是科技的一種。那是「物理科技」。此外,以社會建構或群體組織為渠道而建立起來的實用方法或操作方式,也是科技。那是「社會科技」。比如,股票市場的運作,外交談判的技術,以及教育輔導的方法等等就是。不但如此,基於人文的開拓,特別是通過人類精神世界的建構,而開發的實踐方法,也是一種科技。那是「人文科技」。比如,通過概念的開通和情意的織造而提升生命境界的方法,正心誠意的修養步驟,冥想沉思的鍛鍊功夫等等就是。

意義世界，他的意識世界，以及他的整個精神世界之中，到處充斥著科學和科技的心思和情意。科學和科技不僅成了變化人類生命形式的工具，它們更成為演化文明方向，再塑人性品質的主要策動力量。人類由一個追求人生智慧的文明高峰，走向另一個不講究文化的綜合取向，不重視文明的反思取向；專門發揮知性成果的創發取向，全力追求開物致用的實踐取向的新興道路。在人類的精神世界裡，「智」的開發的動力逐漸被「知」的鑽研的興趣所取代。人類由一種尋求哲學的智慧以增進人性生命的動物，投身轉向，變成一種追求科學的認知和科技的實用，以豐富生活內容，加強生命享受的動物。

本來知性的開展正是人性演化的必經之路。哲學的記號活動的分裂支流也是人類記號行為開展規律中的勢所必然。那麼人類那哲學智慧的尋求是不是僅僅變成了在他開發精神世界，演化文明人性的歷程中，曇花一現的古舊夢想和逝者已矣的已故願望呢？人類是否從此不再可能成為充滿心思情意的智慧的動物，而只能一去不返，變本加厲地變成勇往直前的認知的動物呢？

如果哲學活動的分裂在所難免，如果各門科學的分支別樹勢在必行，如果各種科技的長足開發又是理所當然；那麼今日我們所引以為憾的哲學智慧的匱乏，又要從何處尋根醫療，從那裡對症下藥呢？我們要怎樣繼續開拓我們的記號世界，怎樣重新開發我們的意義世界和精神世界，才能夠令我們接著開展出更加健康的文明，重塑起更加完美的人性呢？

從表面的層次立言，我們也許可以說，今日人類文明傷殘之局，或是哲學文化貧弱之病，主要成因在於人類對不同科學的偏頗發展和輕重對待，並且對於不同的科技也總是厚此薄彼，不能一視同仁，同採並用。我們也許要埋怨，一般世人對物理科學總是一窩蜂地推崇備至，然而對人文科學卻鮮有例外地敬而遠之。同樣地，平常的人談起物理科技則拭目以待，熱情投入；可是一說及人文科技則充耳不聞，無心以對。當然，這是一般的普遍現象。不過，我們也需注意，人類文明的演進不應只是一般群眾蜂湧而至，你推我擁的成果；它更加需要一些有識有志之士的熱心提倡和辛勞工作。每念及此，我們不禁就要發問，我們這些從事人文科學的人，尤其是志在探索人生智慧的哲學之士，是否也一樣太早放棄自己見識上的堅持，以及心思情意上的開明暢達；不在物理科學和物理科技的背後搖旗喊吶，不擁抱著「認知主義」在時代的浪潮裡隨波逐流？考諸二十世紀的人文科學的變異，證之於我們這個時代的哲學局面，上述的憂慮顯然不是無中生有，不是無的放矢。

不過，另一方面我們也應該採取比較高遠的眼光，從演化的觀點去思察人類文明建樹的得失，以及人性再塑成果的高下。如果我們採取這樣的「識野」，那麼這個世紀那看來積重難返的人文科學的萎縮不張以及人文科技的頹廢不振並不必然意味著人類的文明高峰已經一去不返，人性的「文藝復興」變得永世無望。因為從演化的觀點看，人類的文化發展總是在試誤，在實驗，在不斷吸取教訓，在不斷修訂和改進的過程之中。除非有朝一日，整個人類滅亡絕跡，那才是他的文化創新和文明發展的休止符；否則在人類文化的巨水長流之間，時有文明的順潮，間有文明的險湍；時有人性的高峰，偶有人性的低谷，那是人類演化上的歷史常態，而不是文明倒退，人性不再的必然徵兆。同樣的道理，當我們目睹本世紀有些哲學流派的自我否定，當我們見證一些哲學家所提議的自清、自除和自滅的運動時，我們也無需急於斷定那就是哲學的死亡。這樣的哲學風潮可能正是我們重新思索哲學前景的契機，令人在這物理科學的文明和物理科技的文化的高峰鼎盛時期，低迴沉思，再想一過。哲學的人生智慧的尋求要如何重新起步：它的取向如何，它的功能怎樣，它要怎樣重新定位？

當哲學尚未完全分裂變形之前，知性的開展曾經是人生智慧的尋求的必經之路；同樣地，在人類漫長的演化歷程中，科技也一直是人類用以改善生活內涵的工具，用以精進生命形式的利器。而今，正當物理科學的進展如日中天，物理科技的開發高峰迭起的時代，我們不是應該把握局面，善用物理科學和物理科技的當前成就，配合社會科學和社會科技的開展，努力促成新世紀的人文科學的進一步的拓展，以及人文科技的更高一層的開發嗎？思前想後，心存人類文明的演化，這也許是我們最亟需迫切投入的新哲學運動。開展另一層次，另一高度的人生智慧的尋求。

如果這樣的思索基本上把握了未來人類文明演進的重要脈搏，那麼我們應該如何善用物理科學和社會科學，如何動員物理科技和社會科技，以促進人類意義世界的成長和精化，建造出更加健全的意識世界，開發出更加圓滿的精神世界，將人類那智慧的尋求帶向更高更深的層次？在古老的時代，人類所創造的知識有限，他所把握的科技也粗糙不精。他們所可望獲取成就的也許只是相對上的小智小慧。而今，我們成功地創造了遠較高深的知識，日新月異地開發出遠為精密的科技，這不是我們用以拓展相對而言的大智大慧的絕好契機嗎？

這樣想來，關心哲學的未來發展，寄情人生智慧之尋求的人，而今所面對的一項當務之急似乎就在於如何在各種科學分支別樹的發展局面之下，摘取各方的知識成就，統合於人類的精神世界之中——更完美地開拓他的意義世界、意識世界、價值世界等等，用以健全人類普遍的心思和情意。此事看來知易行難，因為人類幾個世紀以來一直進行著分裂式和隔離式的知識創造和知性發展。在這方面人類早已演化成為識野狹窄眼力深入的動物。他善於分析塵沙芝麻小事，但無意綜觀宇宙人生大事！可是，這樣的困難就令我們文明的演化駐足不前嗎？人類從遠古時代開始，赤手空拳，篳路藍縷，歷經千辛，排除萬難，步步演化至今，難道我們要從此宣稱人類的氣數已盡，他的能力已竭，再也無法跨越另一個演化上的高欄，創造出另一個人類文明的高峰？

人類是充滿進化潛質的動物。我們分明無需如此沮喪悲觀。況且，人類至今已創造出那麼多高深的知識，把握到那麼多強而有力的種種科技。照理，人類現在比以往任何時代都具備有更加完備的認知和更加有效的方法，去克服他在文明演化上所遭遇到的困惑和疑難。我們自然應該努力提倡人類精神世界的重建，不斷提倡人類心思和情意的健全和提升，鍥而不捨地提倡人生智慧的尋求。這就是為什麼哲學永遠不會死亡的原因。這也就是為什麼在當今這個豐富而多難的時代，哲學更不應該自我否定和自求滅亡。哲學家身負重任，責無旁貸。

事實上，經過大半世紀的激烈演變之後，人類已經逐漸認清當今人類文明所遭遇的困境與危局。人類對於自己文明的前景慢慢生發出一種「危機意識」——這也正是人類不斷開發其意義世界，包括他的意識世界的成果。我們慢慢體認到上述那種只見樹木不見森林的危險，以及只重開拓知性能力未能兼顧其他心思情意的開發所引起的弊端。這正是我們急起工作，努力奮進的時候。讓我們好好把握這個人類開始自覺的時機。

不過大凡文化建設或文明成就上的事，全都應該「大處著眼，小處著手」。如今，我們要扭轉人類文明的演化的走向，重新奠定那尋求人生智慧的哲學之路，當然也需要秉持高遠的眼光，同時必須進行堅實有效的實踐工作。屬於用來著眼的大處那高遠的目標和理想，我們已經說了不少，無需重複加強；可是有關小處著手的實踐原則或工作方法又怎樣呢?

這是一個科學的時代，尤其是個物理科學的時代；這更是一個科技的時代，特別是個物理科技的時代。我們現在要著手進行人類文明的重整再建的工程，必須把握這個時代的認知成就，善用這個時代的科技力量。在實踐的層次上，違背時代的潮流，徒令改革的工作當風逆水，寸步艱辛。相反地，順應時代的精神，駕御時代的動能，直讓重整文化和再建文明的工程順流推舟，事半功倍。因此，我們應該提倡各類科技之間的交流互動，滲透開發和加強效應。我們應該特別提倡善用不斷開發的尖端物理科技，通過普及於群體之間的種種社會科技，用來進一步開發能夠拓展人類的意義空間，精化他的精神世界的人文科技。未來足以左右人類演化轉向的文化生態，在極端重大的分量上，將取決於人類那三種科技的開展——它們如何競爭互動，如何滲透開發，如何結合成為一股無法抵擋的雄厚力量。

比如，現在我們愈來愈擁有先進的電腦科技，以及高明的資訊科技——這些綜合科技的開發得力於種種人文科技，包括邏輯算術科技，以及語言記號科技等等。我們要怎樣進一步設法通過已經存在或者加以改良甚或重新發明的種種社會科技——包括教育制度、經濟結構、生產方式、家庭組織、人際關係，以及其他種種的社會建構和群體演作模式，去精進人類的精神世界——去進一步開拓他的意義世界，更健全地提升他的意識世界，更美滿地開創他的價值世界；令人類的心思和情意走向智慧的尋求，走向哲學的道路。我們現在埋怨人類愈來愈將他的知性純粹工具化，將他的知識大幅度加以科技化。他們只知開物應用，只求享受實惠。人類不再普遍地將知識的創造和科學的建構當作是可以增進見識，提升胸懷，培養品味，甚至建立人生境界的活動。可是這種風尚一定無法逆轉，這個趨向必然一去不返嗎？我們有沒有具體地嘗試利用當今的電腦聯網，運用種種多媒體的傳遞方法的引人功效，通過教育的組織和結構，努力去進行為真理而知識，為人性而科學，以及為文明而科技的重塑文化，改造傳統的記號活動呢？如今，橫在我們面前的正有一片遼闊待拓的天地。

4. 文學藝術的回潮和哲學的重建與再定位——回首重建與浮動定位

在上一節的討論裡，我們提及在人類文化不斷分流演化的歷程中，有兩類分流演化的趨勢強力而深遠地左右了哲學活動的變局，干擾了人類那尋求人生智慧的記號活動。接著我們思察了那分流演化的第一種趨勢，也就是哲學活動的分裂開枝，在人類知性上建造出種種科學，開發出種種科技的嬗變演化。現在讓我們接著討論第二種同等重要，影響甚至更為深遠的分流演化的趨勢。簡單地說，那是文學藝術和哲學的隔離發展，分道揚鑣。

我們說過，人類開拓記號世界，經營意義世界，建立他在精神世界裡的成就。這令他邁向文明，邁向人性的演化。在人類所經營的意義世界裡，各種樣態的意義互相刺激而成長，它們也彼此競爭而分化。比如，「知性意義」成長的結果，令人類由動物理性走向文明理性。「感性意義」衍發的結果，使人類由動物感情走向文明感情。可是我們也說過，這樣的記號世界和意義世界的成長衍發，也帶出分裂別樹，脫離開展的局面。意義世界的分裂令種種不同的小語言深入開展，突出林立。這更加深種種樣態的意義拓展之間的鴻溝。在知性方面，科學知性和科技知性的分合開展和所獲成就已如上述。它們的分門別立所引起的偏頗困局也已經闡說細道。可是其他樣態的意義開展，以及它們在經營過程中所產生的分立脫離情況呢？人類的心思和情意在感性意義上，在德性意義上，在其他價值意義、意願意義，以及其他樣態的意義上，又開發出什麼成果，演化成什麼樣的分合變局呢？

人類在川流不息的講故事的記號活動裡，不斷展現他的心思情意，開拓出不同樣態的意義，建立起結構複雜，內涵豐富的意義世界和精神世界。這樣的記號文化成就表現在不斷湧現的一個個愈演愈精，愈作愈深的小語言之上，然後接著又回饋到人類故事文化的講說傳統之中。人類活在這樣的故事文化裡，不斷地精進他的生活內涵，不停地改進他的生命形式。當人類的價值意識成熟，他的主體意識突出，因此對自己的生命有所自許，對自己的命運要求主權，對自己的演化方向把握到愈來愈多的自由之後，他的各種自覺意識也就並起同生。人類發放了種種的文明喊吶，演作出種種人性的呼聲。這些喊吶與呼聲也再通過種種的故事，流傳演化，分裂變形。其中一種重要的故事傳統就是文學和藝術的傳統。這是一種極為龐大紛繁的故事傳統，其中包括詩歌、散文、小說、戲劇、舞蹈、音樂、雕塑、繪畫、說唱，以及其他造形藝術和綜合藝術等等的小傳統。

這類文學和藝術的文化傳統雖然各自都因本身記號載體的特質和限制，以及本身內在的生成原理和運行規律的別異和分歧，因此各自或多或少具有自己獨特的使用目的和成效功能；不過它們各自在獨立演作，或並聯混合表現時，全都旨在標示人類所追求的文明品質和人性理想，打破命運枷鎖，解放生命自由。這樣的文明品質和人性理想的追求，基本上就是人類哲學的心思情意的開端。哲學不管從形式上或從內涵看，全都不是憑空下凡的全新品種。它從很古的年代裡，已經潛伏存在於人類種種的記號行為之間。它在人類的源遠流長的故事文化中，不斷冒升出現，探頭顯形。人生智慧的尋求本身正是在人類記號文化的演化歷程中，分合互動，結晶成形，而塑造出來的綜合的、反思的、創發的，以及具有實踐意義的故事傳統。關於這個哲學的故事的來歷和身世，我們只要注意一下當它在早期初發的時日，其所具有的記號形式，以及其所經營的意義內涵，也就更加容易明白。

不論是在中土，或是在西方，當哲學的傳統初定，哲學的記號活動呈現出它的生成原理和運作規律，哲學的故事逐漸衍化出它的功能，發生出它的效用的時候，哲學的記號活動通常並不是穿戴著現在我們所常見的記號外衣。不論我們所注目的是孔子、孟子、莊子或老子的作品，或是蘇格拉底、柏拉圖，甚或亞里士多德的活動，我們都發現那時候的哲學的記號活動絕非純粹以論說演繹，推理證明的形式為之。那時候所使用的故事語言，即使是種精化了的小語言，但卻不是功能狹窄，用法單調的「技術性」的語言。那時候的哲學語言，就算是種小語言，也和那時候的大語言能夠發生全面的交流和多方的互動。尤其值得注意的是，那時的哲學語言和同時代的文學語言與藝術語言——比如和那時的散文的語言、寓言的語言、話劇的語言和說唱的語言等等，具有共融親和的互通關係，以及同情互生的合作功能。事實上，蘇格拉底的哲學交談就是富有心思的故事對白。柏拉圖的哲學對話錄就是充滿情意的戲劇結構。同樣的，孔子的《論語》不也是表達哲思的上好散文？老子的《道德經》不也是文義並茂，華實兼備的長詩巨構？這些哲學的故事作品，雖然使用精化再製的語言，但是卻和當時的文學藝術的語言脈搏相通，精神交映。這樣一來，哲學所開拓的記號世界，以及它所建造的意義世界，和文學藝術所開發的精神世界不但互融互通，一脈相承，而且經過互動再生和分合重建的哲學記號活動，也就更能不斷地繼續發揚哲學活動那綜合式，反思式，創發式，以及可供實用實踐的方式，在人類的意義世界中，向前開發出各種樣態的意義內涵，令人類更能採取哲學的記號活動，作為尋求人生智慧的橋樑。

可嘆的是，人類還來不及普遍地開展出充分的人生的智慧，用以指導他的生活內涵的改良以及生命形式的演進，並且發明有效的物理科技、社會科技和人文科技，將這類人生的智慧代代相傳，世世承繼，不斷闡揚，陸續發揮之前，人類記號活動的分化開枝的力量早已接手掌管文化演進的方向。

起先哲學放棄了感性等等意義樣態的開拓，將這類的文化開發交給文學和藝術。哲學集中發展知性意義，經營文化中那些所謂「義理」上或「理性」上的事。後來，就連知性意義的開發也支離分裂。各種科學和各種科技不斷分枝別樹，各自鑽研精進自己劃定範圍內的知性的意義小世界，開展自己知性文化的小語言，講說自己的知性文化的故事，發揮自己的知性文化傳統。這樣的支離分立的知性文化，有時固然能夠彼此支援，互相加強，進一步推展人類知性上的成就，加深人類理性的演進。可是有時也因為各門科學的閉關自守，以及各種科技的絕緣割裂，各別開發出彼此沒有互相照應，各自為政，欠缺統合的品質標準和價值目標。因此也演成人類意義世界的分歧和斷裂。在極端的情況下，甚至造成知性上的分崩離析。最後各自據壘抗爭，盲目前進，製造出偏頗的理性，演生出獨斷的理性。身處二十世紀之末，我們已經愈來愈清楚地見證這類分化下的偏頗以及隔離中的獨斷。現在的物理科學幾乎純粹以狹小天地的知性意義的追求為第一要務，甚至為唯一要務，其他域外的知性意義自然無暇旁及，更無力兼顧，罔論其他樣態的意義。而社會科學和人文科學似乎在適應時代的知性文化的發展上尚嫌步調緩慢，行動無功，更談不上積極彌補知性開展的偏頗，有效制止理性分裂的獨斷。而物理科技的開發就更加取向單純，目標頑固。它所開發的科技知性不但不理會社會科學和人文科學的文明追求，甚至對物理科學的文化成果也難以多加回顧。物理科技演化出人類那最沒有充分接受反思和批判，最難加以控制和駕御的狹隘知性和獨斷理性㉖。演變下來，就產生我們今日普遍經驗到的知性強裂分化的局面，以及理性多方偏頗的現象。我們今日只能比較有效地開發我們的狹隘的知性意義，特別是那物理科技上的工具意義，因此比較能夠具有高度客觀地拓展我們的知性理性，尤其是「工具理性」。對於其他樣態的意義，諸如感性意義、價值意義、道德意義和意願意義等等，則心力茫然，無所適從；所以開展不出比較充實有力的「感性理性」㉗、「價值理性」、「道德理性」和「意願理性」等等。

㉖ 有關科學和科技之開展原理和運作方式，參見註⑭所引文字中對於「功能典範」的討論。由於物理科技常常在開發上採取不同於物理科學的功能典範，前者雖然經常受到後者的支援和照應，接受它理論上開發出來的知性文化成就，但卻可以為了實用上的工具意義，而不多顧它的知性開拓之文化意義。比如，當今的物理科技的發展——工程上的考慮就是一例，它就往往不顧物理科學的「求真」成就。物理科技的開發可以只顧「致用」，而採納物理科學已經放棄的學說和理論。

㉗ 我們雖然常將「理性」和「感性」（或「感情」）分別陳說，別異處理，但這並不表示理性和感性永遠是，而且必然是彼此互相排斥，互相矛盾的東西。我們說「人是理性的動物」，我們也說「人是感性（感情）的動物」。可是，這並不意味著「人是理性和感性互相離斷，感性和理性彼此排斥的動物」。事實上，在人類的意義世界的開拓經營的努力過程中，最重要的一項文明成就，就是理性意義和感情意義——或者知性意義和感性意義的統合開拓和協調經營，令人類的精神世界出現理和情的和諧關聯，而不冒生知與感的衝突分裂。因此，感性和理性並非必然相互衝突，兩者無需永

文學藝術的記號活動和哲學的記號活動分裂支離的結果，對人類意義世界的開發經營也產生同等分崩離析的消極後果。哲學退入知性和理性的追求，不斷喪失疆土，一味劃地自限，最後步入純粹概念的思索和全然論證的爭執，險些甚而走向抱殘守缺，甚至自除自毀的道路。反觀文學藝術，由於放棄知性上的充分把握，以及理性上的聯手發揮，也常常走入感性的隨意和狂妄，以及知性上的無力與迷惘。在耕耘開拓人類的意義世界的記號活動上，它往往將知性上的追尋當成並非本分之內的工作，把理性上的開拓視為力有不逮的遙遠鵠的。於是，發展下來文學藝術往往在記號的形式上，以及意義的內涵上轉而走上開拓「感人」的語言的路線，而不兼顧經營「服人」的語言的目標。捨棄知性意義的兼營並顧而自限於感性意義的拓展開發，長久下來令知性和感性的發展分裂出不同的記號形式和意義樣態，各自採取不同的小語言，開闢不同的意義世界，創造不同的文化內容，指向不同的文明價值，塑成不同的人性取向。我們在後世裡所見證到的感情和理性的分離斷裂，從記號活動的演化觀點看，老早植因於文學藝術的記號活動和哲學的記號活動之間的分化和斷裂。一方面文學藝術繼續拓展感性的意義樣態，並在所開發的意義世界裡促進人類的感情、價值、道德和意願等等的拓展。可是由於文學藝術自外於知性意義的開發，對於不斷演化增進的人類理性多只是袖手旁觀，而不能採取積極的開導和有效的參與。這樣一來，當知性以外的人類精神事物——像感情、價值、道德、意志和願望等等，在記號活動的分支別樹的演化過程中，遭受衝擊而喪失繼續一貫開展的合理原則時，或者那些精神事物受到知性的挑戰而急於尋找支撐維護之際，文學藝術顯得在知

遠分離割裂。所以，「感性理性」並不是一個詞語矛盾的用法。當然，我們也可以將這種理性稱為「感情理性」。

性上匱乏失調，在理性上軟弱無能。這樣下去，本來可以開發人類知性以外的精神事物的文學藝術，經不起內外夾攻的壓力，往往無法繼續奮發進取，澎湃拓展。輕則迴流轉向，閉關自守，只尋求震撼感覺，激動情緒，變成人類生活苦樂的調劑，充當人類生命形式的隱約的幽靈；重則喪盡開發精神世界的旨趣，和人類其他的記號形式爭取實用價值，換來工具意義。今日我們文學藝術的商品化，就是這種知性和感性的分裂斷離的一種敗壞結局。

另一方面哲學分裂出種種科學和種種科技之後，不管哲學、科學或科技，幾乎全都以標榜知性，抵制感性為主旨；以提倡理性，壓抑感情為能事。這樣一來，從離斷的知性和分裂的理性當然拓展不出人性中那價值上的事，那道德上的事，那意志上和願望上的事，就連人人都明知重要非凡的人性感情也變得開展無功，進退失據。演變至今，人類的感情也常見被人商品化和被人工具化——在這講究自覺，講究人權，講究人性自由和講究生命尊嚴的大時代！我們常常看到現在有些人並沒有涵養擁有內在價值的人性感情，他們使用感情工具，像擁有物理科技似的，配備著一顆「用完即棄」的心。可驚的是，工具理性也許依然不失為人性理性，然而工具感情已經愈走愈遠離人性的感情㉘。

人類記號活動的分崩離析演化開展到如此斷裂破碎的地步，已經明白顯現出與人類一直以來的文明理想左右分歧，格格不入的危局。這種情況直令關心人類文明開展和人性前景的人憂慮難安，無法坐視。我們必須重新思考我們記號活動的方向，重新檢討我們拓展意義世界，開發精神世界的方式和手段。在種種意義樣態的開墾的分分合合的變

㉘ 參見註❾所引作者之《語言與人性——記號人性論闡釋》，第十五章〈有情的理性和絕情的理性〉，第二十二章〈合理的感情和無理的感情〉。

局之中，重新拓建比較健全和比較平衡的人類精神世界。這是人類文化的改造重建運動。這是人類文明的迴思轉向運動。這是文明人性的再塑演化運動。簡言之，這是哲學智慧尋求的再出發。

每一段人類的文化都有它獨特的品格，發展的大勢，以及所面臨的重大問題，或所處的特殊困境。因此，當我們要思考時代的艱難，提出文化改革的方案時，我們那匡時濟世的主張也需緊扣目前人類文化的獨特品格，發展大勢，重大問題和特殊困境。根據以上的闡述，目前人類文化演變的一個絕大特徵就是記號活動的分崩離析。由於人類各種樣態的意義開拓之間缺乏節制調和，失去平衡互動，導致人類文明追求目標的支離破碎。在這種文化內涵各自為政，文明理想惡性競爭的失控演化之下，常常生發反文明、反人性的「反淘汰」現象。劣幣驅趕良幣，優秀的文化淪為弱勢文化，強橫的文明變成強勢的文明。這樣的盲目運轉下去，在理性上容易演成獨斷的理性驅趕開明的理性；在感情上容易演成偏頗的感情驅趕平衡的感情；在道德上狹隘的道德驅趕廣含的道德；在價值上片面的價值驅趕遠大的價值；在意志上專横的意志驅趕超凡的意志。果真如此，人類又要重新計慮如何避免淪為野蠻，怎樣復興文明；怎樣重新尋求人生的智慧，怎樣令淪落的哲學回頭轉向，重新起步。

我們當然無法從人類文化的起點開始。我們唯有在當前的文明局勢之下迴身轉向。在這個科學和科技的時代——尤其是物理科學至上，物理科技第一的文明趨勢下；在哲學經過分裂支離，儼然陷入概念的雕蟲，淪為證辯的小技之餘，有兩類的重建文化和振興文明的運動值得我們大力提倡，努力經營。第一是在當前知識內涵豐富，認知方法齊備，知性原理的自覺高漲之時，全面提倡各種人文科學的「哲學化」，參與人生智慧的開發，共同經營更加圓滿的意義世界和精神世界。而且更進一步結合物理科技和社會科技，不斷開發增益文明，功效人性的人文科技。第二是哲學本身的脫胎換骨和改造自新，使哲學不只局限在知性意義的開拓，更要重新邁向其他意義樣態的經營——特別是感性意義、德性意義、價值意義和意願意義等等意義樣態的經營，令哲學能夠重新開導，再次拓展人生智慧的尋求。以上兩類的文化重整和文明振興的運動都以哲學的重新起步為主要關鍵。前者是哲學的外展運動，後者是哲學的內拓運動。兩者應該一併進行，內外呼應，以彰成效。讓我們在此首先討論後者。

我們曾經說過，文化上的事必須大處著眼，小處著手。為了整建更加圓滿和更加平衡的意義世界和精神世界這個文明上的大理想，我們首先需要放低視線，固定在重建哲學這種小語言的記號活動層次之上。希望有朝一日，哲學開出的花果能夠引導人性文明的大語言，為人類開發出更美好的生活內涵，演變出更崇高的生命形式，開拓出更加智慧的人生。可是為了在文化不斷的嬗變歷程中，除困去難，承先啟後，而不是由零開始，從無創作，那麼除了大處著眼和小處著手之外，我們更需要提倡「前瞻開拓」的眼光和「回首重建」的心懷。現在我們面對著哲學崩潰萎縮的危機和困境，尋求哲學的自我更新，以便重新開始更富生命力，更能增進文明，更能演化人性的哲學記號活動，情況正是如此。我們一方面固然需要著眼人類文明的將來，以決定從事那種哲學的記號活動。可是另一方面我們需要回首過去哲學的起步和開展，衡量其成就和檢討其失敗，這樣我們才能比較確實地展開哲學的重建運動。於是追溯人類當初生成哲學時的主旨和心懷，回想那時促進哲學活動的理念和動力，也就成了我們在哲學上重新起步的認知上和價值上的後備工作。它支持我們怎樣調整哲學取向，怎樣重建哲學功能，怎樣更新哲學在新時代新局勢裡的定位。

當我們回顧舊時開發哲學活動的主旨、心意與情懷，試圖回首重建哲學，以便前瞻開拓的時候，哲學那尋求人生智慧的理念、心志、情思和願望又回到我們的心目之中。我們將以這樣的哲學功能作為我們重整哲學的目標，充當我們重新起步再創哲學記號活動的準繩和依歸。可是目前只講概念分析，只重知性建構的哲學殘餘活動，已經完全無法達致這種目標。現在我們用來講說哲學故事的小語言，已經大大落後於當初哲學那綜合的、反思的、創發的與實用的故事要求；它已經遠遠追趕不上尋求人生智慧所需的語言規模。因此，今日的哲學記號活動需要從進化的追溯上注入封凍荒廢的新血。它需要由歷史的回顧中找尋已經埋藏悠久的動力。好在文學和藝術這類的講故事的傳統，雖然也在人類記號活動的分支別樹之間，不斷地分崩離析，支離破碎；但是它仍然面對著人類有血有肉的生命，它依舊講說著人類的知識、感情、道德、價值、意志和願望的故事——只是由於它自外於人類知性的拓展，無力照顧人類理性的開發，因此講起人類生命的故事，在當今之世，往往無法神采激昂，意氣風發。它顯現出一種知性的貧血，疲困於一種理性的蒼白。這正是哲學和文學藝術重新開始結合相生，並聯互動的時候。從重建哲學這方面的角度看，未來哲學再生的契機潛存於文學藝術的「回潮」。

在文化承先啟後的嬗變歷程中，回潮並不是簡單的復古。這是不可能的。即使可能，也是無濟於事的。文學藝術的回潮是要將文學藝術那種講故事的文化傳統重新疏導，引進到人類記號活動的舞臺的中心，在結合哲學所開展出來的理性文明基因的再演再塑之下，積極進取地開發尋求人生智慧的意義世界和精神世界。這是未來哲學重建的道路。哲學將它的文明演化基因移入於文學藝術的記號軀體之中，孕育開發出富有哲心哲意哲情哲思的文學和藝術，成長結果出演繹人生智慧的意義世界和精神世界。

這樣說來，哲學好像焚燒了自己的身體而成全了文學和藝術的靈魂。的確，當今的哲學焚燒了自己，但它所焚燒的只是外在的軀體。它的內涵，它的生命已經潛入生存於文學藝術之中，脫胎換骨，復活重生。哲學仍然沒有消失，它更沒有死亡。它不是要以枯燥的知性概念，以艱澀的抽象語言去開拓人生的智慧。它存在於詩歌、散文、小說、傳記之中，它存在於音樂、舞蹈、戲劇、繪畫、雕塑之內。它通過文學藝術的記號活動，開發拓展未來文明人性的意義世界和精神世界。

哲學仍然沒有消失，它更沒有死亡。它只是通過重新起步的綜合性的、反思性的、創發性的和實用性的記號活動而普遍存在，而多處生化。當我們需要考察多種哲學的記號活動的共通而普遍的內涵和精神時，我們就會超越個別種類的記號軀體，專注於哲學那概念取向的，以及它那意義取向的母體。

由此觀之，我們對於未來的哲學，不宜採用一種恆常不變的定位方式，而應該選取一種「浮動定位」的方法。相對於不同的文學和不同的記號活動形式，哲學的潛存形態和運作方式可以有所不同。而且在不同的記號形式的不同發展階段裡，哲學的輸出和投入在程度上也可以有所差異。因此，在浮動定位的原則下，我們甚至進一步可以採取哲學的多元定位，使用它的多層次定位，進行它乏晰的或明晰的定位。

當然，並不是經過這樣的文學藝術的回潮，以及哲學的潛入存在和浮動定位之後，人類尋求人生智慧的記號活動也就固定成形，從此恆常不變。人類的記號活動依舊會不斷的嬗變演化。文學藝術的記號活動也不例外，它也會處於不斷的演化歷程當中。它會不斷地分支別樹，化解變形。它的故事語言不停分裂，產生出形形色色的小語言。這時哲學也要相應地把握契機，普遍潛入，開闢發展，不自外於文學藝術的不斷分化。這需要從大處著眼的哲學的智慧，不僅需要從小處著手的歷史的聰明。這樣看來，在不斷演化嬗變的文化進程中，為了人生智慧的不斷的跟進尋求，無休無止的哲學浮動定位更具有它恆常的改造重建哲學的意義。

5. 文明環保和人性環保——人文科學和人文科技之間

現在讓我們接著討論上文所提的另一種重建文化和振興文明的努力。這是人文科學普遍的重整再建的運動。由於這種文化運動的目的也著眼於文明的開展和人性的再塑，它也不自外於人類生活內涵的精進，不無視於人類生命形式的提升。它也和人生智慧的尋求互通款曲，一線相牽。因此也可以說是一種人文科學的「哲學化」運動。不過，在開展進行這種文化運動的時候，我們一方面將特別注重人文科學的疆界的擴充和拓展，把各種人文科學改造重建成為聯繫文明理想和人性價值的一些比較綜合性，比較反思性，比較創發性和比較實用性的科學。所以另一方面我們也要積極提倡開發人文科技，並且在物理科技和社會科技的支援互動之下，拓展和加強人文科技，以便在實踐和演作的層面上精化人類的生活內涵，提升人類的生命形式，貢獻於文明和人性的開展和演化。

本來一切有關人生的事物和事情都是人文科學的可能題材，它們都是人文的記號活動所要拓展開發的對象，也都是人文的語言所要講說的故事的內容。可是由於人類的記號活動不斷分支別樹，人文科學的疆界也在這種演化的過程中收縮和內退。基本上，如果我們採取主體和客體之分，以及自然與文化之別，那麼屬於客體的和屬於自然的，慢慢成了物理科學的記號活動的題材；另外，如果我們接著再採取集體和個人之分，以及外顯行為和內涵精神之別，那麼屬於集體的以及屬於外顯行為的，又漸漸轉成社會科學的故事所要講述的內容㉙。這樣一來，人文科學的領域也就收縮內聚到那些屬於主體性的，屬於文化性的，屬於個人性的和屬於內涵精神性的題材範圍。

這樣的題材疆域的收聚雖然多少局限了從事人文科學的投射眼光，制約了人文科學的演作方式，分化了用來講說人文科學的故事的語言，可是由於這樣的題材疆域仍然是個廣闊無邊的天地，只要心存文明的拓展，關懷人性的再塑，人類依舊可以創造建構出許多富有綜合性、反思性、創發性和實用性的種種人文科學，甚或進一步發明開拓出能夠精進人類生活內涵，可以提升人類生命形式的種種人文科技。可惜在記號活動的不斷演化歷程中，人文科學不停分裂的結果，各種人文科學都相繼走進崇尚分析而不注重綜合，講究演繹而不強調反思，提倡闡釋而不鼓勵創發，開拓理論而不發明實用的方向。各種人文科

㉙ 這裡所舉的主體和客體，自然和文化，群體和個人，以及外顯行為和內涵精神之間的區別，都不全是明晰而一刀兩斷的分類。我們不但可以使用不同的鑑定標準，在不同的層次上進行這種分類。尤有甚者，人類文化演進的結果，尤其是記號活動下的創作發明，更將這類的區分演變得愈來愈加多變乏晰。比如，就以自然和文化兩者的區別來說，自從人類的文化大為增進，強力干擾自然，並將他的自然生態的大部分收納為他的文化生態的統轄之下後，對人類而言的自然與文化之別也就變得極為複雜而又十分乏晰。因為這類劃分的乏晰失準，以致各種科學的題材疆界也變得不能明確劃定，而可以多所浮動。因此我們在此提出人文科學題材疆界的拓展，在原理上和在方法上並沒有根本上或技術上的困難。

學都接連演成分崩離析的局面，閉門建立起自我獨立，不相互動，自生自滅，互不牽掛的小王國。人文的精神由分裂而沉落。人文的關懷因破碎而淪亡。人文的理想愈演愈淡薄，人文的遠景愈變愈灰暗。到了二十世紀末葉，許多人文科學的發展都不再和文明的演進和人性的再塑產生直接密切的關聯。它們無法發揮來精進人類的生活內涵，也不能貢獻到人類生命形式的提升。人文科學慢慢變得不「人」不「文」了。

因此我們要提倡人文科學的改造。因此我們要進行人文科學的重建。因此我們要追求人文科學的哲學化。

在改造和重建人文科學的運動中，我們仍舊需要大處著眼，小處著手，依然必須前瞻開拓和回首重建。

人類在無止無境的記號活動中開拓出他的意義世界，建造出他的精神世界。他並且在這樣的開拓建造之中，創造了文明理想，成就了人性價值。這是人類世世代代薪火相傳，歲歲月月智慧累進的花果。可是這一類的文化成就，由於是人類記號活動的結晶，必須通過人類繼往開來的記號活動來加以維持延續，加以發揚光大。人類從意義世界和精神世界所開展出來的文明理想和人性價值，無法直接轉化成為生理基因，演變做成人類繼續演化的遺傳推進力量。人類的記號活動可能萎縮變型。他的意義世界可以消沉淪落。他的精神世界也不是不會退化崩潰。這樣一來，人類的文明理想也就可能揮發散亂，他的人性演化也就可能逆流轉向。

所以，人文精神的要旨在於放眼文明理想，關懷人性價值。因此，人文科學有一種責無旁貸的天職。那就是文明理想的發揚光大，以及人性價值的精進開展。可是文明的理想和人性的價值都是人類在他的文化生態中，通過無止無休的意義開發和精神建設而創發成就的。為了要繼續發揮文明的理想，為了要不斷精進人性的價值，我們必須維護這種創發文明，演化人性，用來進行記號活動的文化生態。這就是說，人文科學旨在維護人類生發文明的生態，旨在保育人類演化人性的生態。我們可以簡單地稱之為文明的生態環境的維護工作，以及人性的生態環境的保育工作。讓我們簡稱為「文明環保」和「人性環保」的工作。

文明環保的工作和人性環保的工作全都著眼於促進人類的記號活動，開拓意義世界，建設精神世界；從而開發理性，開發感情，開發道德，開發價值，開發意志和開發願望等等。可是，我們要發問：現階段的種種人文科學，分別單獨地或者共同聯合地，能夠擔當這種角色，促進這種功能嗎?

我們已經說過，隨著人類記號活動的分支別樹的演化而變得分崩離析的種種人文科學，在它們演作記號活動時，已經不再講究綜合，已經不再提倡反思，已經不再注意創發，並且已經不再重視實用了。在這種情況下，人文科學顯然無力促進文明的環保，無能開展人性的環保，因為人類那理性、感情、價值、道德、意志和願望等等意義事物和精神事物的開拓和發揚，並不能單靠當今人文科學所普遍崇尚的分析的、闡釋的、演繹的和理論的工作取向和方法程序，就可以達到目的。人文科學顯然需要在前瞻開拓和回首重建的承先啟後的心思情意中改造自己，以便能夠放眼文明與人性，促進人類意義世界和精神世界的拓展和開發。

不過，在這種人文科學的改造運動中，我們不應該採取一種閉關自守的態度，遵循一種劃地偏安的策略。在過去的幾個世紀，人文科學已經逐步地喪失許多領土。當今社會學、心理學、人類學，以及一些工商管理科學的經營題材，原來都屬於人文科學的疆土。我們不應該羞於跨界思考，而且更應該勇於重新踏入。這不是為了領土佔據本身的興趣，而是因為人文的關聯不應停頓於個體的邊緣，不應止步於內涵精神之所在。人類的許多社會建構和集體現象，人類的許多外顯行為和公眾表現也正是人文關懷的重心所在。這樣敢於開疆拓土，勇於跨邊越界的人文科學，才是未來富有創發力的人文科學。它才能開展出足以促進文明環保和人性環保的建設工作。它才能開發有效的人文科技，進行無止無境的人文工程。

事實上，未來的人文科學不僅要向著社會科學的疆域探索，與社會科學並肩合作；它也要，而且更要向物理科學的邊緣進發，和物理科學交流互動。物理科學和物理科技也是人類記號活動的成果。它也是人類文化傳統的一個分支。它使用自己的小語言在不斷講說它的故事。物理科學和物理科技也不斷地參與人類生活內涵的精進和生命形式的提升。它也不停地貢獻於文明理想的建造以及人性價值的演化。因此，人文科學也必須關注物理科學和物理科技的文化傳統，歷史演進，發展方向，以及其開發的原理與方法，道德和價值。在新世紀的文化改革和文明振興的運動之中，我們不僅要提倡人文科學的哲學化，更要引導社會科學和物理科學的「人文化」。這樣一來，間接地也就疏解物理科學和社會科學的哲學化。同樣地，這時我們應該開拓人文科學對社會科學和物理科學的潛藏深入和互動發展，而不是自外獨立和比對競爭。人文科學對未來的社會科學和物理科學，也要因應題材領域和開展程度的不同，採取回首重建的眼光，以及浮動定位的策略，在交流互動和互振共鳴的運作下，共同促進文化的改造和文明的振興。比方，未來社會科學和物理科學以及人文科學之間交流互動的結果，可以成就嶄新的富有綜合、反思、創發和實用性的意義世界和精神世界的開發，而不只停落在當今顯然過時的分析的、演繹的、闡釋的和理論性的「科學的哲學」之記號活動的規模。

當然，文化改造或文明振興的運動之目標和取向既定，接著就是進行的策略和推展的方法問題。為了要比較確實地把握這個問題的癥結，我們還是要落實到人類記號活動的層次上立言。人類通過記號行為投入文化的開拓和文明的建設活動。從這些能夠開發意義，拓展精神的記號活動裡，人類成就了各種不同的文化傳統和文明取向。各種不同的記號活動發展自己的語言，講說自己的故事。從成效和結果上看，這些比較彰明昭著的文化傳統分別成型結晶在物理科學和物理科技、社會科學和社會科技，以及人文科學和人文科技的記號活動和文化成就之中。我們人類的生活內涵在這樣的記號文明的演化裡精進了；我們人類的生命形式提升了。我們拋離了一般動物的層次，面向文明的理想，開發了人性的理性、人性的感情、人性的道德、人性的意志、人性的願望，從中成就了人性的自由和人性的價值[30]。

可是人類記號活動的事業可能順暢進展，也可能顛簸難行。他所開拓的意義世界和精神世界可能平衡圓滿，也可能偏頗難堪。隨著人類記號活動的分裂，各別文化支流在開展上的差錯失調，演變成今日我們所面臨的文化困境和文明危機。現代的人充滿工具理性，但卻欠缺感情理性；他充滿機械理性，但卻欠缺道德理性；他充滿知性理性，但卻欠缺價值理性。現代的人，有目標，但卻沒有理想；有滿足，但卻沒有意義；有知識，但卻沒有智慧。因此我們要提倡面對人生智慧的回頭轉向。我們要提倡重新取向文明理想的記號活動。我們要提倡

---

[30] 由於文明和人性處於不斷演化精進的過程，因此我們也可以說，或更應該說：我們拋離了一般動物的層次，面向文明的理想，開發了比較人性的理性、比較人性的感情、比較人性的道德、比較人性的意志、比較人性的願望，從中成就了人性的自由和人性的價值。

再次定位人性價值的意義世界的開發。

因此，從改造文化的操作層次上看，從振興文明的小處著手，我們要特別關注今後人類記號活動的流行走向，計較人類開發出怎樣的意義世界和精神世界。

簡單地說，從記號行為的衍發到精神世界的建立的過程中，我們要避免我們記號世界的耕耘只停留在概念世界的經營之上，令我們所能夠開發的只是概念的意義樣態。我們所講說的只是求真致知和進一步開物為用的故事。這樣一來，我們又停落在「認知主義」的巢穴，止步於開拓工具理性、機械理性和一般的知性理性。我們又無法圓滿地建立感情，成就道德，開發價值，培養意志，開發願望；而把這些當成是人類感覺上的情緒用事，或者生理本能上的突發欲求。今後我們需要改弦更張，轉化心思情意，突破認知主義的壓抑以及工具理性的包圍，在進行記號活動的時候，突破概念意義的樣態局限，致力開發感情樣態、道德樣態、價值樣態、意志樣態和意願樣態的意義，令人類因記號活動而建立起來的意義世界充實而平衡，令人類據此而建設的精神世界能夠涵養出智慧的文明理想和人性價值。

所以，在提倡改造文化和振興文明的運動時，除了努力進行前述的人文科學的重建之外，我們更應該致力開發富有哲學精神的人文科技，並且採用和配合不斷開發的物理科技和社會科技，拓展尋求人生智慧，成就智慧人生的「成智科技」，令人類追求文明理想的希望，以及發揮人性價值的夢想不僅獲得我們心思情意上的精神支持，而且更進一步取得演作方法和推行策略上的實踐保證。

我們都知道，科學和科技必須交流互動，彼此支持，才能一方面尋求穩固的理論基礎，另一方面開發實際有用的方法程序。成智的科技和成智的科學之間也是。哲學也是一樣。這就是為什麼哲學採取概念的取向，但卻不能止於經營概念樣態的意義；它採取分析的方法，但卻接著要跨越到綜合的記號活動；它通過演繹進行論證闡辯，但卻必須接著創生意義，導發精神；它雖然著眼於成智的理論耕耘，可是卻不能自外於著手成智科技的開發。

根據我們上文的建議，哲學採取浮動定位的方式和策略而普遍潛生存在於各種人文科學之中，尤其開創出更加哲學化的文學和藝術之後，我們更能將種種人文科學開展成為成智的科學——至少成為「副成智科學」；我們也更能配合人文科學開發出種種成智的人文科技。同理，當人文科學採取浮動定位的方式和策略而普遍潛生存在於各種社會科學和物理科學之中時，我們也更能摘取它們的成果，參與成智的意義世界和精神世界的開發，促進成智的文明工程和人性工程的建設。

從記號文化開展的觀點看，為了善用成智科技，為了促進成智的文明工程和人性工程的建設，我們必須特別關注特別強調「個人的」意義世界和精神世界的開拓和發展。傳統的英雄時代早已過去。不但如此，由於知性理性、工具理性和機械理性的突出發展，一枝獨秀，以及種種物理科技和社會科技的不斷開發，強勢演進，一種負面的「反英雄時代」老早到來。過去，少數的英雄豪傑可能促進人類的文明理想；現在，少數的反英雄強霸卻足以推翻我們的人性價值。今後，人類的文明成就和人性造詣更加決定於人類全體的個人自己所開拓經營出來的意義世界和精神世界的平均值。

這是人類演化歷程中的一個轉捩點。我們在迎接這個時代的挑戰，投入這個時代的精神建設的時候，必須更進一步喚醒人類的主體意識和自覺意識——這些也是意義拓展上的事，提倡每一個人認真開拓自己的個人記號活動，建立自己的「個人語言」，演作自己的人生故事，成就自己的意義世界和精神世界。接著通過語言公器，建立人類集體的意義世界和精神世界，在集體意識和集體精神的推動下，共同精進人類的生活內涵，共同提升人類的生命形式，共同尋求人生的智慧，共同演化智慧的人生㉛。

1998年2月13日

㉛ 參見作者之〈記號文化・演作人生和生命的榜樣——哲學智慧的尋求〉，收於本文集，201～231。

社會科學・社會科技與社會的現代化工程——一個人文生態的哲學思考

1. 理論和語言：大語言和小語言

任何學科都充滿理論，用以解釋該學科範圍內的現象，建構該學科的知識。社會科學自不例外。社會科學家創造社會科學的理論，解釋社會現象，建構社會科學的知識。

儘管理論有大有小，有精有粗，可是堪稱為理論的，一定含有其基本概念和基本命題。這是構成理論的核心元素。通常也是識別某一個理論的主要判準。兩個理論如果含有同樣的基本概念和同樣的基本命題，我們可以說兩者是同樣的理論。它們也許是出現在不同的時代、文化、族群之中的不同「版本」。甚至有時我們可以將其中一個看成是另外一個的「翻譯」。

不過一個理論不只包含著基本概念和基本命題。為了解釋廣泛的現象，為了建立普遍的知識，理論的基本概念，加上其他的概念，可以推導出理論的衍生概念。同樣地，基本命題加上其他命題，也可以推導出理論的衍生命題。這些其他概念和其他命題有時來自同一學科的其他理論，有時來自其他學科的理論，有時甚至來自一般常識或時代思潮。一個理論，特別是一個社會科學和人文科學的理論，往往必須加上這些不是基本，不是核心的「輔助元素」，才能順利地發揮它解釋現象和建立知識的目的。

這樣一來，關於一個理論的地位問題和對確性問題，也就跟著變得不再單純了。由於一個理論所形成的認知，以及它所建立的知識並不是完全建基於理論的核心元素之上，而是成立在核心元素和輔助元素的結合交集之上。因此，當我們發現某一個理論值得採納時，它的對確性是由其核心和輔助元素所共同支持的。在這種意義下，我們可以說該理論的對確性是「條件式」的。它所建立的認知和所成立的知識是「脈絡性」的。一個理論是在某種文化脈絡中發展它的認知和建立它的知識的。這種認知和知識是在比較廣大的認知和知識的脈絡之下，建立起它的對確性的。從這個條件式、脈絡性的角度看，一個理論的尖銳性、突出性和重要性也就相對地減低了。它的暫定性、假設性和局部性，反而是件常情常理的事。

從另一個方向看，當我們發現某一個理論產生問題，對它所形成的認知和所建立的知識有所懷疑時，我們批判和檢討的對象也不只是集中在該理論的核心元素之上。當一個理論的對確性同時建立在核心和輔助元素兩者之上時，我們要懷疑這個理論，我們可以說它的核心部分有誤，需要修正或放棄；或說它的輔助部分有誤，需要修正或放棄；或說兩者都有問題，都需要修正或放棄。這樣一來，當一個理論的對確性產生問題時，我們可以採取不同的策略來面對。我們可以努力設法保護理論的核心部分，而集中檢討和修正它的輔助部分。我們也可以反是為之，努力保持理論的輔助部分不變，而檢討修正它的核心部分。當然我們也可以不分彼此，同時對兩個成素都加以檢討和加以修正。這種策略性的考慮，以及跟著而做的局部性的集中和區域性的深入，也把一個理論的對確性問題推展到更大的文化脈絡之中。原來比較狹窄的理論上之對確性問題，因而轉變到一個比較廣含的知識系統上之相容性，或甚至是文化內涵上的包容性問題。

由於上面所說的這種理論處境，由於理論總是鑲嵌在一種知識系統的結構之間，甚至壓抑在一種文化取向之下，因此我們應該強調將任何的理論都自覺地當作是一種「局部理論」，而不當成「全盤理論」，不管表面上看來，這個理論多麼具有解釋功能，多麼具有說服能力❶。

如果我們從另外一個觀點來看理論，那麼它的地位問題，它的對確性問題，甚至它的可應用性問題，又呈現出另一種同樣值得我們深省細思的面貌。這個觀點是個記號學或者語用學的觀點。事實上，所有的人類理論全都是使用記號方式或語文方式構作出來的。一個理論的基本概念和衍生概念，在某一記號或語言系統中，表現成為該理論的基本語詞和衍生語詞；它的基本命題和衍生命題也同樣在該系統中，表現成為該理論的基本語句和衍生語句。理論的核心部分如此，理論的輔助部分也是一樣。輔助的概念和輔助的命題都可以表現成為記號形式或語文形式。所以，從記號或語言的觀點上看來，基本上一個理論可以說是一套代表概念的語詞系統，以及一套代表命題的語句系統。簡單地說，理論是用語言寫成的，它是使用語言建構起來的。

可是，當我們構作理論的時候，我們使用怎樣的語言呢？任何語言都可以成事嗎？

人是理論的動物。自古以來人類發明創造了不計其數的理論❷。可是，幾乎從遠古的時代開始，人類就不是直截了當地採取一般日常沿用的語言，作為表現理論的構作媒介。事實上，人類構作理論的活

---

❶ 參見作者之〈從方法論的觀點看社會科學研究的中國化問題〉，收錄於楊國樞、文崇一編《社會及行為科學研究的中國化》，中央研究院民族學研究所，臺北，1982 年，頁1～29。

❷ 有關人類創造理論的文化意義一事，可參見作者之〈理論的作用和理論的移植——一個人文生態的思考〉，收於作者之《傳統·現代與記號學——語言、文化和理論的移植》，東大圖書公司，臺北，1997年。

動，和人類使用語言的活動，兩者互相促進，彼此改良。就是那些科學之前的神話時代的理論，它的用語說辭通常也經過一番洗鍊和重建。在人類的文化進程中，理論的構造、知識的增長和語言的重建，三者往往交互作用，相因相果。因為這樣，讓我們在此也採取作者在這十年來不斷強調的語用區分：區別大語言和小語言❸。

平時我們為了事先並沒有設定的種種溝通交流的目的所使用的語言，我們稱之為「大語言」。顯然，一般我們俗成沿用的各種日常語言就是種大語言。它們的用法沒有事先規定，因此經常發揮著殊多紛雜的功能。相對地，人類為了某些比較特定的用途，創造了特別的語言，或者將大語言加以洗鍊改造，重構出特定用法的語言。我們將這種語言稱為「小語言」。我們都知道，數學、科學、音樂、藝術等等，都有它們自己的小語言，用來行使自己比較特定的用途。從作為工具的層次上著眼，大語言和小語言往往有不同，甚至相反的發展方向。大語言講究通俗普及，廣泛包容，通暢易用，伸縮靈活。可是小語言卻講究專業精緻，細密深入，甚至嚴謹明確，條理清晰。由於大語言是通俗普及的交流工具，一般人不必多考慮自己是否充分把握這工具的用法，也可以參與使用，或者進行試用。結果大語言的演變常常受一般大眾的普及習慣所操縱。相反地，小語言通常只在特定的群體或專業間通行，因此它的用法和變遷比較接受嚴密的管制。只有目標類似，興趣相近的人，為了特定的目的，才遵照特定的規則，選用某一種小語言來充當表意傳達的工具。所以，大語言和小語言之間，雖然可以

---

❸ 關於大語言和小語言的區別及其相互關係，可參見作者之〈概念·經驗和語言——釐清、闡釋和開拓之間〉，以及〈人性·記號與文明〉，收錄於作者之《人性·記號與文明——語言、邏輯與記號世界》，東大圖書公司，臺北，1992年，頁37～47，頁125～178。

互相影響，彼此滲透，但在通常典型的情況之下，兩者各自保留著明顯不同的結構品質和使用規範。

不過，有些小語言不時扮演著批判和催化的角色，試圖改造大語言，令它吸取小語言所經營出來的語言用法，接納它所開發出來的意義內容。一般用來創建知識的小語言就常常具有這樣的功能。比如，在當今這個世紀裡，科學的種種小語言，以及科技的各類小語言，就常常侵入滲透到我們日常使用的大語言中，改變舊有語詞的用法，增加新語詞的作用，從而淘汰以往流行的語句，引入新起的語句。人類知識的演進往往有賴知識的小語言這種滲透催生的作用。它令使用大語言的人修訂舊概念，接納新概念；淘汰舊思想和舊知識，吸收新思想和新知識。也可以說，由於許多知識的小語言的興風作浪，修訂了大語言，提升了大語言，因此也提高了一般人的常識水準，開發了一般民智的廣度和深度。

當然，小語言入侵大語言之後，需經適度的消化，才能對大語言產生積極有效的催生作用。生吞活剝地強行移植固然效果堪虞，為了適應，強作通俗，以致被消解溶化，也產生不了積極的正面效應。基本上這就是專業知識或精緻學術通俗化所遭遇到的難題。

為了專業的精緻性，為了表達的準確性，為了系統的對確性，所有學科裡的理論全都使用小語言加以論述建構起來的。社會科學裡頭的理論也不例外。當我們要將學科理論所建立的知識加以推廣，加以應用時，我們也面臨小語言和大語言之間的互動問題，以及專業知識的普及化問題。

2. 社會科學和社會科技：從知到行的問題

從建構理論和成就知識的觀點看，所有的科學都有彼此相似之處——不論是物理科學、生命科學、社會科學或人文科學。一般來說，每一種科學（或科學中的分門學科）都有它約略可以標示出來的研究對象或探討範圍，都有它被普遍接受的研究方法和核驗程序，都有它用來構作和表達的共同語言（小語言和輔助用的大語言），都有它被公認或被假定著的根本主張、基本立場或最低價值標準；甚至都有它歷歷可辨的文化傳統和歷史因緣。這些條件，即使在物理科學和生命科學的發展上，也全部具備；在社會科學和人文科學的開拓裡，更是明顯可見。不過，在一個學科不斷長進的過程中，它的對象範圍、它的基本假定，以及它的文化傳統往往隱藏其間，無需多問——除非整個學科遭遇到成立基礎上的危機，或者面臨發展方向的困局。一般，最決定一個學科的內容經營的，就是該學科所使用的方法，以及該學科所使用的語言。方法和語言決定了一個學科的特色，也決定了它所開拓出來的成果。

舉例來說，十七世紀開始的力學是以物體的運動現象作為它探討的範圍。參與研究的人對於什麼算是物體，什麼算是運動現象，都有一定的理解，無需多加爭辯。它使用的方法可以叫做實驗的方法，而它所使用的語言則是微積分語言和幾何語言。除此之外，它也假定著許多外在世界的特質，包括時間和空間的數學特性等等。另外，它是在西方理性主義的傳統下，在神學尚未大見失勢，但機械宇宙觀卻澎湃開展的局面下開拓經營出來的。

由於具有這樣的歷史文化背景，早期的力學所提供的科學解釋有時也沒有脫離上帝的因素。比如，剛剛發現唧筒抽吸的運動現象時，有人就以「上帝厭惡真空」的想法，去解釋當我們使用唧筒製造出真空時，周圍的介質就立即將它填滿的現象。不過，後來力學的實驗方法和力學的數學語言不斷經營的結果，終於令人發現空氣的壓力現象，創造出氣壓的概念，因此在力學的小語言中引進「氣壓」這個語詞，從此可以不必訴諸上帝，而能令人滿意地回答為什麼每當我們用唧筒製造出真空時，周圍的空氣就立即將真空加以填起的現象。

這類的故事經常出現。在一個學科裡，方法和語言不斷充實改良，不斷經營拓展的結果，往往令該學科逐漸擺脫原來的文化負擔和歷史包袱，走向新的工作假定和新的品質標準，甚至開創出新的文化傳統。所以，我們可以說，方法和語言促使一個學科形成它獨特的品格，並且不斷令一個學科走向專業化和精緻化。由於一般的常識和普遍的民智並沒有緊隨各種科學的發展而亦步亦趨，跟著提高，所以科學本身精緻化的程度往往直接反映著該科學的進步程度和內在品質。發展得愈良好的科學愈和常識保持著一段可觀的距離。這就是我們普遍觀察到的學科專業化的現象。學科的精緻化導致學科的專業化。學科專業化的結果令學科和常識隔離，自行發展，自建知識王國。

不過，自古以來人類總是努力在尋求瞭解世界上的萬事萬物，並且努力應用獲取的知識來改進生活，加強生命的意義和價值。這兩個層面的要求令科學的發展和科技的開發常常互成因果，經常彼此支援。人類追求創造實用的技術導致人類對這個世界更深的瞭解。人類瞭解這個世界愈深，愈增加開發實效有用的技術的可能性。

為了開發科技，為了發展實用的技術，人類不只需要提倡科學研究，而且也必須推廣科學成果。我們通過教育、大眾傳播等等的渠道，介紹科學理論，推廣科學知識。這類的努力可以出於各種不同的做法。最準確而又最嚴格的，當然是專業化的分科教育，令人從方法和語言兩方面入手，瞭解科學的理論，建立科學的知識。然而，這並不是普及科學知識的通常軌道，它是科學專業教育的一般途徑。我們不能為了試圖推廣科學，而先將一般人教育成為專業的科學人才。這樣做含有多方面的技術困難，在原則上也不一定很有成功的把握。通常為了達到推廣的目的，我們總是採取一種「通俗化」的策略，做為普及推廣的手段。我們使用一般人能夠瞭解的表達方式，將科學以它的小語言所構作的理論，改寫成為大語言中的「通俗版本」。一般人就根據這種通俗版本接納科學理論，吸收科學知識，建立科學的世界觀、社會觀和人生觀。

當然科學理論的通俗版本無法完全準確地反映原來理論的知識內容。為了淺白易懂，我們在通俗化的過程中，常常採取比喻的表辭或其他比較寬鬆的表達方式，來傳達理論中比較艱澀難懂的概念或思想。不過，這些難懂艱澀之處，可能正是原來理論的要義所在或精華之處。通俗化的結果往往將原來的理論變得意涵模糊，甚至真假難辨。採用大語言裡的比喻表辭等比較鬆弛的方式來瞭解科學的理論，最大的限制就是我們只能被動地接納，而無法有把握地進一步主動地參與。我們不能以寬鬆的語言對通俗化的理論內涵進行批判檢討，或者進一步的拓展發揮。有時試圖這麼做的結果，反而歪曲了理論的真義，在科學裡滲進沒有知識根據的內涵。這是我們使用通俗化的策略去推廣科學理論的困境。自然科學如此，社會科學和人文科學也是一樣，只是問題的關鍵有些不同，所引起的困難情況有些兩樣。

成熟的科學為了表達上的嚴緊細密，常常引進特別的「專技語言」做為它的小語言。這樣的做法有它正負兩方面的效應。從保持科學成果的純正性的觀點看，這是一項有效的措施。所有對於理論的批判檢討和闡釋推衍，都可以使用專技的語言做為主要的表達媒介。這樣一來，所建立起來的科學知識的專業性比較容易保持，真假之辨或優劣之別也比較容易考察判斷。這樣建造起來的瞭解也比較確實而有把握。可是，與這個優點並蒂共生的卻是一個顯而易見的難處，那就是推廣上的困難。愈是技術性的專技語言，愈難在大語言中找到適當的移植和翻譯，因此推廣起來愈加困難。我們愈不容易順利進行普及化的工作。

當然，在我們使用一般的大語言來「釋寫」科學理論的小語言，以便將該理論加以通俗化，加以推廣的時候，我們所使用的大語言接受了科學理論的小語言之衝擊挑戰和滲透改造。大語言為了移植翻譯小語言裡的說辭，自己也產生了變化。這種變化常常不只停留在語彙的層面。為了適應吸納小語言的需要，大語言在語意上、語用上和語法上，都可能做出適應上的調整。比喻來說，使用小語言所構作的科學理論，經過「稀釋」而溶化到大語言中。從理論的純正性的觀點看，它在大語言裡被弄得模糊了。可是從大語言的科學可表達性的觀點看，這種表達性的「濃度」提高了。所以，在一個社群或文化中，努力提倡科學理論，不斷推廣科學知識的結果，該社群或該文化裡的大語言也跟著慢慢地「科學化」，慢慢地變得更適宜用來釋寫小語言中的科學理論。這點對於自然科學來說是如此，對於社會科學來說也是如此。

提倡科學的另一個顯要目的是創造科技❹。物理科學的研究開發出物理科技，社會科學的研究開發出「社會科技」。在許多情境下，追求科技的開發往往是提倡科學的重要目的，甚至是主要目的。科學的致知為了實用，為了實現，為了施行，為了力行。

---

❹ 費雷(Frederick Ferre)將科技界定為「人類智能在實用上的舖措設施」(practical implementation of human intelligence)，參見其所著：*Philosophy of Technology*, Prentice Hall, New Jersey, 1988.

在實用的層次上比較，物理科學和社會科學具有很重大的不同，因此當演成技術，開發成科技後，物理科技和社會科技也顯現出各自不同的面貌。儘管物理科學的理論是在它的小語言上開拓出來，而且它的專技程度甚高，因此要提倡物理科學知識時，我們遭遇到推廣普及的難題。一般的大語言需要比較長時間的吸納，修訂和延伸，才能比較順利地釋寫小語言裡的物理科學理論。可是，等到物理科學的知識被人取來應用，開發出物理科技時，這樣的科技很容易離開物理科學的小語言，而不必以它作為應用物理科技的必要條件。我們可以沒有精確地瞭解物理科學的理論也可以有效地利用物理科技，享用物理科技的成果。今日物理科技成為世紀時尚，大家普遍在應用這種科技成果。但是，這種物理科技之普及流行，遠遠超越物理科學理論之普及程度。兩者並沒有並駕齊驅，沒有在普及程度上互相對應。可是這點並沒有影響物理科技的應用，甚至不太影響物理科技的繼續開展。可是，社會科學和社會科技的情況又是怎樣呢?

很廣義地說，社會科學所要研究探討的是人類社會裡的種種建制，其結構與其功能，以及個人在這種種社會建制下的行為表現和產生結果。作為一種科學學科，不論是社會學、心理學、經濟學、人類學等等，社會科學都是以構作理論做為建立知識的途徑。它使用特定的小語言來構作它的理論。不過，社會科學很少採用清一色的專技語言做為它的小語言。它們往往將大語言取來加以洗鍊，加以精化，做為比較專業的用法。這樣主要以改造大語言而成就的小語言具有一種明顯的特點。每一種大語言都秉承著它的歷史文化傳統。即使經過精化改造，往往也不能完全擺脫它的傳統意涵。這點在社會科學的發展，在它的理論移植，以及在它的知識推廣，甚至在科技應用上，全都產生實質的影響。

從接納社會科學理論和推廣社會科學知識的觀點看，社會科學比起物理科學遠較複雜。物理科學不論就其所研究的對象看，或者就它的理論所慣用的小語言看，全都可以盡量清洗其歷史傳統和文化脈絡。物理科學所研究的對象可以提煉，精製和理想化，它所使用的小語言可以重新構作，擺脫大語言的許多工作習尚和俗成約定。在必要時，我們更可以捨棄本地物資，進口外來的材料；放棄自己的語言，借用外來的表達方式。因此，到了開發科技的層面時，我們可以不太理會科技產生地的歷史傳統和文化脈絡，直接轉借引進，照搬照用。其功能一樣顯著，其效果也往往十分理想。可是，社會科學和社會科技也可以做得如此簡截了當，如此乾淨俐落，如此不與歷史文化關聯糾纏嗎?

首先我們知道社會科學所研究的對象，不論是個人也好，是社會體制也好，全是歷史文化的產物。社會科學所研究的個人不是經過提煉精化，理想製模的漂白人。人是歷史所決定的理性動物，他是文化所制約的感情動物。不同的歷史文化，塑造出不同或不盡相同的人類理性和人類感情。這樣的歷史文化人性不斷表現在人類的記號行為之中❺，構成他的意義系統、概念系統、情意系統和意志系統；細分之下，包括他的信念體系、知識體系、科技體系、價值體系、情操體系、道德體系、美感藝術體系等等。人是在這種種複雜的文明系統和文化體系之下，所塑造所演化出來的動物。這樣的人所表現出來的行為具有多重的記號意義和複雜的意向基礎。這樣的個人，以及他的行為和行為模式，才是社會科學家所關心注目的對象。至於社會體制的研究更加離不開歷史的傳統和文化的脈絡。一切社會體制都是人類基於前

❺ 參見作者之《語言與人性——記號人性論闡釋》，第十一章:〈記號人性論:語言與人性〉，臺灣書店，臺北，1998年。

述種種複雜的文化體系，為了實用的功能和實效的意義，在其自然生態和文化生態的局限和善用下，懷有理想具有目的的努力成果和規劃實現。這樣的社會體制既經成型演作，又成了進一步開發人類記號行為的基礎，左右人類種種文明系統和文化體系的再生和重塑。

因為這樣的緣故，因為社會科學所研究的對象是歷史文化的產物，而歷史文化之為物，之成型，之成理，並非舉世劃一，普遍無異。所以用來構作社會科學理論的小語言很難超然獨立於個殊的歷史文化之外，成為客觀中立不偏不倚的傳意媒介。這和物理科學理論所使用的小語言截然不同，大異其趣。這不只影響社會科學理論之跨文化的推廣，它更左右了社會科技跨文化的應用實踐。在我們的處境裡，在「西學中用」的號召下，在中西文化交流的風尚之下，這對我們的社會科學發展，以及對我們社會科技的應用，全都構成很根本的嚴重問題。這二十年來，我們談論了不少有關社會科學的「中國化」或「本土化」的問題。追根究底來說，這問題可以化簡成為兩大問題。第一，外來文化中所建構出來的社會科學理論，它所使用的小語言如何翻譯移植成為我們文化中的小語言，甚至更進一步釋寫成為我們文化中的大語言，以進行知識推廣的工作。第二，在外來文化中，根據其所構作的社會科學理論，演繹開發出來的社會科技，要如何轉化移植到我們的文化之中，進行改造社會，轉變文化的工作呢?

在「西學東漸」、「西學為用」、「全盤西化」、「全心現代化」以及「中西文化交流」的經歷過程中，我們曾經努力將西方學術理論移植中土，希望啟發民智，尋求心靈的現代化。另一方面，我們也不斷把西方科技引進國內，試圖增益民生，富國強兵。在物理科學和物理科技方面，翻譯移植較有把握，成效結果也較顯著。可是社會科學和社會科技呢?

從上文的分析我們很容易體認到其中的艱辛困難所在。第一，在社會科學理論的出產地的文化傳統中，要把用來構作理論的小語言釋寫成為該傳統下的大語言，本身已經不是簡單易為的事。因此社會科學的理論即使在產生地的文化中，也由於要通俗化而被曲解，遭到牽強附會。而今，我們卻進一步要將不同文化裡的理論小語言翻譯到我們文化中的大語言，以便構作出一個相應的小語言，將他人文化中的理論移植到我們自己的文化之中。這種翻譯和移植是種多麼迂迴曲折的事。它不只是一個語言對另外一個語言的翻譯，它簡直是一個文化對另一個文化的移植❻。

因此，當我們發現外來的社會科學理論的本地版本解釋起來不甚符合我們的社會現象時，這也許並不只是因為所有的理論都只是「局部理論」，因而需要參照我們社會的現象加以擴充修訂的緣故。這是事實和材料的層面。可是在這個層次之下，我們更應考慮我們所使用的外來理論的本地版本是否足夠忠實地反映了外來理論的「外範」與「內涵」❼？所以，當我們要將外來的社會科學理論加以中國化或本土化

---

❻ 參見作者之〈理論的作用和理論的移植——一個人文生態的思考〉，出處參見註❷。

❼ 我們將理論簡單地構想成為一個命題系統或語句系統。在這個看法之下，我們可以通過對於構成一個理論的命題或語句之外範和內涵的準確標定，去瞭解把握該理論的認知內容和知識意義。事實上，一個命題或語句不僅僅含有外範和內涵這兩個層面。我們還可以探討其在系統中的結構地位，其情意內涵和價值假定等等。這些文化因素常常透過未經徹底「洗鍊」和無法完全「淨化」的小語言，滲透到理論的內涵之中，構成受瞭解接納的一個因素。這是我們講求翻譯和移植社會科學理論時，所要面對的「額外」問題。

時，我們需要在許多不同的層次上尋求瞭解，溝通和取捨抉擇：在語言的層次上，在信念和知識的層次上，甚至在價值、道德和情意的層次上。跨文化的社會科學理論的翻譯牽涉到多層次的文化移植。

第二，在社會科技的跨文化轉移上，問題也一樣的曲折迂迴。在某一個文化傳統中所開展出來的社會科學理論，經過檢驗核證，被人採納接受之後，很可能給人用來充當開發社會科技的「理論基礎」，以便將所開發出來的社會科技應用到社會上，用來改造社會，指導行為。值得我們注意的是，要能成功地開發出足以改造社會，左右行為的社會科技，並不是根據單一的社會科學的理論就足以成事。正好像一個理論是否成立，不但需要依靠它的基本假設，同時也要依賴它的輔助假設。同樣地，要能成功地開發有用的社會科技，除了依靠某些社會科學理論之外，還需要仰仗其他的「輔助理論」以及其他的，已經運作良好的「輔助科技」，包括社會科技。我們這麼說，好像只是在輕描淡寫。可是，事實上這些輔助理論和輔助科技的重要性絕對不可加以忽視。從社會科學到社會科技，從知的層次到行的層次，往往需要文化傳統中的許多「天時」、「地利」和「人和」的密切配合和從中輔助，才可望成功奏效。否則社會科學理論勞勞碌碌地為山九仞，只因沒有那些輔助元素的配合，最後在開發社會科技時，扭曲變形，功虧一簣。許許多多的外來社會科技，像民主政府，法治制度，自由思想，人權保障，常常就因得不到其他輔助理論和輔助科技的支援，結果認知和功用之間，理念和實踐之隔，鴻溝難越，失之交臂。比起物理科學和物理科技，社會科學和社會科技的得失成敗往往不能直接用來檢證原來理論的對確性。我們不能像輸入物理上的材料一樣地輸入外人，充當實驗；也不能將自己的文化傳統全部抽乾滌淨，換血洗腦，而由外來的文化傳統完全加以取代。從其他文化傳統裡，輸入社會科學理論已經問題重重，引進社會科技更加觸發我們文化傳統中多層面多體系的反動和回應。

3.現代化談論與現代化工程

中國人思考和談論「現代化」問題已經有一段很長的時間。涵藏在這問題之下的，事實上有許多不同層次和不同廣度的問題。從比較表面的層次看，我們談論現代化，首先牽涉到意願的宣稱。它表示我們設想推行現代化的進程，將社會改造成為現代（化）社會，將國家建設成為現代（化）國家。

在這個層次上，許多有關現代化的問題隱而不見，另外許多有關現代化進程的基本假定也沒有明白道出。因此，整個的現代化的談論也就顯得籠統而模糊。討論起來也就容易周而復始，反反覆覆，不知怎樣才能獲致一種比較確切的結論。特別是在這樣的談論裡，我們往往頗為自由地跨越著不同的語言層次，來往交叉進行。有時現代化的問題是在一般的大語言中加以陳述表達，可是對於現代化進程中所涉及的體制或建構之運用又出於專科的小語言。這在跨文化的比較和推論中，最易產生翻譯不當和移植失誤的問題。

分析起來，現代化的談論至少牽連出三大層次的問題。在每一個層次裡，各自都有彼此互相關聯的種種大小問題。

第一層次的問題是種概念問題、定義問題和指認或確認問題。問題的核心是：「什麼是現代化?」這個問題常常是由兩個部分所組成：「什麼才是現代化?」以及「什麼就是現代化?」我們有時追問的是現代化的必要條件，有時追問的是充分條件，另外有時追問的是充分而又必要條件❽。

由於我們可以分別從內涵和外範兩方面來探討一個概念，當論及現代化時，我們可以追問什麼是「現代性」，也可以追問那些社會是現代化社會的成例，或者那些國家是現代化國家的典範。這兩個不同的進路往往帶出不同的問題和不同的爭論。比如，強調內涵的探討容易走入哲學的爭辯：我們到底要不要採取一種「本質主義」的立場，認為現代化的社會和現代化的國家全都具有一種稱為現代性的本質。我們若不採取這種哲學立場，改而採取一種「乏晰主義」的主張，則我們等於認定世上可以有不同類別的現代化社會，人間容有不同樣式的現代化國家。表面上看來，採取不是本質主義的立場可以令我們的觀念靈活，進退方便，可是認真追問起來，原有的本質主義的困局卻又悄悄地在另外的層次上出現。比如，我們可以說，我們所要推行的是具有中國特色的現代化，不必一味照抄西方模式。可是這時有人可以查問，到底有沒有一種「中國性」或「中國特性」的本質。如果沒有，那麼這樣的論點又可以重新辯論。在此，本質主義的幽靈又再出現。

當然我們也可以依循外範的路線，舉出一些社會（國家）充當現代化社會（國家）的例子。但是因為這些社會（國家）各自有其不同的特色，因此我們也只好認定現代化容有不同的種別或樣式。我們推行現代化就是以現成的這些成例，作為模範或參考，以衡量成就，考核效果。不過，這時現代化的問題可能轉化成另外一種形式。以往曾經出現過的「西化」討論就是一個明顯的例子。後來的「本土化」的運動，也是這個進路的延續和發展。

問題的形式改變之後，跟著衍生的問題也可能有所不同。主張現代化所遭遇的問題較少，提倡西化所面對的阻力較大。這時傳統文化

---

❽ 參見作者之〈現代・現代性與現代化——語言、概念與意義〉，收錄於周英雄編《現代與多元——跨學科的思考》，東大圖書公司，臺北，1996年，頁3～46。

的問題，不同文化之價值優劣問題，異質文化如何移植等等問題，接踵而至，一一出現。關於這些我們也見證過不少的辯論，至今依然餘波盪漾。

雖然這一層次的問題是整個現代化問題的核心概念基礎，必須經過適當的討論之後，其他層次的問題才容易跟著進行有效的討論。但是由於這個層次的問題最具哲學性的爭議，討論起來，新的枝節不斷產生，問題也容易繼續變形轉向。最後產生出不同的思潮學派，不斷爭持，繼續辯論。

為了實務的進行，很快地第二層次的問題跟著繁衍展開。這些問題涉及社會建設目標的描述，或是國家發展方向的標定。這類問題可以歸結成為下列的形式:「我們要進行怎樣的現代化?」或者:「我們要進行那些方面的現代化?」隨著討論的深入，具體的建設方案就會在這個層次的討論中出現。比如，我們可能要追求富國強兵，而提倡經濟建設和軍事改革。把經濟和軍事當作是國家現代化的主要經營整頓的方面。當然，我們很快發現社會和國家的現代化不可能只由少數一兩個抽離出來的項目，加以全力推動建設，自然就能成功奏效。於是我們又加上其他方面的建設項目，例如，政治改革，教育改革，甚至道德改革和思想改革。我們甚至可以訂立進程，推行各種「三年計劃」、「五年計劃」或「十年計劃」等等。

在這個層次上，我們雖然不再膠著於什麼是現代化的討論，可是具體的單獨項目，即使分別同時推行，建設起來是不是能夠產生社會和國家現代化的效果，那卻需要預測，驗證和檢討。因此，在這個層面上，現代化的談論很自然轉為追問:「在什麼情況下，那些方面的建設改革能夠促成社會和國家的現代化?」

社會科學研究種種的建制和其運作原理。社會和國家都是人類創造出來的一種建制。怎樣的現代化建設方案可望達致怎樣的效果，正是社會科學可以研究的專題。不過，由於這樣的研究仍然是比較廣含，比較抽象，比較高層次的大論題研究，這時用來描述問題，構作理論和解釋現象的語言常常離不開常識性的大語言，無法完全使用比較精密準確的社會科學內部的小語言。因此，這個層次的現代化的談論也容易糾纏於常識概念和通俗想法的爭論之間，徒令社會科學無法充分發揮專業性的研究成果。有時進行起來變成政治代替學術，或者外行指導內行，部分理由正在於此。

所以我們在現代化的談論裡，也需要充分注意對常識性的大語言的改造工作。這樣社會科學的理論才容易被普遍地理解，它所開發出來的知識才能有效地應用到社會改革和國家重建的艱鉅工程之上。這點在下一層次的現代化談論裡，顯得特別重要。許多社會改造運動的失敗，往往不在於其所依據的理論錯誤。當我們將理論普及化的時候，我們往往扭曲了理論的精義。結果以訛傳訛，拿常識充當知識。演變下去，逐漸遠離專業研究的成果。

第三層次的問題屬於實務問題或策略問題。當我們討論過何謂現代化，討論過我們決定進行什麼樣的現代化之後，接著，很自然地我們就要發問:「怎樣進行現代化?」或者「怎樣推行我們所選擇的現代化?」因為我們所要追問的是應用問題，建造或改造的問題，甚至工作方式和推進程序的問題，我們可以將這類的問題統稱為「現代化工程」問題。

現代化工程的核心問題是怎樣善用科技，以便有效地推展社會國家現代化的進程。

一般我們可以大略地將科技區別為物理科技和社會科技，但是輸入物理科技和開發應用物理科技，也遭遇到社會的調適問題，也需要發展社會科技來對問題加以解決。所以，我們在此採取「社會科技」的廣含義。當我們設想現代化工程中的「現代化科技」時，我們也採取同樣的假定。

社會科學在這個層次的現代化談論裡，理應最能提出它獨特的貢獻。現代化的工程牽涉到種種制度的改革和引進，以及種種建構的改造和輸入。社會科學旨在研究探討人類的各種制度和建構，它的研究成果，它所拓展出來的理論，正是開發必要的現代化的社會科技的知識根據。現代化工程的主要問題就在於如何動員社會科學的力量，成就現代化的施行理論，創造出現代化的社會科技，以推行現代化工程。

當社會科學要在這個關鍵上提供它獨特的貢獻時，我們需要對現代化那第一層次的談論和第二層次的談論，擁有適當的「工作假定」，對該兩層次的問題立下暫定的答案。這樣一來，第三層次的現代化談論才不致動不動又滑落到另外兩個層次的問題之上。我們也才容易令第三層次的討論盡可能接受社會科學和社會科技的專業指導，以保證有關談論的專業品質。為了這個目的，社會科學的理論的小語言的經營似乎顯得特別重要。社會科技不像是物理科技一樣。它是種無法在很大程度上獨立於歷史文化的技術。社會科技所依賴的制度和建構不是天然物質所構成的器物，而是人心人性所建成，所維護的文化體制。一個社會裡的個人品質和集體意願直接影響引入該社會的文化體制之完善與否，以及其運作之有效無效。如果沒有適當合理的民智基礎，社會科學的理論很容易在一般的大語言中稀釋消滅，社會科技也很容易在常識裡扭曲變形。比如民主和法治在不適當的民智基礎上，容易變形走樣，往往就是這個道理。從這個觀點看，我們要談論社會國家的現代化，不可不談論它的教育現代化，思想現代化和民智現代化。

這些是其他方面的現代化的基礎。因此，社會科學更應在這些方面致力開發理論，建立知識，造就社會科技，開展社會現代化工程。

1997年4月17日

香港中文大學哲學系

記號文化・演作人生和生命的榜樣
——哲學智慧的尋求

1. 人類的生活內涵與「生命形式」

人是演化出來的動物，人類處於無休無止的演化進程之中❶。人類由跟其他比較高等的動物相差不遠，別異不大的生活內容，演變到今天和牠們具有天淵之別，不可同日而語的生活內涵。人類在演化的歷程上，遠遠拋離其他的動物，表現出他獨特的「生命形式」。

我們可以這樣設想：在遠古的年代裡，人類的祖先也和其他動物一起，在大自然的環境裡，求取生存，建立他們的生活。那時，人類與其他的動物同居共聚在天生本有的「自然生態」之中，彼此競爭求存，並在這種追求適存和續存的活動之中，開創自己的生活方式，促進自己生命形式的演化。

在這樣的求生競存，爭取適存和續存的過程中，每一種動物都在自己的物理條件和生理情狀的基礎上，依附自然，順應自然，進而利

---

❶ 作者主張「人類演化論」，特別是「人性演化論」，並且以此為理論基礎，接著進一步探討人類的文化與文明，以及個人的生活意義和生命價值等問題。不過，演化論是個絕大的論旨，它既不是三言兩語所能完全闡釋澄清，也不是幾堆證據就足以演證它必然成立。在此，為了依據它的論旨或基本精神著述立說，作者將此種理論假定或理論依據當作是種「假設主張」。有關一個假設主張的知識論上的地位問題，參見作者之《人性・記號與文明——語言、邏輯與記號世界》，東大圖書公司，臺北，1992年，頁127。

用自然，甚至改變自然，開闢出適宜自己生存，並且有利自己續存的自然生態。蜘蛛織網覓食，飛禽做巢育幼，極態開穴冬眠，水獺建壩營生。人類也是一樣，而且更進一步。他築洞建屋，引水用火，農耕漁牧，製造工具和器械，發明典章和制度，更有效和更全面地發拓他的自然生態，保證他的適存與續存。就這樣，不同的動物使用其不同的生理結構，發揮其各別的潛在能力，改善自己適應自然、改變自然和利用自然的條件，在不斷演化的歷程中，經過個體的實踐力行，以及群體的通力協調和互助合作，每一種動物建立了自己經營自然生態的獨特方法，建立了有別於其他動物的工作形態，奠定了自己的生活內涵和生活方式，演變出自己獨特的「文化」。

從這個觀點看，每一種動物，至少每一種比較高級的動物都有自己的文化，表現在其生活方式和生活內涵之中。即使比人類遠為低等的動物，也不只是一種機械的生理存在。牠們必須善用機能，把握機會，利用生態，努力工作。牠們生活的收穫，有時豐盛，有時匱乏；牠們衍發的努力，有時成功，有時失敗。

為要能夠充分有效地營造生態和利用生態，動物必須發展出一種認識生態的機制，培養出種種識別區分的能力。比如，動物在覓食求生時，必須分辨可以充當食物的個體和有毒有害的品種；在遭遇敵人碰上危險時，必須作出反擊抵抗或是逃避脫險的決定；如果決定抵抗，必須認清對方弱點，發揮自己強處；如果決定逃避，必須出以計謀，善用方法，以圖轉危為安，保全生命。當然，動物的生命形式不只在於簡單的覓食求生。牠還需要求偶，牠還需要育幼，牠還需要除災排難。這樣，牠的群族才能繼續繁衍生存下去，在物種演化的歷程中不被清除淘汰。當然這些活動全都依賴認識生態的機制，以及辨別情況的能力。在這方面人類也是一樣，只是在有效經營生態和充分利用生態的努力進取的過程中，人類將認識生態的機制和種種區別分辨的能力開拓發展到更高更深更廣更遠的地步。

另一方面，與發展這種認識生態的能力一樣重要的是開拓群族中個體與個體之間的互動與交流，甚至進一步建立集體的組織，以及集體的行為模式。

當然，並不是所有比較高等的動物全都屬於群居的動物。不過不論是群居的動物也好，不是群居的動物也好，小至求偶交配，生產育幼；大到遇險時報警示急，或是合力狩獵時的協調分工，全都涉及個體與個體之間互動交流的進行，以及在群體的層次上參與合作的行為之建立❷。當然，在這個群族或集體的層次上，所有的動物也都得營造生態和利用生態。牠們都得發展認知，培養能力，並且需要善用策略。人類也是一樣，只是在這方面人類也一樣開展得更高更深更廣更遠。

以上我們提到所有較高等的動物在經營生態和利用生態的活動中，所開發拓展的兩大類別的事項。那是動物文化的兩種基本而又重要的構成因子。可是這樣的動物文化之開展建立，在根深底處卻有賴於動物普遍具有的一種潛能。這是一種使用表徵，當成記號；或是精進自己，創制記號的潛能。我們可以將它簡稱為「記號潛能」。愈是高等的動物愈能將這種潛能發揮得愈淋漓盡致。發揮得愈淋漓盡致的結果，令牠變成愈高等的動物。人類就是最能發揮記號潛能的動物。層層相因，節節互扣，人類終於演化成為位居萬物之靈的最高等的動物。

❷ 同一種動作在個體的層次上，和在集體的層次上，可能行使不同的作用，促進不同的功能。比如，只是一個個體單獨遙遙地追趕著獵物本身，並不一定構成狩獵的「個體行為」。但是當有其他的夥伴隱藏埋伏，準備出擊時，遙遙地追趕卻可以構成狩獵的「集體行為」的一個重要成素。

記號潛能的發揮表現在記號的採取、創制和使用，以及進一步「記號行為」的建立、經營和精進之上。「記號」是種用以指示、指引、代表、代替，甚至取代他物的東西。我們使用某一種事物指示、指引、代表或代替，甚至取代另一種事物，而慣常如此使用之後，前者也就演成後者的記號。

舉例來說，很多動物都採用種種向同類或自己的稚幼成員示警報危的記號。牠們發出急促高頻的聲響，警告同類敵人逼進或危急當前。這時聽到這類用以報警示危的記號的聲響的動物，就可以因應自己的需要，利用環境，採取適當的應變措施：比如拔腳逃離現場，尋找安全處所躲避，爬樹、跳水逃生，甚至鼓起勇氣、頑強抵抗。這時，那急促高頻的聲響就成了用來報警示危的記號。對於那些使用這種記號應變行事的動物，那樣的聲響也就指示或代表危急情況的來臨。

這是一個簡單而普遍存在的動物記號的例子。人類在演化的早期一定曾經善用這樣的簡單記號。即使時至今日，這類記號也經常給人拿來充當交流溝通和傳達互動之用。只不過人類將這種記號普遍加以精緻化和細密化，納入他那龐大複雜的語言系統之中，或者充當語言的輔助機制，令語言使用起來更加方便和有效。不過，從它的簡單的雛型開始，記號就有一種構成上的特徵。並不是所有的東西都會自動地成為人類或其他動物的記號，不論是自然的東西，或是經過加工過的東西。一種東西成為某種動物的記號，那是因為該種動物使用該種東西充當記號的結果。記號的形成都經過一番社會化和習慣化的過程。記號之為記號必須通過使用該記號的成員之體認。那是人類和其他動物建立認知、成就知識的基礎活動。就以上述的簡單例子來看。起先一種動物的急促尖叫可能只是牠歷險遇敵時驚恐失措的自然反應，但是當這類的生理反應被同類所察覺，或者經由自己歷險遇難之後的教訓啟發，可能就學會將該類聲音發作來充當報警示危之用。該類聲響在該種動物群體之間也就成了代表危急、指示逃生的記號。值得注意的是，這樣的記號並不是純粹天生自然的事物，那是經過群體中的分子之間彼此觀摩學習、經驗體會、改良修正，代代相傳而形成的。那是該類動物的「動物文化」的一部分❸。所有的記號都是文化的產物，人類如此，其他的動物也是如此。

讓我們把像上述的聲響似的、用來充當記號使用的東西稱為「記號體」❹，意思是「記號的載體」。人類和其他動物使用記號體用來裝載其所要發放傳送的記號❺。

許許多多常見的記號體都是經過「加工」過的。上述那種動物發出的急促高頻的聲響就是一例，那是經過學習模仿而調練演作出來的

---

❸ 在此，我們使用「動物文化」以別於「人類文化」，因為對於「文化」與「自然」，我們可能在不同的情境下，採用不盡相同的區分標準和程度規定。當然，在必要時我們也可以拿它和「植物文化」，甚至「礦物文化」彼此互相對照。植物和礦物也非清一色的機械死板的個體，它們也容有成長、嬗變和演化。

❹ 有關記號體之闡述可以參見作者下列著作：⑴《傳統・現代與記號學——語言、文化和理論的移植》，東大圖書公司，臺北，1997年。〈現代・現代性與現代化——語言、概念與意義〉，第1節之㈠〈記號體與記號〉，頁18～21。⑵《語言與人性——記號人性論闡釋》，臺灣書店，臺北，1998年，第三章〈記號行為的結構：人造記號和自然記號〉。

❺ 從這個觀點看，記號體可能是種具體的東西，但是記號卻是種抽象的概念。當然，有時記號體也可以是抽象的事物或事件。比如，當我們說：「此時無聲勝有聲」，或者說：「沉默是金子」時，寂靜本身在某一特定的脈絡下，成了一種抽象的記號體。

聲音。不過，並不是所有記號的記號體都必須經過人類或其他動物的實際加工，才能成為記號。常常事物或現象並非由使用記號者所控制發佈，但也可以給拿來充當記號使用。比如，很多種果實在成熟時都會變色，或者散放出芬芳的氣味，採摘果實吃食果腹的動物也就可以將果實的顏色或氣味，拿來當作代表果實成熟可食，指引前往採摘享用的記號。同樣地，當獵人發現地上留下某類動物的腳印時，他可以拿這類的腳印當作是該種動物存在該區，指引他前往搜捕的記號。在這樣的情境裡，記號使用者不必親自動手費力對記號體施以加工，然後傳播發放。他可以將所見所感的經驗遭遇拿來充任記號體，當作記號使用。這種記號稱為「自然記號」，以別於「加工記號」或「人工記號」。不過，這時也並不是事物本身自動成為記號；即使在這個情況下，也是通過記號使用者的思察體認，才將某類事物當作記號體，將它收納用為記號。也可以說，即使是自然記號也是文化活動的結果，一個群體裡的成員通過思察、經驗和學習，而將某類事物認定成為記號體，用來充當記號使用。這類的自然記號因此也構成動物文化和人類文化的一部分❻。這種自然記號對於一個個體和群體在求生競存上的意義重大。它是人類和其他動物認知致用、建立知識，以及成就技能的基本條件。能夠將自然記號開發得愈精細、愈深入的群族，其所建立的知識與技能也就愈豐富、愈有效。人類就是最能開發自然記號的動物。他結合其他種類的記號運作，將人類的知性拓展到其他動物望塵莫及

❻ 人類和其他動物都使用著自然記號，但是彼此的自然記號並不相同等範。比方，是人類的自然記號的，不一定是其他動物的自然記號；反之亦然。同樣地，是今人的自然記號的，不一定是古人的自然記號；是某一文化傳統中的自然記號的，未必是另一文化傳統中的自然記號；反之亦然。動物的情況也是如此。

的高遠優越的地步。

人類是最善於使用記號的動物。他發揮記號潛質，大力收納和創造記號，遠遠拋離一般動物的記號模式。

在上述的動物文化中的記號情境裡，自然記號的記號體固然不是使用它的動物一手造成的，它是動物就地取材、加以認知收納而成的；就是加工記號的記號體，不但所成有限，種類不多，而且在構成記號的形成條件和變化規律上也殊多限制，無法加以廣大而深入的拓展。簡言之，一般動物在加工製作牠們的記號體的時候，總是離不開自然的物理條件，尤其擺脫不了牠自己的生理反應模式。比如，用來報警示危的聲音必須發作得急促而有力，令同類聽來緊張而警惕。相反地，用來求偶的動作必須進行得輕柔而含蓄，令對方感受到溫馨而接受。在這樣的動物的記號模式裡，充當記號的記號體必須給製作得能夠在一般的物理條件下，引發所欲所求的生理反應，以便行使發放記號所意向的目的。這種記號模式大大限制了開發記號的廣度和深度，並且也將記號的文化功能大大局限在能夠使用生理反應來界定，或者可以通過感覺內容來分辨的領域之中。因為這個緣故，一般的動物沒有大力地由生理的反應走向心理的境地；牠們沒有由感覺的內容進一步走入思想和想像的精神世界——像人類後來的開發拓展一樣。我們也可以說，一般動物使用記號只在於輔助牠們營生續存、競存繁衍。對牠們來說，記號是動物文化演化的成果；記號並沒有反過來大力促進動物文化的演化。

人類發揮記號潛質的情況就大為不同。最早，人類文化初起、記號始作之時，他也和其他動物一樣，依循一般動物的記號模式創作和使用記號。那時，人類甚至模仿其他動物，學習使用記號。在那個階段裡，人類記號的形成規律也大大局限在自然的物理條件和本身的生理反應的範疇之中。那時人類的記號——包括自然記號和人工記號——雖然是他求生競存的有力工具，可是根本上那也只是人類追求續存繁衍的文化演化的成果。真正令人類成為傑出的記號的動物，開拓「記號文化」，而啟動人性和文明的塑造，豐富人類的生活內涵，提升人類的生命形式的是人類在創作記號和使用記號上的突破。人類在記號的創作和使用上，由局限於自然條件和生理反應的一般動物的記號模式挺身崛起，昂然步入人類獨特的記號模式，掀起人類文明和人性的革命和演化。人類的記號文化不只是人類競存繁衍的演化成果，它反過來指導規範人類嶄新的演化。

2. 記號文化：意義世界的開拓和精神境界的追求

人類記號模式最重要的關鍵特徵在於「任意」的起始和「自由」的創造。人類在創制記號上，由任意開始而演成規律和遵循規律，由自由創造而開拓成果和尊重成果。這在人類的演化上是件空前的大事。它主宰了記號文化的建設以及文明人性的塑造。

當人類在記號的創造和使用上擺脫一般動物的模式後，那真是一項人類文化的突破起飛。一方面，從此人類所進行的記號行為不必處處受制於外界的自然條件和本身的生理規律。他能夠「無中生有」地任意創造，不受限制地自由決定。他可以完全隨意地創造記號體，無限自主地決定以它充當代表什麼事物的記號。人類的人工記號是他第一種重大發明，那是一種史無前例的新事物。比如，從此之後，人類不必將用來代表「大」的記號說得聲音宏亮，震動耳膜；他也無需把用來代表「獅子」的記號比繪得完全貌似一隻獅子，令人看來心生恐懼。事實上，如果一概訴諸自然條件和生理反應，世上存有無數的東西無從拿記號加以表示，許許多多事情和事物之間的分別也無從使用記號表達出來。所以，記號的任意創造和自由發明為人類的文化建設打開一個廣闊無比的空間。

另一方面，人類步入這種嶄新的記號模式之後，愈走愈發現一片無邊無際的自由天地。他所創造的記號，不只充當交流溝通、演作互動的工具；記號及其衍生系統——種種的語言——更成為結合群體成員、構作社會建制，用以指導文化建設的力量。尤有甚者，這樣的記號更形成一種客觀而獨立的存在，有力地助長人類發現內在的自我，接著更進一步塑造出各種不同的心靈事物或精神事物。我們可以說，人類的軀體得自自然物種的演化，可是人類的心靈卻是他獨特的記號活動的成績。

為了要用來交流溝通和演作流傳，人類任意而自由創造出來的記號總是歷經一種「俗成化」的過程。這樣一來，原本可能只是少數人創始構作的記號，慢慢可以供給整個群族大家使用，成為可為眾人共同擁有的「公器」。這是一個記號能夠受人取用、受人沿用，以及受人廣用的必要條件❼。這樣的俗成化的過程當然容許改正、修訂與翻新，因此它也成了一種改良的程序，令記號走向「公眾化」，也令人類的記號行為走向「客觀化」，常常也令所成的記號文化走向「標準化」。一個文化傳統往往顯現出它獨特的深層特徵，那是具有記號學上的理由根據的。

人類在記號上的自由創造令他所使用的記號品種不斷增加，人類

❼ 因此維根斯坦立論說，真正的「私有語言」不會存在。所有的語言——以及一般記號系統——都可以被「公眾化」而成為眾人的公器。不過維根斯坦所否認的私有語言並不是作者常常提起的「個人語言」。後者的存在具有重大的文化意義。參見註❹所引《語言與人性——記號人性論闡釋》，第五章〈公眾語言和個人語言〉。

可以「記號化」的範圍、程度和方向上也不斷加強。人類的記號行為擴充了他的內在世界，他的記號活動不斷精進和深化他的精神品質。原來人類使用記號代表生活中遭遇的事物以及經驗中承受的感覺，因為這些事情和事物存在於現實世界中，容易採用建基於自然條件或生理反應的記號來加以表現。不過除此之外，人類的記號化很難走出現實事物和現實事件的範疇。如今，他能夠任意而自由地創造記號，他的記號行為也就可以跟著脫離現實世界的界限。此後人類不只可以使用記號代表在他周圍環境裡存在的事物，表達他所實際經歷過的感官經驗；他更可以創造記號用以代表根據思想、臆測、推理和想像所捕捉和製作的事物，表現超乎感官經驗，甚至有背感官經驗的內容。於是經由這樣層層擴大的記號化的結果，在人類的生態環境裡，他不只和自己的同類保持交流互動的關係，在內心裡、在精神上他將自己的觸角伸展到不可感覺的領域，伸展到猜測幻想的領域，伸展到期望夢想的領域，甚至伸展到虛無飄渺神奇莫名的領域。這樣一來，人類也逐步將他所需所要的記號加以系統化、日常化和大眾化。人類逐漸演化成為「講故事的動物」❽。他開始一代接著一代不斷不停地講述童話的故事，講述神話的故事，講述祖宗先人的故事，講述英雄美人的故事，講述拓荒闢土的故事，講述技術發明的故事，講述追求真理的故事……。人類在他的求生競存的生活方式中，通過群體組織和人際的交流，不斷將這種講故事的傳統發揚光大，用來教養後代，用來激勵團體士氣，用來培養群體意識，用來形成工作習慣，用來砥礪個人志節，用來提供生命榜樣，用來塑造人性品質，用來開導文明理想……。

❽ 有關人是講故事的動物之闡述，參見註❹所引《語言與人性——記號人性論闡釋》，第一章〈人是講故事的動物〉，第二章〈從孩童的故事到大人的故事〉。

許許多多人類的個體品格素質以及社群的價值理念就在這樣的講故事的教化涵育和交流互動的歷程中，逐步呈現，慢慢定型演化。比如我們所珍視的真誠、熱心、勇敢、克制、謙卑、友善等等，以及合群、互助、公正、誠信、犧牲為人種種，都是在人類的記號模式下，經由人類交相演作的記號活動而步步開拓，逐漸完成的。沒有人類那特別的記號文化，我們很難想像人類的生活內涵會演化得如此豐盛多樣，人類的生命形式會提升得如此超越萬物；我們也無法理解人類能夠塑造演化出今日的人性，人類的文明會有今日的成就。所以記號文化是人性和文明開拓演化的基礎根源和絕大動力。

第三，這樣的記號文化的建立，以及它的持續而廣泛、普及而深入的運作的結果，對人類的演化產生一種左右大局和舉足輕重的決定力量。它不僅促成人類多源豐富的文化成就，它更將人類文化疏導引進到超離一般動物的文化模式，朝著人類所特有的文明取向步步邁進。人類經營記號文化而開闢出他那特有的「文化生態」，並且進一步將他原有的自然生態也收納歸屬於他的文化生態之中，促進他人性的塑造和文明的演進。這是人類獨有的記號模式開發運作的結果，是人類特別的記號文化的重大典型成就。

本來人類以任意的決定自由地創造他的人工記號，可是這樣的記號要能充當交流溝通的用途，甚至進行演作互動的功能，首先必須經過前述的俗成化，因而獲致公眾化和客觀化的效果。人類為了要以這樣開發出來的語言作為媒介，講說各類的故事，進行種種個人和集體的活動，完成形形色色的個人心願或集體目標，那麼人類就必須有意而志願地遵循記號的使用規則和應用程序。大家必須學習活用語言，甚至鍛練善用而優用語言，這樣人類的記號行為才能達到他所期望寄許的目的。這樣一來，人類也就必須在他的文化生態裡，養成一種制服天生野性、疏導本能情緒的工作習性和生活模式。他必須學習「克己存他」的心態，必須培養「自制客觀」的精神，起自於任意發明的，而繼之以遵循運作的規律；出發於自由的創作，而演作出存心自律的尊重。這是人性的一大突破。人類由動物文化的模式脫穎而出，步入人類文化的獨特模式。他不再只是臣服於自然定律之下，被動因應；他開始主動地創制規律，並且志願地遵守和尊重這樣的規律。這是一般動物的自然演化方式，以及人類的文化演化方式的分際；也是人類理性別於動物理性，人類感情異於動物感情的關鍵所在。事實上，我們可以說，這樣的記號文化正是人類理性的緣起根源，它也正是人類感情的寄託出處。所以，我們主張「記號人性論」，我們主張「情理同源論」❾。

人類記號活動所耕耘出來的記號文化對人性和文明產生如此重大長遠的效應，其原因主要在於人類創造記號之後所開拓出來的無邊無際的心靈空間，以及在這樣的心靈空間裡所孕育陶養出來的精神向度。

我們已經說過，當人類進入任意自由地創造記號的境地時，他的世界大大地開闊了，他不再只是局限於感官經驗的領域之中。他進入思想的世界，進入想像的世界，進入空幻的世界，進入自由創造的世界。這是一種內心世界的擴充以及精神境界的拓展。在這樣的進展過程中，人類開發他的「概念世界」，經營他的「意義世界」，不斷塑造他的心思和情意，並且在使用記號和語言的輔助促生，以及通過人類講故事的傳統之陶養創建之下，他開發了生命意識，塑造出與其他動物有別的理性和感情、道德和價值，以及意志和願望。

---

❾ 關於「記號人性論」和「情理同源論」的解說，可以參見註❹所引《語言與人性——記號人性論闡釋》，第十一章〈記號人性論：語言與人性〉，第十二章〈人是理性的動物〉，第二十章〈人是感情的動物〉。

在人類開展記號文化走向內心世界的拓建過程中，「概念」的塑造是人類由動物模式的記號活動走向人類模式的記號活動的重大關鍵。

人類能夠不受制於感覺的作用和情緒的反應，有力地發揮思想和想像的力量，多方多面地開拓心思，以及多姿多采地塑造情意，這完全依賴人類所發明創造出來的概念。不論在知性的開發或感性的拓展上來說，概念的把握和善用都令人類的記號活動所能處理的題材有效地超越感覺經驗的層次，朝向較深較遠的境地摸索前進，創造演化。有了概念而加以應用的結果，人類不只能夠愈走愈細密地認同某一種事物，愈演愈精緻地分辨出某一種性質，以及愈作愈準確地區別出某一種關係；而且有了這樣的事物概念、性質概念和關係概念之後，人類更可以進一步發明創造出更多更多這類的概念——有時甚至不必多參考實際的感覺經驗，就可以繼續繁衍增殖愈來愈多的概念。不但如此，有些概念固然成就於人類已有的感覺經驗；可是人類創造的概念有時也能夠促進他產生發展新的感覺——形成人類感覺經驗的拓展、延伸和擴增。這是一種十分重大的人類記號文化的拓張現象。在這樣的層層拓張的進程中，人類也就不只停留在講說實際的歷史的故事——事實上，人類有了概念之後才能完整地講說這樣的故事；他還能進一步講說依憑想像和思考所編作的故事，創造出種種的理想的世界、意願的世界，甚至夢幻的世界。

顯然概念之為用不僅局限在人類知性的拓展上，雖然在這方面概念的功能和效力成績斐然，無需列舉⑩；就是在感性方面，概念也一樣扮演著澄清感覺、再建感覺，甚至創造全新感覺的提升、拓展和創生的作用。當人類只停留在感覺的層次時，他和其他的動物一樣，總是感官主導，情緒用事。只有經過概念的過濾、規限和疏導，人類的

---

⑩ 參見註❹所引《語言與人性——記號人性論闡釋》，第八章〈概念的世界〉。

感覺才能提升到意識的層次，加以沉澱結晶，釐清界定，而成就人性的感情。這是人類的感情模式之有別於動物的感情模式的地方。就人類而言，感情並不是一堆感覺的聚合，感情也不是情緒的發作和反應。人類的感情有它的概念組織和概念內涵。這就是為什麼在人性之中，情中有理、理中有情的緣故⓫。

概念的生成和開發在人類的記號文化裡產生一種轉變記號運作模式的催化促生的功能。人類所創造的人工記號之所以如此應用廣泛，效力無邊，主要在於許許多多的人工記號都可以給人拿來充當載體，背負起種種的概念——事物概念、性質概念和關係概念。於是人類的記號不只可以用來指示和代表，而具備著某種特定的「用法」；它還可以用來表達或呈現心思情意，因而具備著某種特定的「意義」⓬。

從記號的用法的指認和應用，提升到記號的意義的把握和開發，這是由「外範」而「內涵」，從外物的世界到內心的世界之跨躍。這個進展令人類昂然超離動物的「技術之知」和「本能之情」的生命形式，邁向「道理之知」和「意識之情」的生命形式。人類的種種內在品質之所以可能呈現和定型，第一步就有賴他在記號文化中所塑造出來的「概念意義」。

這種概念意義就是一個概念的內涵。那也就是記號所裝載的心思或情意。這就是說，一個記號的概念內涵就是人類賦予該記號的心思

⓫ 參見註❹所引著作中，第十五章〈有情的理性和絕情的理性〉，第二十二章〈合理的感情和無理的感情〉。

⓬ 從生成演化的觀點看，從記號的用法邁向記號的意義，這正是人類的記號文化由動物模式走向人性模式的跨躍與提升。因此，二十世紀有些哲學家倡議「只談用法，不問意義」，那雖然是遵奉行為主義、一脈相承的有力口號，但卻嚴重忽略了人類不斷開發意義世界，不斷創新精神境界的事實。

和情意。人類使用記號交流溝通的時候，他們進行著心思對心思的互動，或是情意對情意的交感。人類進行記號活動，基本上是心思和情意的演作。人類記號文化的傳統，基本上是人類心思和情意的開發和拓展。

代表著記號的概念的這種意義，是人類記號模式在內涵上的基本單元。人類將這種意義單元賦予記號之上，用來進行記號行為。可是這樣的基本意義單元卻不是人類塑造使用的唯一不二的意義樣態，人類不斷進行記號活動，不停地進行「記號化」、「概念化」，以及「意義化」的結果，其他種種不同樣態的意義也就陸續出現，不斷開發成長，參與拓展人類個體之內心世界的內涵，增進精神領域的品質，加強人類記號文化的耕耘，促成文明和人性的演化和進步。

除了概念意義而外，其他意義樣態的出現起源起於人類的「自我發現」，或者重新發現。那是一種「內視」的結果。人類在記號活動的推動之下，開發意識，終久形成了「自我意識」。他反觀自己的存在，肯定自己的生命，甚至更進一層反省自己的生活內涵，檢討自己的生命形式，從而界定自己，建立「自身認同」；進一步跟著提升自己，塑造人性理想。在這樣的自我意識的興風作浪和推波助瀾之下，在自我的省覺和意識的開發之中，種種不同樣態的意義接二連三地湧現在人類的記號文化裡：包括理性向度的意義、感情向度的意義、道德向度的意義、價值向度的意義、意志向度的意義，以及願望向度的意義等等。這些不同樣態的意義和概念向度的意義結合起來，通過記號活動，不停不斷地充實人類個體的心靈內涵，提升他的精神境界；也無止無休地精化人類整體的文化品質，加強他的文明理想。

概念向度的意義注重它的現實性和客觀性，其他向度的意義講究各自的理想性和獨特性。人類同時生活在兩種意義取向之中，他需力求客觀，但也要追尋理想。這是人類特有的生命形式，也是人生獨特的開展條件。人類的文明和人性都具有各自的理想性和價值內涵，其道理就在於此。這是人類記號文化的成果，也是人類繼續演化的指向。

3.演作人生：言和行的記號行為

在記號文化的傳統下，在人類全面不停地進行記號化和意義化的過程中，個體的生命不再只是物理的存在，不再只是生理反應的機制。最重要的是，一個人不只停留在感覺的層次，還進一步提升到概念的境地；他不只停留在知性的層次，還進一步提升到理性的境地；他不只停留在情緒的層次，還進一步提升到感情的境地；他不只停留在他律規範的層次，還進一步提升到自律道德的境地；他不只停留在實用滿足的層次，還進一步提升到價值超凡的境地；他不只停留在被動順應的層次，還進一步提升到主動意志的境地；他不只停留在現實偏安的層次，還進一步提升到夢想願望的境地。在這樣的開展自我，拓發意義，追求理想的過程中，我們反躬自省，內求發問：人生的意義何在，生命的價值在哪裡。於是意義的問題和價值的問題成了人生在世的最基本的問題、最關鍵的問題和最重要的問題。

這樣的自我意識的開拓不但產生了人類生命意義的自省自覺，它同時也開創出人生存在的終極自由。人類把自己的命運交付到自己的手上。他需要為自己做出最終的生活方式和生命形式的選擇。人可以選擇停留在本能反應和感覺經驗的層次，人也可以選擇提升到意識自覺和價值意義的境地。人可以滿足於使用一般動物的記號模式，經營動物模式的文化，依循動物理性，養成動物感情；相對地，他也可以不滿於動物文化，努力創造人性的記號文化，不斷追求人生意義的提升和生命價值的精進。從根底上看，人類尋求到這種終極抉擇的自由。

他自己再生重構了自己的命運。

在人類記號文化的大力推衍之下，人類走向文明之路，而且也嚐受了文明之果。可是人類的文明之路並非段段平坦，處處順利。他必須不斷重新思察，再做反省，決定如何在新起的「文化生態」之中，重新開發價值和意義，重新釐定他的生活內涵和生命形式——集體的情況如此，個人的情況也是如此。

從個人的角度上看，當他降生到這個世界上時，他已經被投落在一個文化生態之中——連他的自然生態也深深受著他的文化所控制，而成了文化生態裡的一個子系統。因此，他一生下來就繼承著某種特定的記號文化。周圍的人不但在他的生命一開始，就不斷地使用記號和他交往互通，陸續對他進行記號行為以加深彼此的關係；而且更重要的是，他們一貫地把這樣的新生命本身當成一個重要而寶貴的記號——一個被人珍視的記號體，裝載背負著種種不同樣態的意義。於是一個呱呱墜地的嬰兒，在自然的生態中固然只是增多一個小小的有血有肉的哺乳動物的人種軀體，可是在他所在的文化生態中，他不只是一個小小的人種個體。他是某一對夫婦的愛嬰，他是某個家庭的新血，他是某個社會的新成員，他是某個國家未來的主人翁，他是某個文化將來的繼承者和開拓人。他一生下來就滿載著重重的意義。他的生命一開始就是一個記號。他的人生也就成了在一個記號文化中的一個「記號人生」。

所以，從嬰兒早期的稚幼年代開始，一個新起的生命不但要學習開展他的生理潛能，加強他五官的感覺能力，以及四肢的操作技巧；更重要的是，他必須學習善用記號，在他所處的記號文化之中進行記號行為，參與記號活動，與人溝通，和人互動，經營意義，開拓價值，並且進一步耕耘自己人生的內涵，塑造自己的生命形式。

在這樣的記號文化裡生成開展的記號人生，其發展歷程、進步取向，以及達致成果，也就無法以物理的性質和生理的條件來加以衡量比較和檢查品鑑。人的存在不再只是物理的存在，人的生命不再只是生理的現象。人的存在是記號的存在，人的生命是意義的生命。一個人的「人身認同」或「身分認同」——我是誰和我是否仍然是我的問題，也就成了記號的問題，成了意義的問題。我們可以說，哲學上的人身認同問題事實上成了一種「記號認同」的問題⑬。每一個人在記號文化的意義網絡中，都有他獨特的地位和與眾不同的身分。

這樣說來，人生的經營是記號的經營，生命的開發是意義的開發。人的生活不只是為了追求物理上的續存，保持身體上的溫飽，增進生理上的舒適，他更為了在進行記號行為，參與記號活動中，開拓意義，建立精神世界：精進理性，豐富感情，成立道德，奠定價值，培養意志，活出一片對人性、對文明的美好願望。這是一種開拓記號，發展意義，演繹精神生命的人生。我們可以將它稱為人身記號和生命意義的「演作人生」。

從記號和其意義的來源和塑成的觀點看，個體的人生是自己的記號，也是他人的記號；是主動開發的記號，也是被動塑造的記號。事實上，由於人總是在生成長大的過程之中，從無知到有知，從不自覺到有自覺，從無意到有意，從繼承接受到創造發明。所以在一個嬰兒初生之時，甚至更早還在娘胎裡頭的時候，他已經被父母、家人、親戚、鄰居、家族的朋友，甚至其他更多的人當作記號——當作內涵也許各有區別、意義深淺容有程度不同的記號。因此一個人的生命一開始已經被投落到一個記號的系統中，給安排在一種記號的網絡裡。他

⑬ 記號認同的問題不只是人身記號的「用法」問題，它更是人身記號的「意義」問題。在人身記號上，我們更加不能「只談用法，不問意義」。

身負著這樣的人身的記號，開始數十年那無止無休的琢磨記號和塑成記號以及經營意義和加強意義的生命歷程。在一個人稚幼和年輕的時日裡所接受繼承的各種樣態的記號意義，不斷在他日後的記號行為和記號活動中，啟動引發並且回應助長新的意義開拓和意義經營。一個人的理性、感情、道德、價值、意志和願望這些內在品質和精神內涵，就在這樣的承傳和創新的過程中修訂和成長，定型和變形。作為一個記號的人，從頭開始就在一個與其他的人類——尤其是自己文化的群體，彼此關聯，交流互動的網絡中成長壯大，實現發展，決定自己的自由和命運。

人身的記號在不斷的演作中表達自己，宣示自己，確定自己的品質和境界。在人生記號的演作層次裡，我們可以大略地將所有的記號區分為彼此可以區別、但卻經常互有牽連的兩大類別。那就是「言的記號」和「行的記號」。人生就是這兩類記號的配合搭檔，互相掩映，交互作用而成就的總體意義結晶。我們依此判斷一個人的生活品質、人生境界和生命價值。

言的記號和行的記號之間，不但具有彼此的內在關聯，而且兩者必須緊密配合，互相支援，才能發揮人身記號的總體功能和深切效用。我們只要考察記號的成立基礎和它的運作規律，就很清楚知曉這中間的道理。記號是用來指示或代表事物的。它是用來表達使用記號者的心思和情意的。不過記號既經創制沿用，通過俗成化的過程之後，它的內在運作和現實使用也就有了公眾化的運用規律以及客觀化的經驗內涵。記號系統成了公器之後，不論在內涵上和運作上，都再也不是可以由個人任意取捨，隨手改動的。即使個人要有所創造發明，精進更新，那也必須在已有的記號內涵和運作規律的基礎上進行，百尺竿頭更進一步，充實豐富，精益求精。

另一方面，從人身記號的塑造和人生意義的經營的觀點看，個人的軀體運作、言行舉止和其他身心表現，都可以成為記號體，裝載負荷意義，塑造成立記號。這就是說，不論一個記號體的物理性質或生理特徵如何，它要能成為記號，要能裝載意義，要能表達心思和情意，要能用來代表或指示其他事物，它都需要根據已經俗成化、公眾化和客觀化的形成法則和演作規律，才能行使功能，完成效用；才不致崩潰淪亡——崩潰成非記號，甚至「反記號」；淪亡為無意義，甚至「壞意義」⑭。因此為了達到記號行為的目的，我們既不能停留在空口說白話的情狀，也不能滿足於舉止只在做態的層次。記號行為不能只是裝腔作勢，無意無心，否則行為舉止不是記號，否則口齒聲音沒有意義。言的記號行為和行的記號行為在這點上都必須遵照記號的形成規律和運行法則；兩者在記號體的形式上也許極為不同，但是在效用的基礎和功能的來源上，兩者完全一致。

這裡所談的是影響記號成敗、左右記號行為的功能和記號活動的效力之「誠信原理」，那是記號的語用基礎上最根本最重要的原理。我們之所以總是強調在人生的活動之間，必須「裡外合一」和「言行一致」，其道理就在於此。倘若一個人口不由衷，裡外失調；或是說是一套，做是一套，言行不一；那麼他就無法成就鮮明清晰的生命意義，

⑭ 當一個記號體無能成立為記號，無法負荷意義之時，它不是記號（非記號），它沒有裝載意義（無意義）。可是當它假借記號之名，冒充記號之實的時候，由於冒犯法則，抵觸規律，本身成了記號機能的「反面體制」。原來代表指示某事物的，這時反而不代表不指示該事物；原來包含負載某意義的，這時反而不包含不負載該意義。不代表不指示某事物的記號容易變成代表和指示相反事物的記號，不包含不負載某意義的記號容易變成包含負載相反意義的記號。於是由非記號演變成反記號，從無意義淪落為壞意義。

難以塑成品格完整的人身記號。他總是處於不斷流變，不停整型的浮動不定的過程之中，無法釐清出人生的記號形式，不能表現出生命的價值。

除了在成立的根深底處上看，言的記號和行的記號源於同規、理出同範而外，在運作的層面上看，言的記號行為和行的記號行為在實際的演作上，常常各自顯現出各自的片面性和局限性，因此需要彼此的補充加強和支援實現。在人生的許多情境裡，一方面心思情意顯得飄忽不定，另一方面言語文字又顯得拘謹侷限；一方面言說談論顯得空泛抽象，另一方面行為動作又顯得固定有限。於是，兩相配合，互為補助，往往能夠取長捨短，相益得彰，步步釐清，層層入裡，澄清記號的面貌，固定意義的內涵。這樣一來，人身的記號容易塑造成形，生命的意義容易整固呈現。比如，當一個人表情示愛的時候，只是言說衷情，表示愛意往往天馬行空，不著邊際。可是如果只是送花獻禮，手舞足蹈，卻又顯得膚淺俗套，不夠深刻。這時言的表情記號行為的闡述，加上行的示愛記號行為的附註，兩相配合，一致演作，始能將愛情的語言表達淋漓，發揮盡致，充分浮現一個人的愛情品質和感情深度。人生感情的活動如此，人生其他方面的活動也是如此：人生的理性活動、道德活動、價值活動、意志活動和願望活動都是記號活動和意義活動，在實施進行的時候，都需講究言的記號和行的記號的密切配合和互相支援，做到裡外合一，言行一致的地步。

當然人身記號的塑造和生命意義的開發並非只是理論開發的認知功夫，它更是實踐演作的力行程序。在實踐上，複雜的生命遭遇和多變的人生情境往往需要靈活的記號塑造方式和變通的意義開發樣態，才能在山窮水盡的絕路之外，開拓出柳暗花明的新境界。這時，像言的記號和行的記號的對比往往失去它的重要性，談論兩者的互補相成也就再難表現實際情況。在人類不斷的記號活動中，他往往需要突破平常的記號模式，超越凡俗的意義樣態，推陳出新，開發「另類」，為人類的記號行為注入新鮮的意義。例如，人類的記號行為原來是由外顯可見可察的記號體開始的，包括聲音、表情、手勢、體姿，以及其他動作等等。可是，在某些情境之下，這些有形有聲的記號，甚至整個發達完備的語言文字系統，似乎都無以表達一個人內心藏有的心思和情意，或者都容易陷於陳腔，落入俗套，這時我們往往離開有形有聲的具象的記號體，開拓無形無聲的抽象的記號體。比如，我們說「心照」（心照不宣），不待言語來表情；我們說「無語問蒼天」，不說話也可以追問；我們說「此時無聲勝有聲」，沒有言說反而比言說更能表現心思和情意。於是我們將「沉默」、「無言」、「不表現」、「不言詮」等等消極的運作方式充當記號行為，將「空無」當作記號體，裝載意義，塑造成為記號。這樣一來，由於人類不斷地尋求記號化的新模式，不停地開拓新的記號體，於是不僅天下「萬有」可以給人取來充當記號體，用來形成記號；就是宇宙「萬無」也可以給人開拓成為記號體，用來賦予意義。這是人類記號世界的拓展，也是他的意義世界的擴充。這樣的記號行為也常常提升了人類的精神境界。

像這樣的記號拓展是人類記號文化裡的重要現象。除了上述由具象的記號體到抽象的記號體的跨越開闢之外，軀體記號的塑造和身體語言的開發也是值得我們特別注意的人類記號現象。廣受一般人注目的身體動作，包括說唱戲作、眉眼表情、手舞足蹈等等而外，就是古聖先哲就已提起的「食」與「色」，也演成記號體，塑成記號，發揮成為記號行為。人類已經不再停留於「食色性也」的自然階段和生理層次，食的事和色的事老早就在人類的文化中給人加以記號化了。在吃的方面，人不但可以「不食周粟」，在譴責的時候，還可以說「那人不是吃飯的」。吃的事已經給人提升到記號的層次，成了記號行為的一種，負載著人性的意義和文明的價值。另一方面，性的事更是如此。人的身體不再只是骨骼肌膚的生理存在，性的行為不再只是繁衍生殖的行為。皮肉的人體給人開拓成為人身的記號，性的行為轉化提升為記號行為；性的事變成富有愛的意義和情的價值的事。

人生就是如此。我們生活在記號文化中，開拓記號，演作記號；經營意義，創造價值。文明的人生是一種記號人生，記號的人生是一種演作人生。

4. 生命的榜樣：個人的獨特性及其存在價值

一個記號的人生是從塑造自己的人身記號開始，一個演作的人生通過開拓記號，經營意義，成就它獨特的生命價值。

我們的生命起先總是在不知不覺之間開始的。我們未經同意，沒加選擇地被投落到這個世界，安頓在某一個特定的記號文化之中。我們被動地給人加以記號化，成了人身記號——成了父母、家人、親戚、朋友，以及社會上其他人的記號，成了他人的記號。因此，在稚幼甚至少小的年代，一個人總是生活在他人的記號世界裡，投身於別人的意義世界之間，模仿學習把握充滿記號行為的生活內涵，建立富有意義價值的生命形式。在早期的教養、教化和教育的過程中，一個人通過以智啟智，以心傳心，以情感情，以德涵德，以志養志，以願宏願的交感互動的歷程，不但逐步地塑造出記號人生的模型以及文明人性的形式，而且更在內容上慢慢造就自己的理性、感情、道德、價值、意志和願望；在記號文化的脈絡裡，在經營意義的過程中，浮現了自我意識，發現了自身的命運自由，尋找到自己的人身記號。這是真正自我個體的記號人生的開始，人由群體大眾的記號文化之中脫胎而出，塑造出自身的記號認同。

我們很容易想像，這樣的「自我」的呈現突起決非斷離割裂於他人的記號世界之外，完全閉關自守於自己的意義世界之中。一個人通過自我意識的覺醒，因而自許自願，自尊自重，慢慢擺脫他人記號的重負，解除外加意義的牽制，造就自我記號的塑型，促進內生意義的經營。這樣的過程並非離斷滅絕的步驟，而是蓄勢起飛，推陳出新的創作。畢竟記號是種公器，它是經過俗成化、公眾化和客觀化所達致的成果。人類的記號文化是眾多的個人，經歷世世代代的意義經營而成就的結晶。而且，我們已經說過，人是講故事的動物。人類活在講故事的記號文化的傳統之中，不斷演作出言的故事和行的故事。這樣的演作人生不但無法成於空白，起自虛無，而且在內涵上和在形式上，也不能完全和其他的人截然兩樣，根本異同。人類的個體生於記號文化之中，塑造出自我的人身記號，參與公眾的和客觀的記號文化的演化。因此，每一個人都站立在記號文化的「巨人的肩膀上」，發揮他自己的心思和情意，繼續開拓屬於自己、也屬於公眾的記號世界，不斷經營自己與他人交流、個人與公眾互動的意義空間。從這樣的觀點看，在一個記號文化中，每一個演作人生都不是一個獨立封閉的孤島；每一個人都在人間的交聯網絡之中。我們所要建立的理性不只是獨我的理性，而且更是人際的理性；我們所要培養的感情不只是一己的感情，而且更是人際的感情；我們所要成就的道德不只是單我的道德，而且更是人際的道德；我們所要開創的價值不只是專己的價值，而且更是人際的價值；我們所要涵養的意志不只是個我的意志，而且更是人際的意志；我們所要發揚的願望也不只是自己的願望，而且也更是人際的願望。所以，在我們的演作人生裡，即使我們超越公眾的語言，而使用個人語言，或者提升大語言，而動用小語言⑮，我們所開拓的記號世界也無法故步自封，我們所經營的意義世界也不可能遺世獨立。在一個記號文化裡，個人從進行記號活動而表現的演作人生，永遠不會退縮孤立，淪為完全「私有」的記號世界和完全私有的意義世界⑯。

當然人類的生態環境總是無可避免地在不斷的變化之中，比起上個世紀或者幾個世紀以前的人類，我們的生活內容和人生遭遇都起了很大的變動。因此，每一個時代的人都必須在不同的具體經驗的基礎上，重新開拓記號的內涵，重新經營意義和價值。另一方面，人雖然總是被投落到某一個特定的記號文化之中，背負著他人所賦予的記號意義，可是由於人類文明與人性的成就不能直接演成生理基因，遺傳交遞，世代沿襲，人類並沒有絕對的保證，令每一個人都能夠自動地從被動的記號轉化成為自發的記號，由意義的背負自動地變成意義的經營。因此，每一個人都需經歷自覺自省的過程，並且由自覺自省而自許自重，從而善用人性的自由，從而把握自我的命運。這是一種重新塑造，重新定位的程序，個人通過這樣的過程而肯定自己，而標示自己；從而建立自己的人身記號，從而奠定自己的人身認同。一個人經過這樣的自覺自省，經過這樣的重新發現和重新定位之後，他不但繼續傳承了人類的記號文化，他更進一步邁向自己的記號人生，開創他獨特的生命存在。

大凡文明和人性的事，最宜大處著眼、小處著手。記號人生的事和演作人生的事都是文明的事，也都是人性的事；因此都最宜大處著眼和小處著手。從大處看，記號的演作人生的意義在於發揚人性，促

---

⑮ 有關大語言和小語言的事，參見註❹所引《語言與人性——記號人性論闡釋》，第四章〈大語言和小語言〉。又見註❼。

⑯ 在此我們的觀點和維根斯坦否定「私有語言」存在可能的論旨互相迴映，儘管兩者的申論重點不同。

進文明——在人與人的交流與互動之間，建立起更開明的理性，培養出更平衡的感情，成就更廣含的道德，創造更遠大的價值，涵育更超凡的意志，發揚更崇高的願望；令人性進步演化，使文明開展提升。這些是演作人生裡的原則上的事，也是目的上的事；這是理想上的事。

從小處看，記號的演作人生必須落實到日常的生活內容去起動開始，並且根據具體的生命經驗去實施發揚。每一個人都出生在一個與眾不同的特定情境裡，面對著不同或不盡相同的人生道路。儘管社會化——特別是記號文化的俗成化、公眾化和客觀化的結果，令人身處於記號文化的傳統之中，承傳著該傳統的人性意義和文明價值。可是由於個人記號的演作人生真正肇始於個人的自覺自省和自許自重，源於自我的人身記號的塑造，不同的人因為秉性和境遇的不同，教養和旨趣的差異,因此在記號人生的演作上也表現出參差區別的紛繁現象；加以原來人生起點的各自有別，日後際遇和運氣的彼此不同，於是真正演作起來，每一個人的表現和成果都可能迴然差別，大異其趣。

這樣看來，每一個記號人生都是一個生命的特例，每一個演作人生都是一個獨特的人生。我們雖然都秉承人類已經造就的文明傳統，分享著大家共同經營的人性條件，可是每一個人身記號一加開拓都不會只是淪為他人記號塑造的副本。我們的人生不會淪為他人人生的影子。這是努力演作自己記號人生的積極意義和正面價值。每一個記號人生都是人類生命的特例，每一個演作人生都是人類生命的榜樣——好榜樣、壞榜樣；比較全面的榜樣、比較片面的榜樣；比較恆久的榜樣、比較短暫的榜樣；比較深遠的榜樣、比較浮淺的榜樣。

為了演作一個獨特的人生，每一個人都在所進行的記號行為裡開拓他的人身記號，充實他的生命意義。可是從具體的生活內容和變化萬千的生命經驗來看，人生是一個龐大而繁雜的生活系統。為了不迷失於這樣的絕大的生活大洋之中，我們除了需要文明人性的價值指針之外，往往也需要在演作上的準備、計劃與安排。

首先，我們認識到人生原理的實現必須從具體的生活力行開始。可是生活上的力行不只是一種願望的表達，它更加需要實際的工作和行動。不過要能實際地進行工作或具體地付諸行動，首先我們必須把握工作的方法，熟練行動的技巧。所以，從人生稚幼和少小的年代開始，生活常識和生活技能的培養就是一個人一生當中必須不斷學習，不斷精進，不斷加強的生命要務。許多人生的沉落和失敗，往往就在於未能養成不斷增進生活常識和繼續磨鍊生活技能的工作態度和人生習慣。所以，從這麼具體的層次開始，人的生活歷程就是一種演作人生，實際的演練和操作構成人生主要的具體內涵。

不過人類的生活常識和生活技能是在記號文化的傳統以及人類文化生態的脈絡中決定和演變的，它並不限於個人智力的發揮和雙手軀體的鍛鍊。這只是生活常識的基礎，以及生活技能的起點。為了邁向一個成功的人生，一個人需要培養表達自己心思情意的能力，並且在表達之間充實自己的心智，創發新的觀念、思想、感情和意志。另一方面，一個人也要通過表達自己的能力，進行人與人之間的交流溝通和合作互動，促進彼此心靈品質的提升，加強群體社會文化的精進，因此轉而增益個人生活的快樂與幸福。這是人類開拓人身記號，演作記號人生所不可欠缺的基礎修養。就是由於這個緣故，自古以來，文明的教育總是離不開語言的鍛鍊，人性的教養經常由心思情意的表達和交流溝通開始——最後可望以智啟智，以心傳心，以情感情，以德涵德，以志養志，以願宏願；人與人互通，心與心相感，開創更輝煌的文明，塑造更崇高的人性。

在這種生活常識的養成和生活技能的鍛鍊過程中，人類不斷地以開拓出來的智慧成果，精進他生活常識的深度，琢磨他生活技能的功效。簡單地說，我們在所接受的人文科學教育、社會科學教育，以及物理科學教育之中，融會貫通，綜合匯聚，造就我們用以面對人生的生活常識；另外，我們也從人類所開發的人文科技、社會科技和物理科技裡，選取吸納，活學活用，構成我們發揮生命旨趣的生活技能⑰。我們人生的成功、生命的豐盛、快樂和幸福，以及自我人身記號的開展發揚，完全仰賴我們擁有豐富的生活常識和純熟的生活技能。這是值得我們大力強調的。

其次，個人生命的豐盛和人生的富足總是從他生活裡的小事小節開始。一個人能夠在生活的渺小事例之中，活出人生的意義，他才能順利無礙地開拓他的記號行為，塑造人身記號，明示人身認同，成就生命榜樣，顯現生命的價值。一個擁有豐富的生活常識、備有純熟的生活技能的人往往能夠在日常生活的小事小節之中，創造發明，推陳出新，為人所難為，能人所不能。他不但在作息起居之間，善於安排，活出新意；就是在清潔打掃、植樹種花之中，也做得趣味橫生，興致盎然。這樣的人成了富有生命的創造力的人。這樣的人成了善於經營人生、有能豐富生命的人。這樣的人走入社會，擔當大事，肩負重任之時，最能小處著力，大處發揮，促進大處著眼的文明事務，貫通小處著手的人性功夫。這樣的人的生活才不是前人的人生的死板副本，

---

⑰ 有關人文科學、社會科學和物理科學之分類解說，以及關於人文科技、社會科技和物理科技之內容闡釋，參見作者下列文字：(1)〈社會科學、社會科技與社會的現代化工程——一個文化生態的哲學思考〉，發表於「社會科學的應用與中國現代化研討會」，臺灣花蓮東華大學，1997年4月21日至30日。收於本文集，頁181～200。(2)〈哲學的取向、功能與定位——人文科學與人文科技之間〉，收於本文集，頁125～179。

這樣的人的人生才可望成為後人的生命的優良榜樣。從記號人生的觀點看，從個人開拓自我人身記號的自由來看，這個世界也許不能讓每一個人都成名，但卻可以令每一個人都成功。在記號文化裡，在記號人生之中，最大的成功就是人生意義的拓展，最大的成功就是生命價值的開發。這是每一個人都可望成就的事。這是文明的希望，這是人性的理想。

自古以來許多大哲先賢都在致力尋求人生的智慧，投入哲學的活動。這是一種記號活動，旨在追求人生的意義和生命的價值，從而開拓文明，從而發揚人性⓲。

我們都知道，從事哲學活動的第一個步驟通常都是破除迷惘和清理障礙，以便獲取真知灼見，培養智慧聰明。這些迷惘和障礙妨害我們的記號化，阻擋我們的記號行為，因而破壞了人生意義的拓展和生命價值的開創。這樣的迷惘和障礙，有的屬於個人的，有的屬於時代的。就個人的層次來說，執著於感覺，甚至沉溺於感覺，往往是涵養人生智慧的致命傷。一個人執著於感覺，他也就容易沉落到天生本能的反應，無法進一步打破感官的限制，建立清晰的概念，發展深刻的思想，奠定開明的理性。這是文明的大忌。同樣地，一個人沉溺於感覺，他也就容易陷入生理的欲求，產生情緒的波動，無法提升情懷，堅定情意，無法造就出平衡的感情。這是人性的大難。因此，從個人的觀點看，要從事哲學的活動，要尋求智慧的人生，第一步就是解除感覺的迷惘，突破感覺的障礙，提升感覺，成就概念和思想；再造感

⓲ 關於哲學與人生智慧的尋求，參見作者下列著作：(1)《哲學智慧的尋求》，東大圖書公司，臺北，1981年。(2)《哲學的智慧與歷史的聰明》，同上，1983年。(3)〈哲學的取向·功能與定位——人文科學與人文科技之間〉，見前註。

覺，涵育情意和心願。於是人生的記號活動才能順利進行，生命的意義開發才能步步邁進，日臻日興。這是人生教養的要務，也是生命修養的起點。這是塑造個人的人身記號，標示個人的人身認同的起始歷程。

另一方面，從群體的、文化的，以及時代的角度上看，也常有妨害尋求人生智慧的重大迷惘和巨大障礙。我們都知道這是一個重知識的時代。這是一個重科學、甚至專重科技的時代。這是一個重效益、甚至偏重工商效益的時代。這是一個重人生享受、甚至特重感官享樂的時代。本來知識、科學、科技、工商等等都是人類文化的產物，各自都可以開發出促進文明的功能和增益人性的作用。可是，人類的文化產物一經塑造定型，卻往往變成一種獨立的存在，足以支配人類的生活內涵，左右我們的生命形式。加以有時我們掉以輕心，失誤不察，或者經驗不足，短視偏見，於是人類文化的成果有時反而尾大不掉地支使著我們的生活，揮之不去地駕馭著我們的生命，成了我們繼續開拓文明的包袱，變作我們進一步發揮人性的障礙。比如，由重視知識進而演成偏重知識，以致荒廢感情，放棄道德，無視價值，不理人類原來可以陶養塑成的文明理想和人性願望，因而也就容易造成一種失衡的心態：有知識而無智慧，或者有「知」而無「識」，接著更可能將一切文化事物和文明人性品質加以工具化和市場化。比如將人類理性演成工具理性，走回「動物理性」；把人類感情化成有「感」而無「情」，甚至演成「用完即棄的情」，又再淪入「動物感情」的層次。這樣一來，在短視偏見，失察不覺的情況下，人類又容易走回執著於感覺和沉溺於感覺的境地：一心鑽營感覺，但卻未能走出感覺；全力開拓感覺，而又無法提升感覺。這是人類文明的失敗，也是人性理想的蒙塵。

所以，為了尋求人生的智慧，為了進行哲學的活動，為了塑造自己的人身記號，開拓人生的意義，發展生命的價值，一個人必須勇於突破那些妨害追求人生智慧的個人的迷惘和時代的障礙。這是個人建立自我的必經之路，也是我們成就生命理想的階梯。

一個有自覺有自許的人一定是個珍惜個人生命、熱心演作記號人生的人。正像一個詩人或藝術家在創造他的作品的時候，總是努力在表現自己的品質和風格，一個自許自重的人也必然愛惜自己生命，而不胡亂生活，草草人生。人生是個廣大無邊的生活天地，一個人運用他豐富的生活常識和純熟的生活技能，從處理生活的小事小節開始，心存文明的理想和人性的願望，建立自己的記號，開拓獨特的意義，成就那可以和他人共有分享的「個人語言」⓳，在演作的層次上與人交流溝通，合作互動，建立起一個鮮明的人生成例，塑造出一個優美的生命榜樣。

1998年3月28日

⓳ 有關個人語言的事，參見註❼所引之著作。

滄海叢刊書目（二）

國學類

先秦諸子繫年	錢　穆　著
朱子學提綱	錢　穆　著
莊子纂箋	錢　穆　著
論語新解	錢　穆　著
周官之成書及其反映的文化與時代新考	金春峰　著
尚書學述（上）、（下）	李振興　著
周易縱橫談	黃慶萱　著
考證與反思 ——從《周官》到魯迅	陳勝長　著
左海鉤沈	劉正浩　著

哲學類

哲學十大問題	鄔昆如　著
哲學淺論	張　康　譯
哲學智慧的尋求	何秀煌　著
哲學的智慧與歷史的聰明	何秀煌　著
文化、哲學與方法	何秀煌　著
人性・記號與文明 ——語言・邏輯與記號世界	何秀煌　著
傳統・現代與記號學 ——語言・文化和理論的移植	何秀煌　著
邏輯與設基法	劉福增　著
知識・邏輯・科學哲學	林正弘　著
現代藝術哲學	孫　旗　譯
現代美學及其他	趙天儀　著
中國現代化的哲學省思 ——「傳統」與「現代」理性的結合	成中英　著
從中國文化到現代性：典範轉移？	石元康　著
不以規矩不能成方圓	劉君燦　著
恕道與大同	張起鈞　著
現代存在思想家	項退結　著

中國思想通俗講話	錢　穆　著
中國哲學史話	吳怡、張起鈞　著
中國百位哲學家	黎建球　著
中國人的路	項退結　著
中國哲學之路	項退結　著
中國人性論	臺大哲學系主編
中國管理哲學	曾仕強　著
孔子學說探微	林義正　著
心學的現代詮釋	姜允明　著
中庸誠的哲學	吳　怡　著
中庸形上思想	高柏園　著
儒學的常與變	蔡仁厚　著
智慧的老子	張起鈞　著
老子的哲學	王邦雄　著
當代西方哲學與方法論	臺大哲學系主編
人性尊嚴的存在背景	項退結編訂
理解的命運	殷　鼎　著
馬克斯・謝勒三論	阿弗德・休慈原著 江日新　譯
懷海德哲學	楊士毅　著
海德格與胡塞爾現象學	張燦輝　著
洛克悟性哲學	蔡信安　著
伽利略・波柏・科學說明	林正弘　著
儒家與現代中國	韋政通　著
思想的貧困	韋政通　著
近代思想史散論	龔鵬程　著
魏晉清談	唐翼明　著
中國哲學的生命和方法	吳　怡　著
生命的轉化	吳　怡　著
孟學的現代意義	王支洪　著
孟學思想史論（卷一）	黃俊傑　著
莊老通辨	錢　穆　著
墨家哲學	蔡仁厚　著
柏拉圖三論	程石泉　著
倫理學釋論	陳　特　著
儒道論述	吳　光　著

新一元論	呂佛庭 著
儒家思想 ——以創造轉化為自我認同	杜維明 著
煮酒論思潮	陳奎德 著
朱熹哲學思想	金春峰 著

宗教類

佛教思想發展史論	楊惠南 著
佛教思想的傳承與發展 ——印順導師九秩華誕祝壽文集	釋恒清主編
佛典成立史	水野弘元 著 劉欣如 譯
圓滿生命的實現（布施波羅密）	陳柏達 著
薝蔔林・外集	陳慧劍 著
維摩詰經今譯	陳慧劍譯註
龍樹與中觀哲學	楊惠南 著
公案禪語	吳怡 著
禪學講話	芝峰法師 譯
禪骨詩心集	巴壺天 著
中國禪宗史	關世謙 譯
魏晉南北朝時期的道教	湯一介 著
佛學論著	周中一 著
當代佛教思想展望	楊惠南 著
臺灣佛教文化的新動向	江燦騰 著
釋迦牟尼與原始佛教	于凌波 著
唯識學綱要	于凌波 著
從印度佛教到中國佛教	冉雲華 著
中印佛學泛論 ——傅偉勳教授六十大壽祝壽論文集	藍吉富主編
禪史與禪思	楊惠南 著
禪思與禪詩 ——吟詠在禪詩的密林裡	楊惠南 著

社會科學類

中華文化十二講	錢穆 著
民族與文化	錢穆 著

楚文化研究	文崇一 著
中國古文化	文崇一 著
社會、文化和知識分子	葉啟政 著
儒學傳統與文化創新	黃俊傑 著
歷史轉捩點上的反思	韋政通 著
中國人的價值觀	文崇一 著
奉天承運——古代中國的「國家」概念及其正當性基礎	王健文 著
紅樓夢與中國舊家庭	薩孟武 著
社會學與中國研究	蔡文輝 著
比較社會學	蔡文輝 著
我國社會的變遷與發展	朱岑樓主編
三十年來我國人文及社會科學之回顧與展望	賴澤涵主編
社會學的滋味	蕭新煌 著
臺灣的國家與社會	徐正光、蕭新煌主編
臺灣的社區權力結構	文崇一 著
臺灣居民的休閒生活	文崇一 著
臺灣的工業化與社會變遷	文崇一 著
臺灣社會的變遷與秩序(政治篇)、(社會文化篇)	文崇一 著
鄉村發展的理論與實際	蔡宏進 著
臺灣的社會發展	席汝楫 著
透視大陸	政治大學新聞研究所主編
寬容之路——政黨政治論集	謝延庚 著
周禮的政治思想	周世輔、周文湘 著
儒家政論衍義	薩孟武 著
制度化的社會邏輯	葉啟政 著
臺灣社會的人文迷思	葉啟政 著
臺灣與美國社會問題	蔡文輝、蕭新煌主編
自由憲政與民主轉型	周陽山 著
蘇東巨變與兩岸互動	周陽山 著
教育叢談	上官業佑 著
不疑不懼	王洪鈞 著
戰後臺灣的教育與思想	黃俊傑 著
太極拳的科學觀	馬承九編著

兩極化與分寸感 ——近代中國精英思潮的病態心理分析	劉笑敢 著
唐人書法與文化	王元軍 著
C 理論——易經管理哲學	成中英 著

史地類

國史新論	錢 穆 著
秦漢史	錢 穆 著
秦漢史論稿	邢義田 著
三國典略輯校	（唐）兵悅 撰 杜德橋(Glen Dudbridge) 趙 超 輯校
魏晉史學及其他	逯耀東 著
宋史論集	陳學霖 著
宋代科舉	賈志揚 著
中國人的故事	夏雨人 著
明朝酒文化	王春瑜 著
劉伯溫與哪吒城 ——北京建城的傳說	陳學霖 著
歷史圈外	朱 桂 著
歷史的兩個境界	杜維運 著
近代中國變局下的上海	陳三井 著
當代佛門人物	陳慧劍編著
弘一大師論	陳慧劍 著
弘一大師傳（修訂新版）	陳慧劍 著
杜魚庵學佛荒史	陳慧劍 著
蘇曼殊大師新傳	劉心皇 著
近代中國人物漫譚	王覺源 著
近代中國人物漫譚續集	王覺源 著
影響現代中國第一人 ——曾國藩的思想與言行	石永貴編著
魯迅這個人	劉心皇 著
沈從文傳	凌 宇 著
胡適與當代史學家	逯耀東 著
三十年代作家論	姜 穆 著
三十年代作家論續集	姜 穆 著

當代臺灣作家論　何　欣　著
史學圈裏四十年　李雲漢　著
師友風義　鄭彥棻　著
見賢集　鄭彥棻　著
思齊集　鄭彥棻　著
懷聖集　鄭彥棻　著
憶夢錄　呂佛庭　著
古傑英風——歷史傳記文學集　萬登學　著
走向世界的挫折——郭嵩燾與道咸同光時代　汪榮祖　著
周世輔回憶錄　周世輔　著
三生有幸　吳相湘　著
孤兒心影錄　張國柱　著
我這半生　毛振翔　著
我是依然苦鬭人　毛振翔　著
八十憶雙親、師友雜憶（合刊）　錢　穆　著
烏啼鳳鳴有餘聲　陶百川　著
日記(1968～1980)　杜維明　著

語文類

標點符號研究　楊　遠編著
訓詁通論　吳孟復　著
翻譯偶語　黃文範　著
翻譯新語　黃文範　著
翻譯散論　張振玉　著
中文排列方式析論　司　琦　著
杜詩品評　楊慧傑　著
詩中的李白　楊慧傑　著
寒山子研究　陳慧劍　著
司空圖新論　王潤華　著
詩情與幽境——唐代文人的園林生活　侯迺慧　著
歐陽修詩本義研究　裴普賢　著
品詩吟詩　邱燮友　著
談詩錄　方祖燊　著

情趣詩話　楊光治 著
歌鼓湘靈——楚詩詞藝術欣賞　李元洛 著
中國文學鑑賞舉隅　黃慶萱、許家鶯 著
中國文學縱橫論　黃維樑 著
漢賦史論　簡宗梧 著
古典今論　唐翼明 著
亭林詩考索　潘重規 著
浮士德研究　李辰冬 著
十八世紀英國文學——諷刺詩與小說　宋美瑾 著
蘇忍尼辛選集　劉安雲 譯
文學欣賞的靈魂　劉述先 著
小說創作論　羅盤 著
小說結構　方祖燊 著
借鏡與類比　何冠驥 著
情愛與文學　周伯乃 著
鏡花水月　陳國球 著
文學因緣　鄭樹森 著
解構批評論集　廖炳惠 著
細讀現代小說　張素貞 著
續讀現代小說　張素貞 著
現代詩學　蕭蕭 著
詩美學　李元洛 著
詩人之燈——詩的欣賞與評論　羅青 著
詩學析論　張春榮 著
修辭散步　張春榮 著
修辭行旅　張春榮 著
橫看成嶺側成峯　文曉村 著
大陸文藝新探　周玉山 著
大陸文藝論衡　周玉山 著
大陸當代文學掃描　葉穉英 著
走出傷痕——大陸新時期小說探論　張子樟 著
大陸新時期小說論　張放 著

大陸新時期文學（1977－1989） ——理論與批評	唐翼明 著
大陸「新寫實小說」	唐翼明 著
兒童文學	葉詠琍 著
兒童成長與文學	葉詠琍 著
累廬聲氣集	姜超嶽 著
林下生涯	姜超嶽 著
青　春	葉蟬貞 著
牧場的情思	張媛媛 著
萍踪憶語	賴景瑚 著
現實的探索	陳銘磻 編
一縷新綠	柴　扉 著
金排附	鍾延豪 著
放　鷹	吳錦發 著
黃巢殺人八百萬	宋澤萊 著
泥土的香味	彭瑞金 著
燈下燈	蕭　蕭 著
陽關千唱	陳　煌 著
種　籽	向　陽 著
無緣廟	陳艷秋 著
鄉　事	林清玄 著
余忠雄的春天	鍾鐵民 著
吳煦斌小說集	吳煦斌 著
卡薩爾斯之琴	葉石濤 著
青囊夜燈	許振江 著
我永遠年輕	唐文標 著
思想起	陌上塵 著
心酸記	李　喬 著
孤獨園	林蒼鬱 著
離　訣	林蒼鬱 著
托塔少年	林文欽 編
北美情逅	卜貴美 著
日本歷史之旅	李希聖 著
孤寂中的廻響	洛　夫 著
火天使	趙衛民 著
無塵的鏡子	張　默 著

關心茶
——中國哲學的心　吳　怡　著
放眼天下　陳新雄　著
生活健康　卜鍾元　著
文化的春天　王保雲　著
思光詩選　勞思光　著
靜思手札　黑　野　著
狡兔歲月　黃和英　著
老樹春深更著花　畢　璞　著
列寧格勒十日記　潘重規　著
文學與歷史
——胡秋原選集第一卷　胡秋原　著
晚學齋文集　黃錦鋐　著
天山明月集　童　山　著
古代文學精華　郭　丹　著
山水的約定　葉維廉　著
明天的太陽　許文廷　著
在天願作比翼鳥
——歷代文人愛情詩詞曲三百首　李元洛輯注
千葉紅芙蓉
——歷代民間愛情詩詞曲三百首　李元洛輯注
醉樵軒詩詞吟草　楊道淮　著
陳寅恪晚年詩文釋證（增訂新版）　余英時　著
鳴酬叢編　李飛鵬編纂
秩序的探索
——當代文學論述的省察　周慶華　著
樹人存稿　馬哲儒　著

藝術類

音樂與我　趙　琴　著
音樂隨筆　趙　琴　著
美術鑑賞　趙惠玲　著
爐邊閒話　李抱忱　著
琴臺碎語　黃友棣　著
樂林蓽露　黃友棣　著
樂谷鳴泉　黃友棣　著

樂韻飄香	黃 友 棣 著
樂海無涯	黃 友 棣 著
樂教流芳	黃 友 棣 著
弘一大師歌曲集	錢 仁 康編著
立體造型基本設計	張 長 傑 著
工藝材料	李 鈞 棫 著
裝飾工藝	張 長 傑 著
人體工學與安全	劉 其 偉 著
現代工藝概論	張 長 傑 著
藤竹工	張 長 傑 著
石膏工藝	李 鈞 棫 著
色彩基礎	何 耀 宗 著
當代藝術采風	王 保 雲 著
都市計劃概論	王 紀 鯤 著
建築設計方法	陳 政 雄 著
古典與象徵的界限——象徵主義畫家莫侯及其詩人寓意畫	李 明 明 著
民俗畫集	吳 廷 標 著
畫壇師友錄	黃 苗 子 著
自說自畫	高 木 森 著
日本藝術史——比較與研究	邢 福 泉 著

～涵泳浩瀚書海　激起智慧波濤～